SPSS/AMOS
논문 통계분석
내비게이션

이현실 · 양지안 지음

SPSS/AMOS
논문 통계분석
내비게이션

2017년 11월 20일 1판 1쇄 박음
2017년 11월 30일 1판 1쇄 펴냄

지은이 | 이현실·양지안
펴낸이 | 한기철

펴낸곳 | 한나래출판사
등록 | 1991. 2. 25. 제22–80호
주소 | 서울시 마포구 토정로 222, 한국출판콘텐츠센터 309호
전화 | 02) 738–5637·팩스 | 02) 363–5637·e–mail | hannarae91@naver.com
www.hannarae.net

ⓒ 2017 이현실·양지안
ISBN 978–89–5566–206–1 93310

* 이 도서의 국립중앙도서관 출판예정도서목록(CIP)은 서지정보유통지원시스템 홈페이지(http://seoji.nl.go.kr)와
국가자료공동목록시스템(http://www.nl.go.kr/kolisnet)에서 이용하실 수 있습니다.(CIP제어번호: CIP2017030233)

통계학은 연구자들이 연구 목적에 맞는 통계 이론과 분석기법을 정확하게 활용할 수 있도록 하여 연구의 완성도를 높이는 데 매우 중요한 학문이다. 연구자들이 논문을 작성할 때는 먼저 연구 주제와 목적을 정하고 그에 따른 연구문제와 가설을 설정한다. 그리고 그 가설을 검정하기 위해 자료를 수집하고, 수집된 자료의 특성을 고려하여 통계적 분석기법을 선택하게 된다. 이때 적합한 통계분석기법을 활용하여 분석하고 그 결과를 정확하게 제시함으로써 연구 목적이 좀 더 명확하게 실행되고, 논문의 완성도가 더 높아질 수 있다.

연구자가 훌륭한 연구 결과를 발표하기 위해서는 관심 분야에 대한 충분한 지식이 필요함은 물론, 수집된 연구 자료의 특성과 연구문제에 따른 가설검정에 맞는 정확한 분석기법을 선택해야 한다. 그러나 통계 전공자가 아닌 일반 연구자가 본인의 연구 분야를 탐구하면서 동시에 통계학의 심오하고 까다로운 이론과 다양한 분석기법들을 완전히 숙지하여 활용하기에는 다소 어려움이 있다. 이 책은 이처럼 연구를 진행하는 과정에서 통계분석에 대한 어려움을 겪는 연구자의 눈높이에 맞추어 새로운 접근 방식을 통해 통계학의 정확한 이해와 활용을 돕고자 한다.

이 책의 특징은 다음과 같다.

1. 통계분석기법 내비게이션

이 책은 연구자가 연구가설과 자료의 특성 등을 파악하는 출발점에서부터 적절한 분석기법을 선택하고 분석을 통해 얻어진 결과를 해석할 수 있는 최종 도착지점까지 쉽게 도달할 수 있도록 내비게이션 방식으로 구성하였다. Ch 1에서는 책 전체의 통계분석에 활용할 자료 수집을 위한 설문지를 제시하였다. 또한 최근 논문에서 많이 소개되고 있거나 새롭게 관심을 불러일으키고 있는 18개 통계분석기법을 선별하였다. 연구자는 이 책에서 제시한 '통계분석기법 내비게이션'을 통해 연구하고자 하는 논제에 따른 변수들의 특징과 검정하고자 하는 가설 내용을 파악한 후 적합한 분석기법을 선택할 수 있다. 또한 더 상세하게 설명하는 페이지를 함께 표기하여 차례를 다시 확인하지 않아도 곧바로 찾아갈 수 있도록 하였다.

2. 통계분석기법 스토리텔링

책 앞머리의 스토리텔링은 독자들이 분석기법에 대한 내용을 보다 쉽게 이해하고 체계적으로 정리하여 기억할 수 있도록 하였다. 가상의 연구자와 연구주제를 설정하여 그 연구목적을 실행하는 과정에서 발생하는 다양한 분석기법들의 활용 사례를 이야기 형식으로 구성하여 소개하였다. 가상의 연구자는 K중학교에 근무하는 상담선생님이고, 논문 주제는 '중학생의 스마트폰중독'이다. 이 연구에서 다루어질 다양한 가설과 가설검정을 중심으로 통계분석기법들 간의 차이와 쓰임새를 한층 더 유기적으로 파악할 수 있다. 여기에도 해당 페이지를 표기하여 한번에 찾아갈 수 있도록 했다.

3. SPSS와 AMOS(구조방정식)를 아우르는 통계 이론과 분석기법

Ch 2에서는 논문 작성뿐 아니라 모든 통계분석에서 필요한 필수 지식과 기본 개념, 용어를 설명하여 기초를 다진다. 본격적으로 통계분석기법을 소개하는 Ch 3부터는 파트를 나누어 SPSS를 이용한 통계분석기법뿐만 아니라 AMOS를 이용한 구조방정식모형 분석까지 체계적으로 설명하였다. 특히 구조방정식모형은 다수의 방정식과 행렬로 구성되어 초보 연구자가 이해하기 쉽지 않은데, 이 책에서는 프로그램의 기본 사용법과 개념에 대한 필수 지식을 강화하고 어려운 수식은 최소화하여 보다 쉽게 이해할 수 있도록 하였다. 또한 스토리텔링에서 소개한 통계기법 외에도 논문 통계분석에 주요하게 사용되는 핵심 분석기법들을 폭넓게 담았다.

본문은 연구문제와 가설을 제시하고, 분석을 실행하고 결과를 해석하는 과정을 이미지와 함께 단계별로 친절하게 설명하여 초보 연구자들도 쉽게 따라할 수 있도록 구성하였다. 덧붙여 논문 제시 방법의 예시를 보여주고, 실제 해당 분석기법을 적용한 논문을 수록 하여 실질적인 연구에 활용하기 용이하도록 하였다.

석·박사 연구생 중 통계분석에 자신감이 떨어져 있는 학생들을 지도할 때면 종종 그들의 눈높이에 맞춘 통계책이 있었으면 좋겠다는 생각이 들었다. 그래서 기존 통계책에 두 가지 개념을 새롭게 추가해보았다. 첫 번째는 '내비게이션'으로, 연구자들이 가설검정에 적합한 통계분석기법을 보다 쉽고 빠르게 찾을 수 있도록 안내한다는 의미에서 전체 책을 구성하였다. 두 번째는 '스토리텔링'으로, 분석기법에 따라 각기 다른 예제와 변수들로 설명하는 기존 통계책의 구성에서 벗어나 독자들이 일관성 있는 이야기와 예제를 통해 다양한 분석기법을 쉽게 이해하고 기억할 수 있도록 하였다.

수년 동안 구상하던 이 아이디어가 한나래출판사 한기철 사장님과 조광재 상무님의 적극적인 지원 덕에 한 권의 책으로 만들어졌다. 모쪼록 이 책을 통해 독자들이 논문을 작성하면서 겪는 통계분석의 크고 작은 장벽들을 넘어 자신감을 가지고 자유롭게 연구에 매진하고, 연구의 완성도를 한층 높일 수 있는 능력을 배양하는 데 도움이 되기를 바란다.

끝으로, 독자들의 눈높이를 설정하는 과정에서 지도학생(연구생)들이 보내준 진솔한 의견과 협조에 감사의 마음을 전한다. 더불어, 연로하지만 건강한 모습으로 늘 곁에서 응원해주시는 아버지, 친구처럼 또는 애인처럼 자상하게 챙겨주시는 멋진 어머니, 이해와 배려의 마음으로 지켜봐주는 고마운 동생, 현순, 경환과 올케 혜언, 그 외 가족과 친지들의 든든한 믿음과 사랑으로 이 책의 집필을 마무리할 수 있어 감사하다.

2017년 11월

이현실

Part 2. SPSS 통계분석

Part 3. AMOS 모형 분석

Part 1. 필수 지식

Ch 1. 교재의 특징

1 본 교재에 사용된 설문지

논문 분석에 이용되는 대부분의 데이터는 설문지를 통해 수집되며, 자료의 형태에 따라 적용할 수 있는 통계분석방법이 결정되기 때문에 연구자가 필요로 하는 분석방법을 찾기 위해서는 설문 내용과 자료의 형태(척도, scale)를 먼저 파악해야 한다.

본 교재에서는 아래에 예시한 설문 내용을 이용하여 통계분석방법을 설명하였다. 설문지의 구성을 살펴보면, 조사 대상은 스마트폰을 사용하는 남녀 중학생이며, 조사 내용은 스마트폰중독과 영향 요인, 그리고 일반적 특성이다. 스마트폰중독과 영향 요인은 선행 연구를 근거로 학업스트레스, 가족스트레스, 우울, 스마트폰중독 등을 측정하였다. 분석 과정을 용이하게 설명하기 위해 변수별로 3개 문항씩 구성하였으며, 척도는 리커르트 5점 척도를 사용하였다. 일반적 특성은 성별, 학년, 성적수준 등을 범주형으로 측정하였다. (척도의 설명은 p.33 참조)

- 조사 대상: 스마트폰을 사용하는 남녀 중학생
- 표본 크기: 232

구분	변수	측정 문항 수	척도
스마트폰중독과 영향 요인	학업스트레스	3	등간척도(연속형)
	가족스트레스	3	
	우울	3	
	스마트폰중독	3	
	자기통제력	3	
일반적 특성	성별	1	질적척도(범주형)
	학년	1	
	성적수준	1	
	학교생활 적응	1	
	하루 평균 스마트폰 사용 시간	1	

스마트폰 사용에 대한 설문조사

안녕하십니까?

본 설문지는 스마트폰을 사용하고 있는 중학생들을 대상으로, 스마트폰 사용 실태에 대한 자료를 수집하기 위해 작성된 것입니다. 귀하께서 응답해주신 모든 내용은 통계 분석 자료로만 사용되며, [통계법 제13조]에 의해 철저하게 비밀이 보장된다는 점을 약속드립니다. 본 연구에 대한 문의 사항은 OOO로 주시기 바랍니다. 바쁘신 중에도 본 설문에 응하여 주셔서 대단히 감사합니다.

XXXX년 XX월
연구자: O O O

SQ1. 현재 중학교에 재학 중입니까? ❶ 예 ❷ 아니오 ☞ 조사 중단

SQ2. 현재 스마트폰을 사용 중입니까? ❶ 예 ❷ 아니오 ☞ 조사 중단

[문1] 다음의 질문에 귀하의 생각과 같거나, 가장 비슷하다고 생각되는 번호에 ✓ 표시를 해주시기 바랍니다.

	학업스트레스	전혀 그렇지 않다	별로 그렇지 않다	보통 이다	약간 그렇다	매우 그렇다
1	나는 성적이 좋지 않을 때 스트레스를 받는다	1	2	3	4	5
2	나는 선생님에게 처벌을 받을 때 스트레스를 받는다	1	2	3	4	5
3	나는 학교 규정이 너무 엄하고 강제적이어서 스트레스를 받는다	1	2	3	4	5
	가족스트레스	전혀 그렇지 않다	별로 그렇지 않다	보통 이다	약간 그렇다	매우 그렇다
1	나는 부모님이 큰 기대를 할 때 스트레스를 받는다	1	2	3	4	5
2	부모님과 대화가 잘 통하지 않을 때 스트레스를 받는다	1	2	3	4	5
3	부모님이 형제 혹은 자매 간에 비교하여 차별 대우를 하셔서 스트레스를 받는다	1	2	3	4	5

우울		전혀 그렇지 않다	별로 그렇지 않다	보통 이다	약간 그렇다	매우 그렇다
1	사소한 일에도 쉽게 마음이 슬퍼진다	1	2	3	4	5
2	나의 잘못 때문에 마음이 괴롭다	1	2	3	4	5
3	내 인생은 점점 더 나빠지고 있다	1	2	3	4	5
스마트폰중독		전혀 그렇지 않다	별로 그렇지 않다	보통 이다	약간 그렇다	매우 그렇다
1	스마트폰 사용으로 공부나 일에 집중하지 못한다	1	2	3	4	5
2	밤늦게까지 스마트폰을 사용하느라 잠이 부족하고 피곤하다	1	2	3	4	5
3	스스로 스마트폰을 과도하게 사용한다고 생각한다	1	2	3	4	5
자기통제력		전혀 그렇지 않다	별로 그렇지 않다	보통 이다	약간 그렇다	매우 그렇다
1	나는 누가 지켜보지 않아도 정해진 규칙이나 지시를 잘 따른다	1	2	3	4	5
2	나는 일을 하기 전에 항상 생각을 먼저하고 행동한다	1	2	3	4	5
3	나는 지금 당장 즐거운 일이라도 나중에 손해가 되는 일이라면 하지 않는다	1	2	3	4	5

[문2] 다음은 인구통계학적 특성을 알아보기 위한 내용입니다. 각 질문에 응답해주시기
바랍니다.

1. 당신의 성별은? ❶ 남자 ❷ 여자

2. 당신의 학년은? ❶ 1학년 ❷ 2학년 ❸ 3학년

3. 학교 성적수준은? ❶ 상 ❷ 중 ❸ 하

4. 학교생활 적응 정도는? ❶ 적응 ❷ 부적응

5. 하루 평균 스마트폰 사용 시간은? ❶ 1시간 미만 ❷ 1–3시간 미만 ❸ 3시간 이상

설문에 협조해주셔서 감사합니다.

2 통계분석기법 내비게이션과 스토리텔링

1) Data 이해

(1) 변수 속성
❶ 범주형변수: 명목척도, 서열척도
- 사회인구학적 변수: 성별, 학년, 성적수준(상, 중, 하), 학교생활 부적응 여부(Y/N),
- 게임, 웹서핑, SNS 등을 위한 하루 평균 스마트폰 사용 시간(1시간 미만, 1~3시간 미만, 3시간 이상)
- 교육: 실시 전과 후, 연속 시행(1~5회)
❷ 연속형변수: 등간척도[유사등간척도(Likert 5점척도) 포함], 비율척도
- 학업스트레스, 가족스트레스, 우울, 스마트폰중독, 자기통제력

(2) 변수의 용도
❶ 독립변수: 어떤 변수(종속변수)에 영향을 주는 변수(성별, 학년……)
❷ 통제변수: 관심변수 모두에 영향을 미치는 제3의 변수(자기통제력, 성별, 학년, 학업스트레스, 가족스트레스……)
❸ 매개변수: 독립변수와 종속변수 사이에 존재하는 매개변수는 독립변수로부터 영향을 받는 동시에 종속변수에 영향을 준다(우울……)
❹ 조절변수: 독립변수가 종속변수에 미치는 영향을 조절하는 변수(자기통제력……)
❺ 종속변수: 다른 변수들로부터 영향을 받는 변수(스마트폰중독, 우울, 학교생활 부적응 여부, 학업스트레스, 가족스트레스……)

2) 통계분석기법(18개) 내비게이션

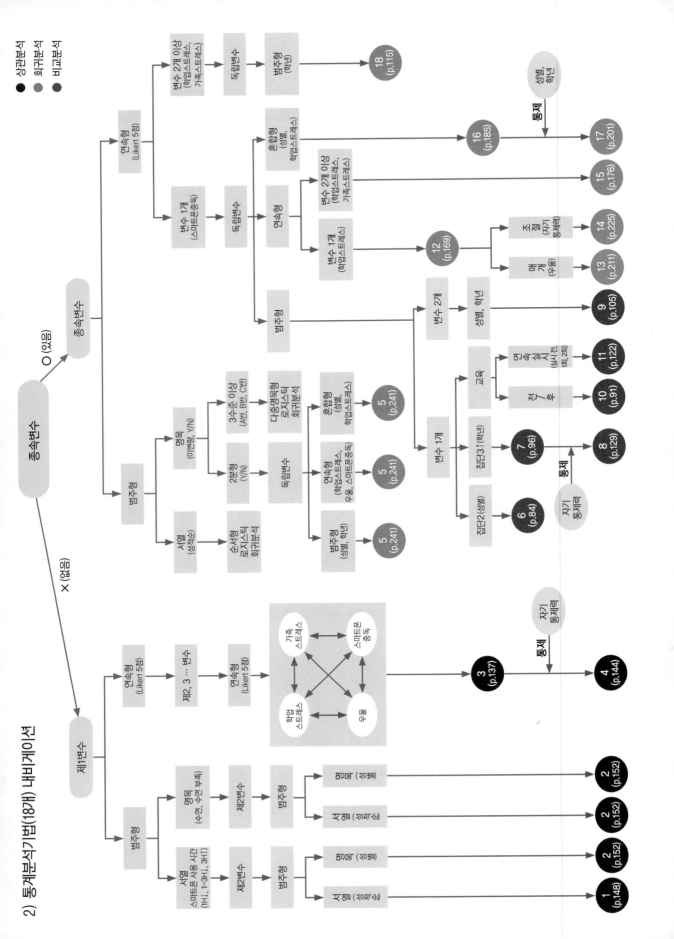

3) 통계분석기법(18개) 스토리텔링

■ 청소년의 심각한 스마트폰중독

김짱이 선생님은 K중학교 Wee스쿨의 상담 선생님으로 근무하고 있다. Wee스쿨에서는 학교 적응 및 심리·정서적 안정을 위한 개인 상담은 물론 자존감 향상 및 사회성 증진을 위한 집단 상담 등을 수행한다. 최근 들어 학습부진, 대인관계 미숙, 미디어 중독과 학교생활 부적응에 대한 상담이 부쩍 늘어나고 있는 실정이다. 특히 학부모들이 상담하는 주요 내용은 미디어 중독의 일종인 자녀의 스마트폰중독에 대한 염려와 그에 대한 대책 모색이다. 스마트폰중독의 심각성도 문제이지만 스마트폰중독을 예방할 수 있는 효율적인 해결 방법을 찾아 실천하는 것 또한 쉬운 일이 아니다.

요즘 대부분의 청소년은 학교 과제나 친구와의 대화(메시지), 웹서핑, 게임, SNS 등을 위해 하루 평균 7시간 이상 스마트폰을 사용하는 것으로 보고되고 있다. 매일 오랜 시간 스마트폰을 사용하다 보니 심각한 부작용들이 다양하게 발생한다. 그중 특히 우려되는 부분은 스마트폰중독이다. 스마트폰중독으로 뇌의 불균형 발달뿐만 아니라 시력 약화, 수면 부족 그리고 그에 따른 학습 능력 저하와 학교생활 부적응 등이 나타날 수 있기 때문이다.

최근 중학생들의 스마트폰중독이 점차 늘어가는 추세로, 이에 대한 예방과 개선을 위한 다양하고 심도 있는 연구가 필요하다. 따라서 학생들의 상담을 맡고 있는 김 선생님은 스마트폰중독의 원인을 파악하고 그에 대한 개선 방안을 모색하기 위해 K중학교 학생을 대상으로 스마트폰중독에 대한 연구를 시작하게 되었다. 연구 주제는 '중학생의 스마트폰중독에 대한 연구'로 하였으며 그에 대한 설문조사를 실시했다. 조사된 설문 자료를 토대로 다양한 연구 목적에 맞게 통계분석을 하였다.

(1) 범주형변수들 간의 상관관계

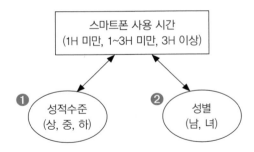

❶ 중학생들이 수업 및 과제를 위해 긍정적인 용도로 스마트폰을 사용하는 경우도 많지만 게임, 웹서핑, SNS 등의 용도로 사용하는 시간이 길어지면 스마트폰중독에 빠질 수 있다. 따라서 "스마트폰 사용 시간이 길어지면 성적이 떨어지지 않을까?"라는 의문을 해결하기 위해 스마트폰 사용 시간(1H↓, 1~3H↓, 3H↑)과 성적수준(상, 중, 하) 간에 관계가 있는지 먼저 분석해보기로 하였다.

제1변수(범주형, 서열형):
　스마트폰 사용 시간(1H↓, 1~3H↓, 3H↑)
제2변수(범주형, 서열형):
　성적수준(상, 중, 하)

두 변수의 상관관계 여부 분석 → 제1변수(스마트폰 사용 시간)
→ 범주형(서열)변수 → 제2변수(성적수준) → 범주형(서열)변수
➔ 스피어만 서열상관분석 (p. 148)

　분석 결과, 스마트폰 사용 시간이 많아 질수록 성적수준이 낮아지고, 스마트폰 사용 시간이 적을수록 성적수준이 높아지는 경향이 있는 것으로 나타났다.

❷ 대체로 외부 활동이 많은 남학생에 비해 여학생의 스마트폰 사용 시간이 더 길다고 보고되고 있다. 그렇다면 과연 K중학교 학생의 게임, 웹서핑, SNS 등을 위한 스마트폰 사용 시간(1H↓, 1~3H↓, 3H↑)이 성별(남, 녀)에 따라 달라지는지도 분석해보기로 하였다.

제1변수(범주형, 서열형):
　스마트폰 사용 시간(1H↓, 1~3H↓, 3H↑)
제2변수: 성별(남, 녀)

두 변수의 상관관계 여부 분석 → 제1변수(스마트폰 사용 시간)
→ 범주형(서열)변수 → 제2변수(성별) · 범주형(명목)변수
➔ 카이제곱(교차분석) (p. 152)

　분석 결과, 성별과 스마트폰 사용 시간은 상관관계가 있는 것으로 나타났다.

(2) 연속형변수들 간의 상관관계

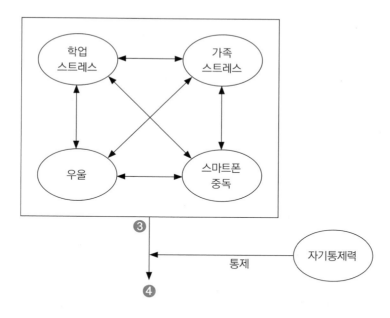

❸ 스마트폰중독이 심해지면 늦은 저녁 또는 새벽까지 스마트폰을 사용하게 된다. 자연히 수면 시간이 짧아질 수밖에 없으며, 이로 인해 지각이 잦아지고, 수업에 집중하기 어려워지면서 성적이 떨어지게 되므로 학업스트레스가 커진다. 부모는 성적이 떨어지는 주요 원인이 스마트폰 과다 사용이라 생각하여 이에 대한 제재와 간섭을 하는 과정에서 가족스트레스가 발생할 수 있다. 성적 부진에 대한 학업스트레스와 가족스트레스는 우울 증상을 일으킬 수 있다는 선행 연구가 있다. 따라서 중학생의 학업스트레스와 가족스트레스 그리고 우울 및 스마트폰중독이 서로 상관성이 있는 것으로 보인다. 그렇다면 K중학교 학생을 대상으로 조사한 자료에서도 이들 변수 간의 상관성이 있는지를 분석해보기로 하였다.

모두 연속형변수(Likert 5점 척도: 1~5점)
제1~4변수: 학업스트레스,
   가족스트레스, 우울, 스마트폰중독

두 변수의 상관관계 여부 분석 → 제1변수(학업스트레스) → 연속형변수 → 제2~4변수(가족스트레스, 우울, 스마트폰중독) → 모두 연속형변수 ➜ 피어슨 상관분석 (p. 137)

분석 결과, 스마트폰중독과 각종 스트레스(연속형), 우울(연속형) 변수들 간에 서로 밀접한 관계가 있는 것으로 나타났다.

❹ 각종 스트레스나 우울, 중독과 같은 변수는 개인의 자기통제력에 따라 다르게 나타날 수 있다는 선행 연구가 있다. 그렇다면 각기 다르게 조사된 개개인의 자기통제력을 동일(일정)하게 통제한 후 순수하게 학업스트레스, 가족스트레스, 우울, 스마트폰중독 변수들 간의 상관성을 다시 분석해보기로 하였다.

모두 연속형변수(1~5점 척도) 제1~4변수: 학업스트레스, 　가족스트레스, 우울, 스마트폰중독 통제변수: 자기통제력	두 변수의 상관관계 여부 분석 → 제1변수(학업스트레스) → 연속형변수 → 제2~4변수(가족스트레스, 우울, 스마트폰중독) → 모두 연속형변수 → 통제변수(자기통제력) → 연속형변수 ➜ 편상관분석 (p.144)

분석 결과, 자기통제력을 배제하지 않고 분석한 피어슨 상관분석 결과와 다소 차이가 있는 상관성을 보여주었다.

(3) 종속변수(명목형)에 영향을 미치는 독립변수

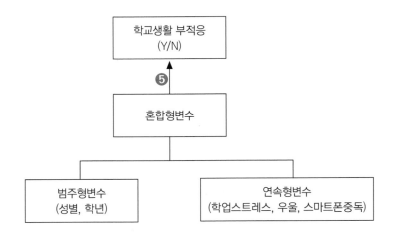

❺ 청소년기는 건강한 육체를 발달시키고 건전하고 바람직한 인격을 성숙시켜야 하는 매우 중요한 시기다. 특히 학교생활은 사회적 성장과 발달에 지대한 영향을 미칠 수 있음에도, 이에 잘 적응하지 못하는 경우가 생긴다. 중학생의 학교생활 부적응 여부에 영향을 미치는 독립변수로는 성별, 학년, 학업스트레스, 우울, 스마트폰중독 등이 있음을 선행 연구를 토대로 알 수 있다. 따라서 K중학교 학생들의 설문 자료에서 학교생활 부적응 여부에

영향을 미치는 변수(성별, 학년, 학업스트레스, 우울, 스마트폰중독)들을 적용하여 분석해보았다.

종속변수(범주형):
  학교생활 부적응여부(Y/N)
독립변수(혼합형=범주형+연속형):
· 범주형: 성별, 학년
· 연속형: 학업스트레스, 우울,
         스마트폰중독

종속변수(학교생활 부적응 여부) → 범주형변수(Y/N)
→ 독립변수(성별, 학년, … 스마트폰중독) →
혼합형변수(범주형&연속형) ➜ 로지스틱회귀분석 (p.241)

분석 결과, 학업스트레스와 스마트폰중독이 유의하게 영향을 미치는 것으로 나타났다.

(4) 종속변수(연속형)에 영향을 미치는 변수 내 집단별(범주형) 차이 비교

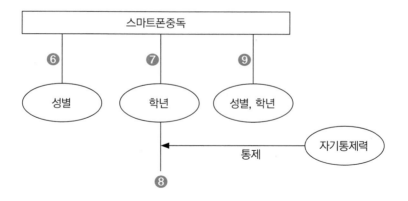

❻ 스마트폰중독이 성별[남, 여 2개 집단(명목형)]에 따라 차이가 있는지 확인해보았다.

종속변수(연속형, 1~5점): 스마트폰중독
독립변수(범주형): 성별(집단2, 남, 여)

종속변수(스마트폰중독) → 연속형변수 → 독립변수(1개, 성별)
→ 범주형변수 → 집단2(남, 여) ➜ 독립표본 t-검정 (p.84)

분석 결과, 여학생이 남학생보다 스마트폰중독이 높은 것으로 나타났다.

❼ 스마트폰중독이 학년[1~3학년, 3개 이상 집단(명목형)]에 따라 차이가 있는지 확인해보았다.

종속변수(연속형, 1~5점): 스마트폰중독
독립변수(범주형): 성별(집단3↑, 1~3학년)

종속변수(스마트폰중독) → 연속형변수 → 독립변수(1개, 학년) → 범주형변수 → 집단3↑(1학년, 2학년, 3학년) → 일원분산분석(ANOVA) (p. 96) → 분석결과(3개 학년 간에 차이가 있는지 여부만 밝힘) → 사후검정(집단이 3↑이므로 어느 학년에서 차이가 있는지 확인할 수 있음)

분석 결과, 학년 내 집단 간 차이가 있는 것으로 나타났다. 구체적으로 어느 학년에서 차이가 있는지 알아보기 위해 사후검정을 실시해보니 1-3학년 간에 유의한 평균차가 있는 것으로 나타났다

❽ 특히 스마트폰중독 정도는 개인의 자기통제력에 따라 달라진다고 한다. 따라서 자기통제력을 일정하게 통제한 후 순수하게 학년에 따른 스마트폰중독에 차이가 있는지 분석해보기로 하였다.

종속변수(연속형, 1~5점): 스마트폰중독
독립변수(범주형): 학년(집단3↑, 1~3학년)
통제변수(연속형, 1~5점): 자기통제력

종속변수(스마트폰중독) → 연속형변수 → 독립변수(1개, 학년) → 범주형변수 → 집단3↑(1학년, 2학년, 3학년) → 통제변수(자기통제력) → 연속형변수 → 공분산분석 (p. 129) → 분석 결과(3개 학년 간에 차이가 있는지 여부만 밝힘) → 사후검정(집단이 3↑이므로 어느 학년에서 차이가 있는지 확인할 수 있음)

분석 결과, 자기통제력을 동일하게 하면 학년에 따른 차이가 없는 것으로 나타났다.

❾ 스마트폰중독이 성별(명목형)과 학년(명목형), 2개 이상의 독립변수가 결합된 상태에서도 집단 간의 평균차이를 보이는지 분석해보았다.

종속변수(연속형, 1~5점): 스마트폰중독
독립변수(범주형): 성별 * 학년

종속변수(스마트폰중독) → 연속형변수 → 독립변수(2개, 성별*학년) → 모두 범주형변수 → 다원분산분석 (p. 105) → 사후검정(집단이 3↑이므로 어느 학년에서 차이가 있는지 확인할 수 있음)

분석 결과, 성별과 학년 각각의 주효과에서는 유의한 차이가 있는 것으로 나타났으나 성별*학년의 상호작용에서는 유의한 차이가 없는 것으로 나타났다. 또한 학년에서 유의한 차이가 있다고 하였으므로 3개 이상 집단의 평균차이를 확인하기 위해 사후검정을 실시하였으며 그 결과 1-3학년 간에 유의한 평균차가 있는 것으로 나타났다.

(5) 교육 효과 비교

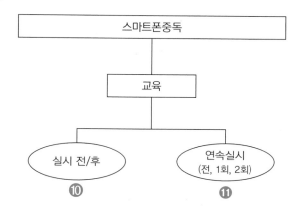

❿ 중학생의 스마트폰중독을 예방하거나 줄이기 위한 방안으로는 외부의 강제적인 규제와 간섭보다는 스스로 스마트폰 과다 사용을 절제할 수 있는 능력을 키워주는 것이 중요하며 이는 교육을 통해 실현 가능할 것이라 생각했다. 따라서 중학생을 대상으로 스마트폰중독 예방 교육을 실시하였으며 교육 실시 전과 후에 스마트폰중독의 차이를 비교하여 예방 교육이 효과가 있었는지 여부를 분석하였다.

종속변수(연속형, 1~5점): 스마트폰중독 독립변수(범주형): 교육(전/후)	종속변수(스마트폰중독) → 연속형변수 → 독립변수(1개, 교육) → 동일한 대상의 교육 전과 후의 스마트폰중독 비교 → 범주형(교육 전/후)변수 → 대응표본 *t*-검정 (p.91)

분석 결과, 예방 교육 전 스마트폰중독과 예방 교육 후 스마트폰중독이 유의한 차이를 보여 스마트폰중독 예방 교육이 효과가 있는 것으로 확인되었다.

⓫ 스마트폰중독 예방 교육의 효과를 좀 더 높이기 위해 학년별, 성별, 개인의 특성을 고려한 맞춤식 프로그램을 개발하여 해당 학생들을 대상으로 지속적이고 주기적인 교육을 실시하였다. 여러 차례 실시된 각각의 교육 시점별(실시 전, 1차, 2차)로 스마트폰중독 정도를 비교하여 어느 시점에서 스마트폰중독 예방 및 감소 효과가 있었는지 분석해보기로 하였다.

종속변수(연속형, 1~5점): 스마트폰중독
독립변수(범주형): 교육(실시 전, 1차, 2차…)

종속변수(스마트폰중독) → 연속형변수 → 독립변수(1개, 교육) → 동일한 대상의 반복 교육 시점별 스마트폰중독 정도 비교 → 범주형(교육실시 전, 1차, 2차)변수 → 반복측정 분산분석 (p.122) → 사후검정(구체적으로 어느 시점 간에 차이가 있는지 확인할 수 있음)

분석 결과, 교육 1주 후에 스마트폰중독이 가장 크게 감소하였으며 교육 2주 후에도 스마트폰중독이 다소 감소하였다.

(6) 종속변수(연속형)에 영향을 미치는 독립변수

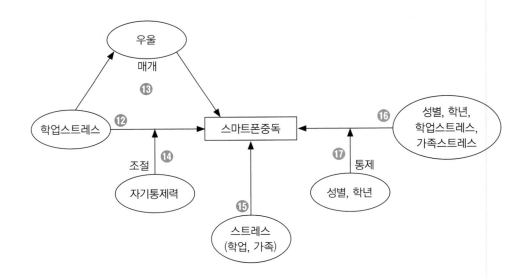

⓬ 스마트폰중독에 영향을 미치는 독립변수가 1개인 경우, 즉 학업스트레스(독립변수, 연속형)가 스마트폰중독에 얼마만큼 영향을 미치는지 분석해보았다.

종속변수(연속형, 1~5점): 스마트폰중독 독립변수(연속형, 1~5점): 학업스트레스	종속변수(스마트폰중독) → 연속형변수 → 독립변수(1개, 학업스트레스) → 연속형변수 ➡ 단순회귀분석 (p.169)

분석 결과, 학업스트레스가 스마트폰중독을 15.5% 설명하였으며 회귀계수($B=.390$)가 양(+)의 값을 가지므로 학업스트레스가 높으면 스마트폰중독 수준도 높아진다.

⓭ 학업스트레스(독립변수, 연속형)로 우울해지고, 우울할수록 스마트폰중독(종속변수, 연속형)이 높아진다는 선행 연구를 기반으로 과연 우울(매개변수, 연속형)이 학업스트레스와 스마트폰중독 관계에서 매개역할을 하는지 확인하기 위해 분석하였다.

종속변수(연속형, 1~5점): 스마트폰중독 독립변수(연속형, 1~5점): 학업스트레스 매개변수(연속형, 1~5점): 우울	종속변수(스마트폰중독) → 연속형변수 → 독립변수(1개, 학업스트레스) → 연속형변수 → 매개변수(우울) → 연속형변수 ➡ 매개회귀분석 (p.211)

분석 결과, 학업스트레스가 스마트폰중독에 직접적으로 영향을 미치는 것보다는 학업스트레스가 우울에 영향을 미치고, 우울이 스마트폰중독에 영향을 미칠 때 스마트폰중독이 더욱 강해지는 것으로 나타나 우울이 매개 역할을 하는 것으로 확인할 수 있었다.

⓮ 학업스트레스(독립변수, 연속형)가 스마트폰중독(종속변수, 연속형)에 미치는 영향력이 자기통제력(조절변수)의 높고 낮음에 따라 달라지는 조절(moderator)효과를 분석해보기로 하였다.

종속변수(연속형, 1~5점): 스마트폰중독 독립변수(연속형, 1~5점): 학업스트레스 조절변수(연속형, 1~5점): 자기통제력	종속변수(스마트폰중독) → 연속형변수 → 독립변수(1개, 학업스트레스) → 연속형변수 → 조절변수(자기통제력) → 연속형변수 ➡ 조절회귀분석 (p.225)

분석 결과, 학업스트레스와 스마트폰중독 관계에서 자기통제력은 조절효과가 있음을 알 수 있었다.

⑮ 독립변수(연속형) 2개 이상인 학업스트레스, 가족스트레스가 종속변수인 스마트폰중독에 영향을 미치는지, 또는 2개 이상의 독립변수 중 어느 변수가 더 많은 영향을 미치는지를 분석하고자 하였다.

종속변수(연속형, 1~5점): 스마트폰중독 독립변수(연속형, 1~5점): 　학업스트레스 * 가족스트레스	종속변수(스마트폰중독) → 연속형변수 → 독립변수(2개, 학업스트레스 * 가족스트레스) → 모두 연속형변수 → 다중회귀분석 (p. 176)

　분석 결과, 학업스트레스와 가족스트레스가 높아지면 스마트폰중독 수준도 높아지며, 특히 스마트폰중독은 가족스트레스의 영향을 더 많이 받는 것을 알 수 있었다.

⑯ 독립변수가 2개 이상이면서 연속형만이 아닌 범주형이 포함된 혼합형인 경우 범주형 변수를 수치 형태로 변형(더미변수)한 후 분석한다. 따라서 성별, 학년, 학업스트레스, 가족스트레스가 스마트폰중독에 영향을 미치는지, 그리고 어떤 변수가 종속변수에 더 많은 영향을 미치는지 분석하였다.

종속변수(연속형, 1~5점): 스마트폰중독 독립변수(혼합형): • 범주형: 성별 * 학년 * • 연속형: 학업스트레스 * 가족스트레스	종속변수(스마트폰중독) → 연속형변수 → 독립변수(2개↑, 성별 * 학년 * 학업스트레스 * 가족스트레스) → 혼합형변수(범주형 & 연속형) → 범주형변수를 가상적인 수치(더미변수)로 변환 → 더미회귀분석 (p. 185)

　분석 결과, 성별은 남자가 여자보다 스마트폰중독이 낮으며, 학년은 3학년이 1학년에 비해 높으나 2학년과 1학년 간에는 유의한 차이가 없는 것으로 나타났다. 또한 학업스트레스가 높을수록, 가족스트레스가 높을수록 스마트폰중독 수준이 높게 나타났다. 이 중 스마트폰중독에 가장 큰 영향을 주는 변수는 가족스트레스이며, 그 다음은 학업스트레스로 파악되어 성별과 학년보다는 스트레스가 스마트폰중독 수준을 높이는 주요 요인이라고 할 수 있다.

⓱ 독립변수에 포함되어 있는 인구사회적 특성을 다룬 변수(성별, 학년)들을 통제함으로써 연구자가 실제로 관심 갖고 있는 변수들(학업스트레스, 가족스트레스)의 순수한 영향력을 인구사회적 변수와 구분하여 분석하고자 하였다.

종속변수(연속형, 1~5점): 스마트폰중독	종속변수(스마트폰중독) → 연속형변수 → 독립변수(2개↑, 성별
독립변수(혼합형):	* 학년 * 학업스트레스 * 가족스트레스) → 혼합형변수(범주형 &
• 범주형: 성별 * 학년	연속형·통제변수(성별 *학년) ➡ 위계적 회귀분석 (p.201)
• 연속형: 학업스트레스 * 가족스트레스	
통제변수(범주형): 성별 * 학년	

분석 결과, 성별과 학년이 스마트폰중독을 설명하는 비율은 8.1%로 분석되었고 연구자가 관심 갖고 있는 학업스트레스와 가족스트레스의 설명력은 23.5%p($p<.001$)로 나타나 통제변수의 영향력은 낮은 것으로 나타났다. 따라서 스마트폰중독에 2개의 스트레스 요인이 큰 영향을 미치는 것으로 파악되었다. 또한 스마트폰중독에 가장 큰 영향을 주는 변수는 가족스트레스이고, 그 다음은 학업스트레스인 것으로 나타났다.

(7) 2개 이상 종속변수(연속형)에 영향을 미치는 독립변수 내의 집단별(범주형) 차이 비교

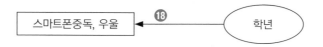

⓲ 종속변수가 2개 이상인 경우 범주형 독립변수에 따른 차이를 분석하고자 하였다. 즉, 학업스트레스와 가족스트레스가 결합된 종속변수가 학년(독립변수, 범주형)에 따라 차이가 있는지를 분석하였다.

종속변수(연속형, 1~5점):	종속변수(2개↑, 학업스트레스*가족스트레스)
학업스트레스*가족스트레스	→ 모두 연속형변수 → 독립변수(1개, 학년) → 범주형
독립변수(범주형): 학년	➡ 다변량분산분석 (p.115)

분석 결과, 학년에 따른 학업스트레스의 차이는 통계적으로 유의하지 않은 것으로 나타난 반면, 가족스트레스는 학년에 따라 통계적으로 유의한 차이를 보이는 것으로 입증되었다. 결과적으로 학업스트레스는 스트레스의 결합 차이를 저해하며, 결합 차이는 가족스트레스에서 기인한다고 할 수 있다.

■ 결론

김짱이 상담 선생님은 본 연구를 통해 다음과 같은 결론을 얻었다.

　중학생의 스마트폰중독은 성별 및 학년에 따라 학업과 가족스트레스, 우울 등에 크게 영향을 받고 있으며 급기야 학교생활에 적응하지 못하는 상황에까지 이를 수 있는 매우 중요하고 심각한 문제이다. 그러나 개개인의 자기통제력을 교육을 통해 배양시킬 수 있다면 학생들은 충분히 스마트폰중독을 극복할 수 있는 것으로 분석되었다. 따라서 자기통제력을 통해 스마트폰 사용 시간을 줄여나가거나 건전한 취미 생활을 시도하는 등의 다양한 개선 방안을 모색하고 실천해나가는 것이 중요하다. 향후 이와 같은 다양하고 심도 있는 연구를 통해 중학생은 물론 청소년을 중심으로 스마트폰중독을 예방할 수 있도록 가정, 학교, 지역사회 및 국가가 연계하여 보다 효율적인 교육 프로그램을 개발하는 것이 필요하다. 또한 그 교육을 통해 바람직한 스마트폰 사용을 실천할 수 있도록 지속적인 노력과 지원이 이루어져야 한다고 생각하였다.

Ch 2. 논문 통계 필수 지식

1) 통계학

통계학(statistics)은 수치화된 자료를 분석하고 해석하여 이를 이론화하는 학문으로, 기능에 따라 기술통계와 추론통계로 구분할 수 있다. 기술통계(descriptive statistics)는 자료의특성을 요약하여 기술하는 방법으로 자료의 빈도, 백분율, 표준편차, 평균, 상관관계 등이그 예가 된다. 추론통계(inferential statistics)는 표본의 특성으로 모집단의 특성을 추정하는 것으로, 모집단에서 추출한 표본의 통계량(statistic)을 이용하여 모집단의 특성 및 모수(parameter)를 추정하거나, 모수에 대한 가설을 통계량으로 검정하는 데 사용된다.

추론통계는 다시 모수통계(parametric statistics)와 비모수통계(non-parametric statistics)로 분류된다. 모수통계는 표본의 통계량으로 모집단의 모수를 추정하는 통계기법으로 모집단의 특성이 정규분포를 이룬다는 가정에서 이루어지며, 주로 등간척도와 비율척도로측정된 자료를 분석하는 데 이용된다. 비모수통계는 통계량으로 모수를 추정하는 것이 아니라 모집단의 특성을 추정하는 기법으로 특별한 가정이 없다. 주로 명목척도와 서열척도로 측정된 자료를 분석하는 데 이용되며, 등간척도와 비율척도로 측정된 자료가 정규분포를 충족하지 못할 때도 사용할 수 있다.

2) 변수

변수(variable)는 관심 대상이 되는 속성을 측정한 값이다. 성별, 학년, 연령 등은 개인의 특성을 구별하는 속성이 되는데, 성별의 경우 '성별'이라는 변수명에 남자는 1, 여자는 2의변수를 갖는다. 일반적으로 속성을 변수라고 표현하므로 설문지의 문항 또한 변수라고 할 수 있다. 변수는 연산의 의미 여부에 따라 질적변수와 양적변수로 구분된다. 질적변수는 연산의 의미가 없는 변수를 의미하는데, 성별(1=남자, 2=여자)이나 학년(1=1학년, 2=2학년, 3=3학년)의 경우 연산은 할 수 있으나 의미가 없으므로 질적변수에 해당된다. 반면, 양적변수는 연산의 의미를 가지는 변수이다. 예를 들어, 소득이나 공부시간은 평균으로 표현하는데 의미가 있으므로 양적변수가 된다.

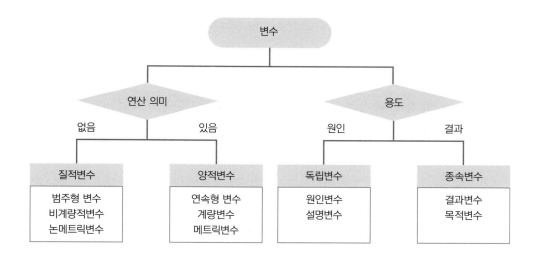

변수는 용도에 따라 독립변수와 종속변수로 구분할 수 있다. 독립변수(independent variable)는 다른 변수에 영향을 주는 변수이며, 종속변수(dependent variable)는 다른 변수들로부터 영향을 받는 변수이다. 예를 들어, '학업스트레스는 스마트폰중독에 영향을 미칠 것이다'는 가설에서 학업스트레스는 독립변수가 되고, 스마트폰중독은 영향을 받는 종속변수가 된다. 그리고 매개변수(mediator variable)는 독립변수와 종속변수 사이를 연결하는 변수로서, 독립변수로부터 영향을 받는 동시에 종속변수에 영향을 준다. 또한 독립변수와 종속변수의 관계를 보다 세밀하게 설명하는 역할을 한다.

3) 척도

척도(scale)는 변수를 측정하는 규칙이다. 측정 수준에 따라 설문지 응답 형태와 통계분석방법이 결정되기 때문에 매우 중요한 부분이다. 척도의 4가지 형태를 살펴보자.

명목척도(nominal scale)는 성별이나 결혼 여부, 직업 등과 같은 속성을 단순히 범주로 분류하는 척도이다. 성별에서 남자는 1, 여자는 2로 범주를 구분할 수 있는데 숫자의 의미는 없다. 명목척도는 각 선택문항에 임의로 숫자를 지정할 수 있기 때문에 연산의 의미가 없으며, 숫자 간 사칙연산(+, -, ×, ÷)이 불가능하다. 명목척도로 측정된 자료는 범주에 대한 빈도와 비율을 제시할 수 있고, 기술통계량 가운데 가장 높은 빈도를 나타내는 최빈값(mode)을 사용할 수 있다. 그리고 척도 가운데 가장 적은 정보량을 가진다.

서열척도(ordinal sacle)는 명목척도의 특성을 모두 포함하면서 선택문항에 순서를 갖고 있는 척도이다. 석차, 최종학력 등과 같은 속성의 선택문항에 크기를 측정하여 크기에 따라 수치를 부여할 수 있다. 석차에서 1=1등, 2=2등, 3=3등으로 숫자가 지정될 경우 석차에 부여된 숫자는 서열이 있으므로 크고 작음을 나타낼 수는 있지만, 1등과 2등의 차이와 2등과 3등의 실력 차이, 즉 숫자 간 차이는 동일하지 않기 때문에 사칙연산은 불가능하다. 서열척도로 측정된 자료는 명목척도의 통계량뿐만 아니라 기술통계량 가운데 최소값과 최대값의 중간에 위치한 중앙값(mean)이나 백분위수(percentile)로 속성을 나타낼 수 있다.

등간척도(interval scale)는 서열척도의 특성을 모두 포함하면서 선택문항의 크기가 동일하기 때문에 상대적인 차이를 비교할 수 있는 척도이다. 그러나 숫자 간 차이는 절대적인 기준이 없어 절대 비교는 불가능하다. 온도, 지능지수(IQ), 시간 등이 대표적인 예가 될 수 있는데, 시간에서 0시는 시간이 없는 것이 아니며, 온도에서 0도는 온도가 없는 것이 아니라 0도 만큼의 온도가 있음을 의미한다. 0도는 얼음이 어는 기준을 임의로 만든 것이므로 10도와 20도는 20도와 40도보다 2배 크다고 할 수 있으나, 절대적 의미는 없기 때문에 2배 높다고 할 수 없다. 즉, 사칙연산 가운데 덧셈과 뺄셈은 가능하지만 절대 0점(absolute zero)이 없기 때문에 곱셈과 나눗셈은 불가능하다. 모수통계에서 많이 사용되는 등간척도로 측정된 자료는 서열척도의 모든 통계량과 기술통계량 가운데 산술평균으로 나타낼 수 있으며, 대부분의 통계분석방법을 사용할 수 있다.

비율척도(ratio scale)는 등간척도의 모든 특성을 포함하면서 절대 0점을 추가로 갖는 척도이다. 체중, 실업률, 소득 등과 같은 속성에서 0은 진짜 없음을 나타내므로 절대적 크기를 비교할 수 있으며, 숫자 간 사칙연산이 가능하다. 척도 가운데 가장 많은 정보량을 가지고 있는 비율척도는 모든 통계량과 모든 통계분석방법을 사용할 수 있다.

변수	척도		특징	예	주요 통계량	분석방법
[질적변수]	[질적척도]	명목척도	대상의 특성 구분 가감승제 불가능	성별, 종교	빈도, 비율, 최빈값	Chi-square
		서열척도	대상의 특성에 순위 부여 가감승제 불가능	석차, 학년	명목척도 통계량, 백분위, 중앙값	명목척도 분석방법, 순위상관
[양적변수]	[양적척도]	등간척도	임의영점 가감 가능	온도, 지능 점수	서열척도 통계량, 평균, 표준편차	대부분의 통계방법
		비율척도	절대영점 가감승제 가능	체중, 신장	모든 통계량	모든 통계방법

　자료(data)와 척도(scale), 변수(variable)는 연산의 의미 여부에 따라 질적(qualitative)과 양적(quantitative)으로 분류할 수 있다. 명목척도와 서열척도로 측정된 경우에는 사칙연산이 불가능하기 때문에 자료로는 질적자료 또는 범주형자료, 척도로는 질적척도, 변수로는 질적변수가 되며, 등간척도와 명목척도로 측정된 경우에는 연산의 의미를 가지므로 양적자료 또는 연속형자료, 양적척도, 양적변수로 구분한다. 분류 기준을 연산에 두는 이유는 통계분석기법이 연산에 의해 달라지기 때문이다.

2 통계량

기술통계량은 크게 중심경향성(central tendency), 산포도(dispersion), 분포(distribution), 백분위수(percentile) 등으로 분류된다. 이 가운데 통계 분석에서 주요하게 사용되는 중심경향성과 산포도의 종류와 특성을 살펴보자.

1) 중심경향성
중심경향성(central tendency)은 자료의 중심적인 경향을 나타내는 통계량으로 산술평균(mean 또는 average), 중앙값(median), 최빈값(mode)이 있다.

산술평균은 관측값들을 모두 합산한 후 관측수로 나눈 값이다. 다음 그림은 10명의 중학생들을 대상으로 하루 평균 스마트폰 사용 시간을 조사한 자료인데, 평균을 계산하면 (1+2+2+2+3+3+4+4+5+5)/10=3.1이 된다. 따라서 표본에 속한 10명의 중학생은 하루에 평균적으로 스마트폰을 3.1시간 사용한다고 결론 내릴 수 있다. 평균을 통해 표본 전체의 속성에 대한 중심적인 경향을 파악할 수 있다.

전체 속성을 나타내는 평균은 유용하게 사용되는 통계량이지만, 자료 중에서 아주 작거나 매우 큰 수치가 있을 경우엔 문제가 될 수 있다. 위의 예에서 10번째 관측값이 15라고 가정해보자. 이 경우 평균을 구하면 (1+2+2+2+3+3+4+4+5+15)/10=4.1로 10번째 응답값으로 인해 표본으로 선정된 중학생의 하루 평균 스마트폰 사용 시간이 1시간이나 늘어난다. 이처럼 자료에 이상치(outlier)가 존재할 때 평균을 이용하면 표본의 속성을 판단하는 데 문제가 발생할 수 있다.

이러한 문제에 대해 중앙값은 의미 있는 통계량을 제공한다. 중앙값은 중위수라고도 하며, 전체 관측값들을 순서대로 나열했을 때 중앙에 위치한 수를 나타내는 통계량이다. 이상치가 있는 위의 예에서 관측값들을 순서대로 나열하면 중앙에 위치한 값은 5번째와 6번째에 위치한 3으로, 이 값이 중앙값이다. 중앙에 위치한 값이 1개일 때는 가운데 위치한 수가 중앙값이 되며, 예와 같이 2개일 때는 중앙의 두 값을 평균하여 구한다. 이와 같이, 중앙값은 이상치에 영향을 받지 않으며 표본의 중심 경향을 파악할 수 있는 통계량이다.

평균과 중앙값은 양적자료에 대해서만 사용할 수 있는데, 자료가 범주형일 경우엔 최빈값을 이용하여 특성을 파악할 수 있다. 최빈값은 관측값 중에 빈도가 가장 높은 값을 나타내며, 주로 연산의 의미가 없는 질적자료의 대표값을 구할 때 이용한다. 위의 예에서는 2가 가장 많으므로 최빈값은 2가 된다. 범주형 자료를 예로 들면, 학력의 선택 문항이 ① 고졸이하 ② 전문대졸 ③ 대졸 ④ 대학원 이상이며, 10명의 응답자가 ①, ③, ③, ②, ④, ③, ②, ④, ①, ③이라고 응답했다고 가정해보자. 여기에서 선택 문항의 숫자는 임의로 부여한 것으로 연산의 의미가 없기 때문에 평균이나 중앙값은 사용할 수 없으나, 빈도가 가장 높은 최빈값을 이용해서 표본의 속성을 설명할 수 있다. 예에서는 ③ 대졸의 빈도가 가장 많으므로 최빈값은 3이 된다.

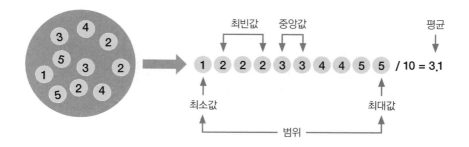

2) 산포도

중심경향성이 자료의 중심 특성을 나타내는 통계량이라면, 산포도(degree of scattering)는 자료가 흩어져 있는 정도를 파악하는데 유용한 방법이다. 대표적인 통계량으로 최소값 (maximum)과 최대값(minimum), 범위(range), 분산(variance), 표준편차(standard deviation) 등이 있다.

최소값과 최대값은 관측값 가운데 가장 작은 값과 가장 큰 값으로, 예에서는 최소값=1, 최대값=5이며, 범위는 최소값과 최대값의 차이로 4가 된다. 이 통계량들은 자료의 분포를 나타내기 때문에 자료 입력 과정에서 발생할 수 있는 오류를 발견하는 데도 유용하게 이용할 수 있다. 예를 들어, 하루 평균 스마트폰 사용 시간이 30으로 나타날 경우 입력 오류가 있음을 파악할 수 있다.

관측값이 평균이나 중심으로부터 어느 정도 퍼져 있는지를 전반적으로 파악하기 위해서는 분산, 표준편차, 표준오차 통계량이 필요하다. 분산은 관측값이 평균으로부터 떨어진 거리를 나타내는 편차(deviation)를 제곱한 후 평균한 값이다. 다음 표에서 표본1과 표본 2의 5개 관측값은 다르지만 평균은 10으로 동일하다. 이 경우, 분산을 이용함으로써 자료의 변동성을 파악할 수 있다. 각 관측값의 편차를 합하면 항상 0이 되기 때문에 편차를 제곱한 후 모두 합산해 관측수(n) 또는 관측수 −1(n-1)로 나누어 분산을 구하게 된다. 표본자료에 대해서는 n-1을 적용하는데, 이는 전체집단(모집단)의 분산을 더 정확하게 추정할 수 있다는 경험에서 제시된 것이다.

그리고 분산을 계산할 때 제곱한 값을 원위치시키는 방법이 표준편차이다. 즉, 분산의 제곱근인 표준편차는 평균과 단위가 같기 때문에 비교가 용이하다는 특징이 있다.

$$\sigma^2 = \frac{\sum_{i=1}^{N}(x_i - \mu)^2}{N}$$

모집단의 분산

$$S^2 = \frac{\sum_{i=1}^{n}(x_i - \bar{x})^2}{n-1}$$

표본의 분산

$$\sigma = \sqrt{\frac{\sum_{i=1}^{N}(x_i - \mu)^2}{N}}$$

모집단의 표준편차

$$S = \sqrt{\frac{\sum_{i=1}^{n}(x_i - \bar{x})^2}{n-1}}$$

표본의 표준편차

번호	표본1				표본2			
	관측값 (x)	평균 $(\bar{x})$	평균편차 $(x_i - \bar{x})$	잔차제곱 $(x_i - \bar{x})^2$	관측값 (x)	평균 $(\bar{x})$	평균편차 $(x_i - \bar{x})$	잔차제곱 $(x_i - \bar{x})^2$
1	8	10	-2	4	4	10	-6	36
2	9	10	-1	1	7	10	-3	9
3	10	10	0	0	10	10	0	0
4	11	10	1	1	13	10	3	9
5	12	10	2	4	16	10	6	36
합계 ($\sum$)	50	–	0	0	50	–	0	90
분산 (S^2)	2.5				22.5			
표준편차 (S)	1.58				4.74			

3 가설검정

가설을 검정하는 방법은 일반적으로 5단계로 이루어진다. 먼저, 1단계에서는 가설을 설정한다. 2단계에서는 유의수준(α)을 결정하고, 3단계에서는 가설의 특성에 적합한 통계적 검정방법(Z-검정, t-검정, χ^2-검정, F-검정 등)을 결정하여 임계치를 산출한다. 4단계에서는 통계분석 결과로 나타난 검정통계량과 유의확률(p)을 도출하고, 5단계에서 가설을 검정한다. 각 단계별로 자세히 살펴보자.

1) 가설 설정

가설은 모집단의 특성에 대해 2개 이상의 변수 관계를 통계적 검정이 가능한 형태의 문장으로 표현한 것으로 귀무가설과 대립가설(연구가설)로 분류된다. 귀무가설(H_0, null hypothesis)은 '변수들 사이에 관계가 존재하지 않는다' 또는 '집단 간에 차이가 없다'는 내용으로 이루어진 가설로, 어떤 주장이 잘못되었다는 것이 증명되지 않는 한 진실로 받아들여지는 것이다. 즉, 귀무가설이 기각되기 전까지는 항상 귀무가설이 진실이라는 가정하에 가설검정이 진행되며, 통계적 절차를 통해 진실 여부가 결정된다.

귀무가설에 대립되는 내용을 담는 대립가설(H_a, alternative hypothesis)은 연구자가 증명하고자 하는 내용으로서 '변수 간 관계가 있다' 또는 '집단 간에 차이가 있다'는 문장으로 표현된다. 가설의 내용에 따라 비방향성 가설과 방향성 가설로 구분할 수 있다. 비방향성 가설은 단순히 집단 간에 차이가 있다고 주장하거나, 두 변수 간에 관계가 존재한다고 주장하는 것으로 양측가설 또는 양측검정이라고 한다. 반면, 방향성 가설은 어느 집단이 더 높은 값을 갖는지 또는 두 변수 간 관계가 양(+)의 상관관계인지, 음(-)의 상관관계인지를 구체적으로 표현하는 주장이라고 할 수 있다. 단측가설, 단측검정이라고도 한다.

제시된 예에서 귀무가설은 'A와 B는 차이가 없다', 'A는 B에 영향을 미치지 않는다'가 되며, 이에 대립되는 가설은 'A와 B는 차이가 있다', 'A는 B에 영향을 미친다'로 표현된다. 그리고 방향성 가설이 'A는 B보다 크다'이면, 귀무가설은 'A는 B보다 작거나 같다'의 여집합으로 설정된다. 가설의 방향성은 연구자의 주관적 견해가 아닌, 논리적 근거를 바탕으로 설정해야 한다. 연구에서는 대립가설만을 제시한다.

귀무가설	(A와 B는) 차이가 없다 (A는 B에) 영향을 미치지 않는다	$\cdots H_0 : \mu_1 = \mu_2$	
대립가설	(A와 B는) 차이가 있다 (A는 B에) 영향을 미친다	$\cdots H_a : \mu_1 \neq \mu_2$	← 비방향성 가설

귀무가설	(A는 B보다) 작거나 같다 (A는 B에) 영향을 미치지 않는다	$\cdots H_0 : \mu_1 \leq \mu_2$	
대립가설	(A는 B보다) 크다 (A는 B에) 정(+)의 영향을 미친다	$\cdots H_a : \mu_1 > \mu_2$	← 방향성 가설

양측검정

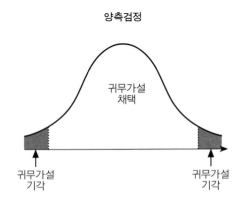

단측검정

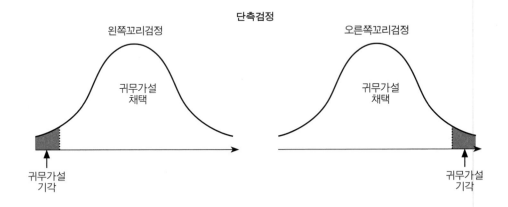

2) 유의수준(α)

가설을 설정한 후 연구자는 귀무가설을 기각하거나 받아들이기 위한 기준을 결정해야 한다. 분석에 사용되는 표본자료는 모집단에서 표본을 추출하는 과정에서의 오차를 수반하기 때문에 표본자료를 분석한 결과를 이용해서 귀무가설을 기각하고 대립가설을 입증할 때는 어느 정도 오류를 범할 수 있다. 이를 1종오류라고 하며, 1종오류를 받아들일 수 있는 최대치를 유의수준(α, significance level)이라고 한다. 즉, 유의수준은 귀무가설이 진실인데 연구자가 잘못하여 대립가설을 채택하는 오류를 범할 수 있는 확률이다. 유의수준은 알파(α) 값으로 나타내며, 신뢰수준 90%, 95%, 99%, 99.9%에 대해 각각 $\alpha=.10$, $\alpha=.05$, $\alpha=.01$, $\alpha=.001$의 유의수준을 설정할 수 있다. $\alpha=.05$ 또는 $\alpha=.01$의 유의수준이 보편적으로 사용된다. 유의수준(α)을 작게 한다는 것은 귀무가설을 쉽게 기각하지 않는다는 의미이다.

	귀무가설	
	진실	거짓
H_0 기각	1종 오류(α)	올바른 검정
H_0 채택	올바른 검정	2종 오류(β)

그리고 귀무가설이 거짓일 때 귀무가설을 기각하는 것은 올바른 결정인데, 이에 대한 확률을 통계적 검정력(statistical power)이라고 한다. 검정력이 크면 귀무가설이 거짓인데도 채택하는 확률인 2종오류(β)가 작아지므로 검정력은 $1-\beta$가 된다.

3) 검정통계량 결정

하나의 가설을 검정하기 위해 연구자가 사용할 수 있는 통계적 검정방법은 z-검정, t-검정, F-검정, χ^2-검정 등이 있다. 통계적 검정방법은 가정과 표본으로부터 계산된 검정통계량의 확률분포를 고려해서 결정한다.

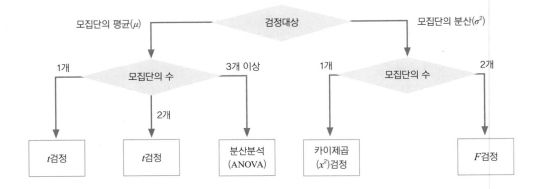

예를 들어, 두 집단의 평균은 차이가 있다는 양측가설을 검정하고자 할 때는 t-검정방법을 이용한다. α=.05 유의수준으로 결정할 경우, 〈부록〉에 제시된 t-분포표에서 유의수준에 해당하는 임계치를 찾으면 된다. 자유도가 무한대일 때(표본의 크기가 충분할 때) 임계치는 ±1.96임을 확인할 수 있다. 임계치(critical value)는 귀무가설의 기각 여부를 결정짓는 기준값이다. 표본조사를 통해 산출된 검정통계량이 +1.96 ~ −1.96 사이에 있으면 귀무가설이 채택되고, ±1.96보다 극단적인 값을 가지면 귀무가설이 기각된다.

이러한 기각역은 특정한 유의수준에 해당하는 표의 값(임계통계량)을 기준으로 결정되는데, 양측검정에서는 분포의 양측 끝부분, 우측검정에서는 우측 끝부분, 좌측검정에서는 좌측 끝부분이다. 표의 값은 z-분포, t-분포, F-분포, χ^2-분포에 관련된 적절한 통계표에서 찾을 수 있다.

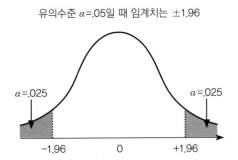

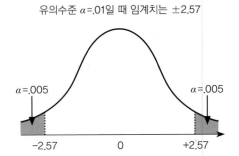

4) 검정통계량과 유의확률(p)

검정통계량(test statistics)은 표본자료의 통계량을 이용하여 산출된 값으로 임계치와 비교해서 가설의 기각 여부를 결정하는 기준 통계값이다. 그리고 귀무가설이 진실일 때 검정통계량이 발생할 확률을 유의확률(p-value)이라고 하는데, 유의확률은 표본으로부터 얻은 통계량이나 검정통계량의 절대값보다 더 큰 절대값을 또 다른 표본으로부터 얻을 수 있는 확률을 의미한다.

5) 가설검정

가설검정은 다음의 두 가지 방법을 이용할 수 있다. 먼저, 검정통계량과 임계치를 비교하여 검정통계량이 임계치보다 극단적인 값을 가지면 귀무가설을 기각하고 대립가설을 채택한다. 극단적이라는 것은 분포 중심인 0으로부터 왼쪽으로는 −1.96보다 떨어져 있고, 오른쪽으로는 +1.96보다 떨어져 있음을 의미한다. 예에서는 검정통계량이 2.01로 임계치보다 극단적인 값을 가지므로 귀무가설이 기각된다.

두 번째 검정방법은 유의확률(p)과 유의수준(α)을 비교하는 것이다. 유의확률은 귀무가설이 진실일 가능성이므로 이러한 확률이 유의수준보다 작다면 귀무가설을 기각할 수 있다. 예에서는 α=.05 유의수준에서 유의확률은 p=.03으로 1종오류의 최대허용범위 안에 있으므로 귀무가설이 기각된다. 반대로 유의확률이 유의수준보다 클 때에는 귀무가설을 채택한다.

가설검정방법 1
검정통계량 > 임계치
예) 2.01 > ±1.96 ⋯ 귀무가설 기각

가설검정방법 2
유의확률(p) < 유의수준(α)
예) p=.03 < α = .05 ⋯ 귀무가설 기각

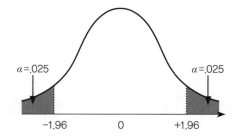

α=.025 α=.025

−1.96   0   +1.96

Part 2. SPSS 통계분석

Ch 3. 자료의 현황 및 검증

1 빈도분석

▶▶연구문제 응답자들은 어떤 특성을 가지고 있을까?

연구대상으로부터 필요한 자료를 수집하여 입력을 마치면 가장 먼저 자료의 상태를 점검해야 한다. 설문지를 입력하는 과정에서 빠진 내용은 없는지, 이상한 값은 없는지 등을 확인해야 분석의 오류를 줄일 수 있다. 또한 표본으로 선정된 응답자들의 특성을 파악해야 한다. 표본의 특성은 논문에 반드시 보고해야 하는 내용이므로 설문조사에 참여한 응답자는 몇 명인지, 응답자 가운데 남자와 여자의 인원과 비율은 각각 어떻게 되는지, 학년별 응답자의 빈도와 비율은 어떤지 등을 파악하는 것은 매우 중요한 과정이다.

자료의 현황을 파악하고자 할 때 사용하는 빈도분석(frequency)은 가장 기본적인 분석 기법이다. 입력 자료의 결측치(missing value)와 이상치(outlier) 등을 확인하는 데 유용하며 척도에 관계없이 사용할 수 있다. 모든 척도에 대해 빈도(N)와 백분율(%)을 알 수 있으며 다양한 유형의 그래프를 제공한다. 또한 양적척도(등간/비율 척도)로 측정된 변수에 대해서는 평균과 표준편차, 최소값과 최대값 등의 통계량을 나타낼 수 있다. 질적척도(명목/서열 척도)에서는 연산의 의미가 없으므로 통계량은 양적척도에서만 적용할 수 있다.

척도	[질적척도] 빈도(N)와 백분율(%), 최빈값 [양적척도] 빈도(N)와 백분율(%), 최빈값, 평균, 표준편차(SD), 분산, 최소값, 최대값 등 ※ 척도에 구분 없이 도표(막대도표, 히스토그램 등)를 확인할 수 있다.

■ 분석 실행

파일(navigation-data-SPSS)을 열고 [분석] → [기술통계량] → [빈도분석]을 선택한다.

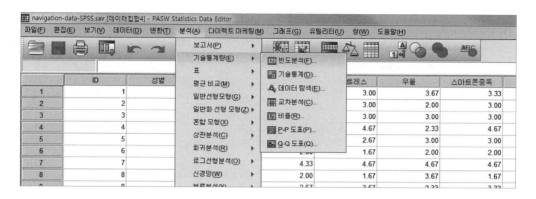

좌측의 '성별'과 '학년'을 [변수]로 이동시킨다.

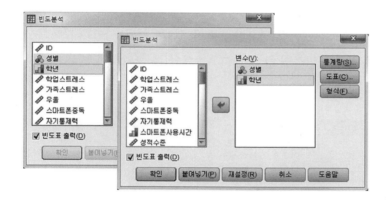

[통계량]을 클릭해서 ☑최빈값을 체크하고 [계속]을 클릭한다. 변수가 양적척도(등간/비율척도)이면 평균과 표준편차 등의 통계량을 선택할 수 있지만, '성별'과 '학년' 변수는 질적척도(명목/서열 척도)이므로 의미가 없다.

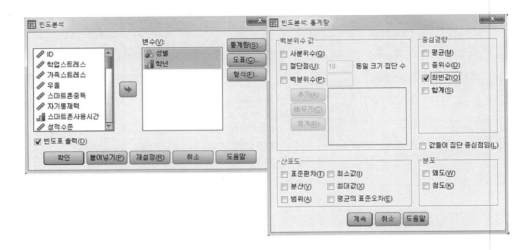

변수의 빈도를 도표로 확인하고자 할 때 필요한 유형을 선택한다. [도표]를 클릭해서 ◉막대도표를 선택한다. [계속]을 클릭하면 창이 닫히고, [확인]을 클릭하면 분석 결과가 나타난다.

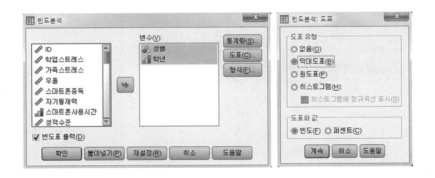

■ 분석 결과

통계량

		성별	학년
N	유효	232	232
	결측	0	0
최빈값		2	3

❶

빈도표 ❷

		성별			
		빈도	퍼센트	유효 퍼센트	누적퍼센트
유효	남자	102	44.0	44.0	44.0
	여자	130	56.0	56.0	100.0
	합계	232	100.0	100.0	

		학년			
		빈도	퍼센트	유효 퍼센트	누적퍼센트
유효	1학년	71	30.6	30.6	30.6
	2학년	67	28.9	28.9	59.5
	3학년	94	40.5	40.5	100.0
	합계	232	100.0	100.0	

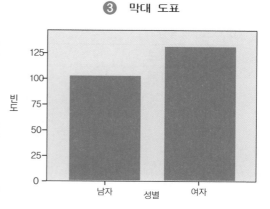

❸ 막대 도표

❶ 분석에 투입된 케이스는 232개이며, 결측값 없이 모두 유효하게 사용되었다. 성별에서는 최빈값이 2이므로 남자(1)보다 여자(2)가 많으며, 학년에서는 3학년이 많은 것을 알수 있다.

❷ 변수별로 범주의 빈도와 비율이 나타나 있다. 성별을 보면, 범주는 남자와 여자로 구성되어 결측치와 이상치는 없음을 알 수 있다. 결측치나 이상치가 있다면 여자 다음 행에제시된다. 성별에 대한 분포는 전체 232명 가운데 남자가 102명으로 44.0%를 차지하며, 여자는 130명으로 56.0%를 차지한다.

　학년의 경우에도 3개의 범주(1학년, 2학년, 3학년)로 구분되어 결측치와 이상치는 없는 것으로 확인되었다. 1학년은 71명으로 30.6%, 2학년은 67명으로 28.9%, 3학년은 94명으로40.5%의 비율을 가진다.

❸ 성별의 빈도를 막대도표로 확인할 수 있다.

논문 제시 방법

본 연구의 표본으로 선정된 응답자는 232명이며, 인구통계적 특성은 다음과 같다.

성별은 여학생(n=130, 56.0%)이 남학생(n=102, 44.0%)보다 많은 것으로 파악되었다. 학년별로는 3학년(n=94, 40.5%)이 가장 많았으며, 1학년(n=71, 30.6%), 2학년(n=67, 28.9%) 순으로 나타났다. 표본의 특성은 〈표 1〉에 제시한 바와 같다.

〈표 1〉 표본의 특성

구 분		사례수(n)	비율(%)
전 체		232	100.0
성별	남자	102	44.0
	여자	130	56.0
학년별	1학년	71	30.6
	2학년	67	28.9
	3학년	94	40.5
⋮	⋮	⋮	⋮

※ 표본의 특성에 제시할 변수의 선정은 연구자가 논문의 특성을 고려하여 결정한다.

2 기술통계

┌───┐
▶▶ 연구문제　변수들의 특성을 파악해보자.
└───┘

가설검정(연구문제)을 위한 분석에 앞서 사용될 변수들의 특성을 파악할 필요가 있다. 예를 들어, 100명의 중학생을 대상으로 하루 평균 수면시간을 조사하여 최소=3시간, 최대=9시간, 평균=6시간이라는 정보를 알 수 있다면, 응답자들의 수면시간은 범위가 넓고 대부분 5~7시간 수면을 취한다는 해석이 가능하다.

기술통계(descriptives)는 수면시간, 연령, 체중과 같은 양적척도(등간/비율척도)로 측정된 변수의 평균과 표준편차, 최소값과 최대값, 정규분포성 등의 통계량을 제공한다. 또한 변수값을 표준화 점수로 저장할 수도 있다.

　빈도분석에서도 통계량을 제공하고 있으나, 빈도분석은 질적척도(명목/서열척도)의 빈도와 비율을 파악할 때 주로 사용하고, 기술통계는 양적척도(등간/비율척도)의 통계적 특성을 알고자 할 때 사용한다. 리커트척도로 측정된 단일 항목의 경우, 원칙적으로 서열척도이나 편의상 등간척도로 간주하기도 한다.

양적척도	– 평균 – 산포도: 표준편차(SD), 분산, 범위, 최소값, 최대값 등 – 분포: 첨도, 왜도 – 표준화점수의 생성

■ 분석 실행

파일(navigation-data-SPSS)을 열고 [분석] → [기술통계량] → [기술통계]를 선택한다.

좌측의 목록에서 통계량을 알고자 하는 항목을 선택하여 [변수]로 이동시킨다. 여기에서는 'SP중독1, SP중독2, SP중독3'을 선택하였다.

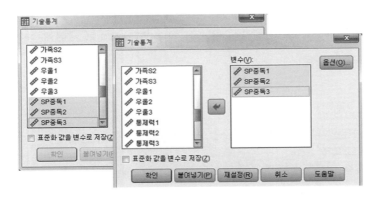

변수값을 표준점수로 만들 때에는 좌측 하단의 ☑표준화 값을 변수로 저장을 체크한다.

[옵션]을 클릭해서 ☑평균, ☑표준편차, ☑최소값, ☑최대값의 기본 설정을 확인한다. [계속]을 클릭하면 창이 닫히고 [확인]을 클릭하면 분석 결과가 나타난다.

■ 분석 결과

기술통계량

	N	범위	최소값	최대값	평균	표준편차	분산	왜도		첨도	
	통계량	통계량	통계량	통계량	통계량	통계량	통계량	통계량	표준오차	통계량	표준오차
SP중독1	232	3	2	5	3.32	.818	.670	-.087	.160	-.688	.318
SP중독2	232	3	2	5	3.24	.778	.606	.003	.160	-.610	.318
SP중독3	232	4	1	5	3.31	.789	.622	.030	.160	.048	.318
유효수 (목록별)	232										

❶ 항목별로 응답자수(N), 최소값, 최대값, 평균, 표준편차(SD)가 나타나 있다. SP중독1을 예로 들면, 스마트폰중독의 첫 번째 항목에 응답한 인원은 232명이다. 최소값은 2, 최대값은 5로 파악되어 응답자 가운데 1점(전혀 그렇지 않다)으로 평가한 사람은 없음을 알 수 있으며, 최소값과 최대값의 범위는 3이다. 평균은 3.32점으로 보통(3점)보다 약간 높게 나타났다. 개별값들이 평균으로부터 떨어진 정도를 의미하는 표준편차는 .818이며, 분산은 .670으로 분석되었다.

❷ 왜도와 첨도를 통해 분포의 정규성을 파악할 수 있다. 왜도는 평균을 중심으로 치우친 정도를 나타내는데 양(+)의 값은 왼쪽으로 치우쳐 있음을, 음(-)의 값은 오른쪽으로 치우쳐 있음을 의미한다. 반면, 첨도는 평균을 중심으로 몰리거나 퍼져있는 정도를 나타내는데, 양

(+)의 값은 평균 주위에 몰려 있음을, 음(-)의 값은 퍼져 있음을 의미한다. 따라서 정규분포
가 되려면 왜도와 첨도는 모두 0이어야 한다. SP중독1의 왜도는 -.087이고, 첨도는 -.688로
나타나 평균을 중심으로 약간 오른쪽으로 치우쳐 있고, 흩어져 있음을 알 수 있다.

❸ ☑표준화 값을 변수로 저장
데이터 창에 변수들의 표준점수가 생성되었다. 표준화된 변수명은 'Z기존 변수명' 형태로
자동 명명된다. 표준화는 평균을 0으로 하기 때문에 표준점수가 0보다 작으면 평균 미만
이고, 0보다 크면 평균보다 높음을 의미한다.

	SP중독1	SP중독2	SP중독3	통제력1	통제력2	통제력3	ZSP중독1	ZSP중독2	ZSP중독3	변수
1	3	4	3	2	2	2	-.39496	.98014	-.39354	
2	3	3	3	5	5	3	-.39496	-.30456	-.39354	
3	3	3	3	2	2	3	-.39496	-.30456	-.39354	
4	5	5	4	1	1	2	2.04855	2.26484	.87454	
5	3	3	3	3	3	3	-.39496	-.30456	-.39354	
6	2	2	2	3	2	3	-1.61672	-1.58926	-1.66162	
7	5	4	5	3	3	3	2.04855	.98014	2.14261	
8	2	2	1	1	1	1	-1.61672	-1.58926	-2.92969	

3 탐색적 요인분석

▶▶연구문제 측정 항목들은 타당성이 있을까?

이 책에서는 다음의 설문 항목을 통해 학업스트레스, 가족스트레스, 우울, 스마트폰중독
을 측정하였다. 4개의 개념들은 직접적으로 측정되지 않고 해당 항목들에 의해 측정된다.
학업스트레스의 경우 학업S1, 학업S2, 학업S3의 3개 항목으로 측정되는데, 이 항목들이
학업스트레스를 제대로 측정하고 있는지를 확인해야 한다. 가족스트레스, 우울, 스마트폰
중독 또한 해당 항목들이 각 개념을 정확하게 측정했는지를 평가해야 한다.

개념	항목 수	항목
학업스트레스	3	학업S1, 학업S2, 학업S3
가족스트레스	3	가족S1, 가족S2, 가족S3
우울	3	우울1, 우울2, 우울3
스마트폰중독	3	SP중독1, SP중독2, SP중독3

타당성(validity)은 측정 항목들이 그 개념을 얼마나 정확히 측정하였는가를 평가하는 것이다. 이를 통해 어떤 개념을 구성하는 항목들이 하나의 요인으로 묶이는지를 알아볼 수 있다. 아래의 예에서 학업S1~3의 3개 항목 간에는 상관관계가 높기 때문에 하나의 개념(요인1)으로 표현할 수 있으며 개념 내에 집중타당성이 있다고 평가할 수 있다. SP중독 1~3의 경우에도 상관관계가 높아 하나의 개념(요인2)을 설명하는 집중타당성이 있다고 할 수 있다. 또한 요인1과 요인2 간의 관계가 낮기 때문에 개념 간에는 구분이 뚜렷하므로 판별타당성이 있다고 평가한다. 하나의 요인에 학업S1~3과 SP중독1~3의 높은 상관계수 가 섞여서 나타난다면 측정도구는 타당하지 않게 된다. 따라서 해당 측정 항목들이 자기 의 개념을 제대로 설명한다면 개념 내 집중타당성과 개념 간 판별타당성은 높아진다.

[타당성]

측정 항목	요인1	요인2	타당성	
학업S1 학업S2 학업S3	높은 상관관계	낮은 상관관계	← 요인1의 집중타당성	요인 간의 판별타당성
SP중독1 SP중독2 SP중독3	낮은 상관관계	높은 상관관계	← 요인2의 집중타당성	

타당성 검증은 요인분석[1]을 이용한다. 탐색적 요인분석(exploratory factor analysis; EFA) 은 다수의 측정변수를 관계가 높은 변수들끼리 묶어줌으로써 변수들을 축소시키고 의미 있는 개념을 도출하는 분석방법이다. 상관관계가 높은 변수들을 하나의 개념(요인)으로

---

1 탐색적 요인분석과 확인적 요인분석(confirmatory factor analysis: CFA)으로 구분한다. SPSS분석에서는 탐색적 요 인분석을 주로 사용하며, 모형 분석에서는 확인적 요인분석을 통해 타당성을 검증한다. 일부 논문에서는 탐색적 요인분 석을 실시한 후 확인적 요인분석을 통해 재검증하기도 한다.

묶고 낮은 변수들은 제거함으로써 타당성을 검증한다. 묶이지 않는 변수는 타당성이 부족하거나 다른 특성을 지닌 것으로 판단한다.

■ 분석 원리

탐색적 요인분석은 4단계로 이루어진다. 예제에 제시된 학업스트레스 3개 항목, 가족스트레스 3개 항목, 우울 3개 항목, 스마트폰중독 3개 항목을 모두 분석에 투입하였을 때 12개 항목에 대한 설명은 다음과 같다.

1단계: 상관계수행렬

분석에 투입한 측정변수들 가운데 유사한 특성을 가진 변수들끼리 서로 묶어준다. 어떤 개념을 측정하는 항목들은 상관관계가 높아야 하는데, 변수들 간의 상관관계가 낮으면 공통요인을 갖지 못하기 때문에 원하는 요인을 구할 수 없다. 학업S1, 학업S2, 학업S3의 상관계수가 높으면 3개의 관측변수는 하나의 개념으로 분류되어 같은 요인으로 묶인다.

상관행렬

		학업S1	학업S2	학업S3	가족S1	가족S2	가족S3	우울1	우울2	우울3	SP중독1	SP중독2	SP중독3
상관계수	학업S1	1.000	.601	.449	.187	.176	.078	.312	.224	.309	.355	.225	.254
	학업S2	.601	1.000	.540	.204	.244	.137	.253	.225	.278	.268	.261	.294
	학업S3	.449	.540	1.000	.184	.237	.152	.285	.217	.325	.337	.344	.325
	가족S1	.187	.204	.184	1.000	.649	.464	.406	.307	.336	.276	.350	.338
	가족S2	.176	.244	.237	.649	1.000	.562	.370	.444	.307	.335	.397	.440
	가족S3	.078	.137	.152	.464	.562	1.000	.270	.323	.334	.301	.338	.321
	우울1	.312	.253	.285	.406	.370	.270	1.000	.716	.634	.529	.454	.433
	우울2	.224	.225	.217	.307	.444	.323	.716	1.000	.653	.467	.538	.409
	우울3	.309	.278	.325	.336	.307	.334	.634	.653	1.000	.384	.424	.450
	SP중독1	.355	.268	.337	.276	.335	.301	.529	.467	.384	1.000	.790	.709
	SP중독2	.225	.261	.344	.350	.397	.338	.454	.538	.424	.790	1.000	.712
	SP중독3	.254	.294	.325	.338	.440	.321	.433	.409	.450	.709	.712	1.000

2단계: 요인추출

측정변수들에서 요인을 추출한다. 추출 방법으로는 주성분분석(principle component analysis)과 공통요인분석을 많이 사용하는데, 논문에서는 해석이 용이하고 간편한 주성분분석을 주로 이용한다. 주성분분석은 다수의 변수들을 축약하는 과정에서 정보의 손

실을 최소화하면서 적은 수의 요인을 구할 수 있다는 장점이 있다.

요인추출은 ❶ 고유값 1이상, ❷ 요인수 지정, ❸ 스크리도표 중에 하나를 선택하여 추출할 수 있으며, 고유값에 의한 요인추출을 가장 많이 사용한다.

❶ 고유값(eigenvalue)[2]은 각 요인의 설명력을 나타낸다. 고유값이 1 이상이라는 것은 요인이 설명할 수 있는 관측변수들의 분산 크기가 1 이상인 요인만 추출한다는 의미다. 고유값이 클수록 변수들 간의 상관관계가 높다는 것을 나타내며 중요한 요인이라고 해석할 수 있다. 아래의 결과표를 보면, 12개 관측변수가 분석에 투입되었으며 고유값이 1 이상인 요인은 성분1~4까지 4개임을 알 수 있다. 성분5~12는 고유값이 1 미만으로 요인으로 추출되기에는 부적절하다고 볼 수 있다.

❷ 요인수 지정에 의한 요인추출은 연구자가 요인수를 직접 입력하는 방법이다. 요인수는 선행 연구의 이론에 근거하여 지정해야 한다. 본 예제에서는 이론적 배경을 근거로 4개의 개념을 사용하였으므로 요인수를 4로 지정할 수 있으며, 분석 결과에는 요인의 수가 4개까지 제시된다.

❸ 스크리도표는 고유값 1을 기준으로 요인들을 구별할 수 있는 도표이다. 위의 스크리도표에서 성분1~4는 고유값 1 이상이며, 성분5~12는 고유값 1 미만에 위치하고 있음을 알 수 있다.

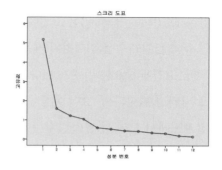

설명된 총분산

성분	초기 고유값			추출 제곱합 적재값			회전 제곱합 적재값		
	합계	% 분산	% 누적	합계	% 분면	% 누적	합계	% 분산	% 누적
1	5.177	43.144	43.144	5.177	43.144	43.144	2.425	20.210	20.210
2	1.594	13.287	56.431	1.594	13.287	56.431	2.305	19.212	39.422
3	1.228	10.236	66.667	1.228	10.236	66.667	2.183	18.195	57.617
4	1.046	8.719	75.387	1.046	8.719	75.387	2.132	17.770	75.387
5	.599	4.996	80.382						
6	.531	4.423	84.805						
7	.441	3.679	88.484						
8	.418	3.486	91.970						
9	.341	2.846	94.815						
10	.304	2.533	97.349						
11	.180	1.498	98.847						
12	.138	1.153	100.000						

추출 방법: 주성분 분석.

---

2 하나의 요인에 대한 모든 관측변수들의 요인적재량(factor loading)의 제곱의 합이다.

3단계: 요인회전

요인회전은 상관관계가 높은 변수들을 같은 차원으로 만들어줌으로써 보다 의미 있는 해석을 할 수 있게 해준다. 사회과학에서는 직각회전(orthogonal rotation)에 의한 베리멕스(varimax) 회전을 많이 이용하는데, 직각회전은 요인들 간의 축 각도를 90도로 유지하면서 요인의 구조가 뚜렷해질 때까지 회전시키는 것이다. 베리멕스 회전은 요인의 의미를 뚜렷하게 하는 효과가 있으며, 요인의 구조가 크게 변하지 않기 때문에 안정성이 높다.

아래의 왼쪽 그림에서 학업S1~S3은 상관관계가 높으나 학업S2는 다른 차원에 위치해 있고, 우울1~3 또한 상관관계는 있으나 우울3은 차원이 다른 것으로 나타나 있다. 이때, 오른쪽 그림과 같이 요인을 회전하면 상관관계가 높은 변수들끼리 같은 차원에 놓여 변수들의 관계가 명료해진다.

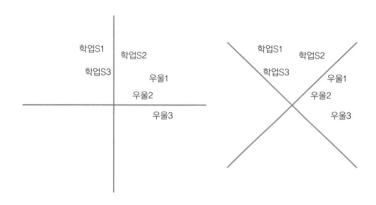

4단계: 요인적재량

요인적재량(factor loading)은 요인이 각 변수를 설명하는 정도를 나타낸다. 각 관측변수와 요인 간의 상관계수를 의미하기 때문에 −1~+1 사이의 값을 가지며, 요인적재량이 높을수록 해당 요인에 중요한 변수가 된다. 요인적재량의 기준치는 $\lambda=.40$ 이상이며, 기준치 미만으로 나타난 변수와 두 요인 이상에 교차 적재된 변수는 부적합한 것으로 평가한다.

결과표에서 12개의 관측변수는 4개의 성분(요인)으로 축약되었으며, 성분1에는 SP중독1~3의 요인적재량이 높게 나타나 있다. 반면, 성분2~4에는 요인적재량이 낮게 나타나 SP중독1~3은 하나의 요인으로 인정되며 타당성이 있다고 할 수 있다. 요인명은 연구자가 명명할 수 있는데, 일반적으로 선행 연구에서 명명한 요인명을 사용한다.

회전된 성분행렬[a]

	성분			
	1	2	3	4
SP중독1	.853	.264	.114	.200
SP중독2	.847	.265	.212	.127
SP중독3	.805	.196	.247	.179
우울2	.274	.828	.213	.062
우울1	.255	.815	.189	.167
우울3	.177	.796	.181	.216
가족S2	.208	.175	.832	.129
가족S1	.097	.199	.803	.129
가족S3	.181	.137	.766	.001
학업S2	.092	.089	.127	.855
학업S1	.095	.190	.017	.810
학업S3	.236	.096	.096	.738

요인추출 방법: 주성분 분석.
회전 방법: Kaiser 정규화가 있는 베리멕스.
a. 5 반복계산에서 요인회전이 수렴되었습니다.

성분 변환행렬

성분	1	2	3	4
1	.567	.546	.466	.404
2	-.050	-.127	-.521	.843
3	-.514	-.333	.706	.356
4	-.642	.759	-.113	.007

요인추출 방법: 주성분 분석.
회전 방법: Kaiser 정규화가 있는 베리멕스.

■ 분석 조건

다수의 변수들을 관계가 높은 변수끼리 묶어 요인으로 축약하는 것이므로 항목은 양적척도로 측정해야 하고, 변수는 2개 이상 투입해야 분석을 실행할 수 있다. 예제에서는 12개 변수(학업스트레스 3개 항목, 가족스트레스 3개 항목, 우울 3개 항목, 스마트폰중독 3개 항목)를 분석에 사용했다.

척도	양적척도 -2개 항목 이상
분석 실행 ↓ 결과 해석	① 요인분석의 적합성 검정 ② 공통성 검토 ③ 요인수 확인 및 설명력 검토 ④ 요인적재량 확인 ⑤ 요인명 명명

■ 분석 실행

파일(navigation-data-SPSS)을 열고 [분석] → [차원 감소] → [요인분석]을 선택한다.

스크롤을 내려서 좌측의 '학업S1, 학업S2, 학업S3, 가족S1, 가족S2, 가족S3, 우울1, 우울2, 우울3, SP중독1, SP중독2, SP중독3'을 [항목]으로 이동시킨다.

예제에서는 학업스트레스(학업S1~3), 가족스트레스(가족S1~3), 우울(우울1~3), 스마트폰중독(SP중독1~3)을 각각 3개 항목으로 조사했으므로 12개 항목을 투입했다.

[기술통계]를 클릭해서 ☑KMO와 Bartlett의 구형성 검정을 체크하고 [계속]을 클릭한다.

[요인추출]을 클릭해서 ●고유값 기준＝1의 기본 설정을 유지하고 [계속]을 클릭한다.
고유값＝1은 1보다 큰 고유값을 가지는 요인만을 추출하는 것이고, 고정된 요인수를 선택하여 '4'를 입력하면 투입된 변수들을 4개의 요인으로 추출할 수 있다.

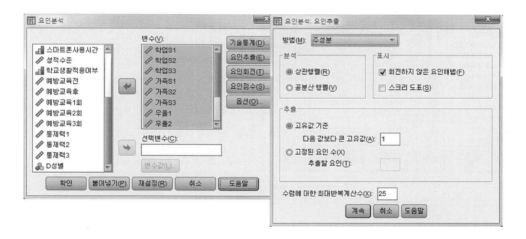

[요인회전]을 클릭해서 ⦿베리멕스를 선택하고 [계속]을 클릭한다.

[옵션]을 클릭해서 ☑크기순 정렬을 체크하고 [계속]을 클릭한다. [확인]을 클릭하면 분석 결과가 나타난다.

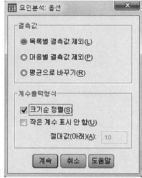

■ 분석 결과

KMO와 Bartlett의 검정

표준형성 적절성의 Kaiser-Meyer-Olkin 측도.		.792
Bartlett의 구형성 검정	근사 카이제곱	1454.634
	자유도	66
	유의확률	.000

 ❶

공통성

	조기	추출
학업S1	1.000	.702
학업S2	1.000	.764
학업S3	1.000	.618
가족S1	1.000	.710
가족S2	1.000	.783
가족S3	1.000	.639
우울1	1.000	.793
우울2	1.000	.811
우울3	1.000	.745
SP중독1	1.000	.851
SP중독2	1.000	.850
SP중독3	1.000	.780

❷

추출 방법: 주성분 분석.

설명된 총분산

성분	조기 고유값			추출 제곱합 적재값			회전 제곱합 적재값		
	합계	% 분산	% 누적	합계	% 분산	% 누적	합계	% 분산	% 누적
1	5.177	43.144	43.144	5.177	43.144	43.144	2.425	20.210	20.210
2	1.594	13.287	56.431	1.594	13.287	56.431	2.305	19.212	39.422
3	1.228	10.236	66.667	1.228	10.236	66.667	2.183	18.195	57.617
4	1.046	8.719	75.387	1.046	8.719	75.387	2.132	17.770	75.387
5	.599	4.996	80.382						
6	.531	4.423	84.805						
7	.441	3.679	88.484						
8	.418	3.486	91.970						
9	.341	2.846	94.815						
10	.304	2.533	97.349						
11	.180	1.498	98.847						
12	.138	1.153	100.000						

❸

추출 방법: 주성분 분석.

❶ 요인분석의 적합성

KMO 측도: .50 이상

Bartlett의 구형성 검정: $p < .05$

분석에 투입된 자료가 요인분석을 실시하기에 적합한지를 평가하는 지표들이 제시되어 있다. 적합성은 상관관계 행렬을 이용하여 표준형성 적절성의 Kaiser-Meyer-Olkin(KMO) 측도와 Bartlett의 구형성 검정으로 평가한다. KMO 측도는 .792로 나타나 기준치(.50 이상)를 상회하였고, Bartlett의 구형성은 $p < .05$로 유의적으로 나타났다. 따라서 자료는 요인분석에 적절하다고 판단할 수 있다.

❷ 공통성(communality)
공통성: .40 이상
공통성은 추출된 요인들에 의해서 각 변수가 설명되는 비율이다. 0과 1 사이의 값을 가지며, 기준치는 .40 이상이다. 결과를 보면 12개의 변수는 모두 기준치를 상회하고 있다.

　기준치 미만의 변수가 있을 경우에는 해당 변수를 제거하고 요인분석을 다시 실시해야 한다. 다만, 그 변수가 연구 목적에 중요하다고 판단되면 논문에 변수의 중요성을 설명하고 사용하기도 한다.

❸ 고유값(eigenvalue), %분산(설명력), %누적(총분산 설명력)
성분(요인)별로 요인분석에 사용된 분산의 비율이 나타나 있다. 성분은 투입된 변수의 수(12개)만큼 제시되지만 초기 고유값이 1 이상일 때 의미를 지닌다. 결과에서는 4개의 성분(요인)이 추출되었다.

　우측의 회전된 제곱합 적재값에는 고유값(합계) 설명력(%분산), 총분산 설명력(%누적)이 제시되어 있다. 고유값은 해당 요인이 설명하는 분산의 비율로, 이 값이 높을수록 중요한 요인이라고 해석할 수 있다. 성분1의 고유값은 2.425이다. 결과표 ❹를 보면 성분1은 스마트폰중독에 관한 항목들임을 알 수 있는데, 이는 4개 요인 가운데 스마트폰중독 요인이 중요하다는 것을 의미한다.

　%분산은 해당 요인이 전체분산 중에 설명하는 비율이다. 성분1은 20.210%의 설명력을 가지고 있다. %누적은 추출된 요인들이 전체분산 중에 설명하는 비율이다. 결과에서는 4개의 요인들이 전체분산의 75.387%를 설명하는 것으로 나타났다.

성분행렬[a]

	성분			
	1	2	3	4
SP중독2	.776	-.079	-.328	-.366
SP중독1	.762	.033	-.375	-.359
SP중독3	.751	-.043	-.241	-.395
우울1	.745	-.074	-.209	.435
우울2	.732	-.177	-.243	.429
우울3	.707	-.023	-.151	.471
가족S2	.654	-.357	.469	-.093
가족S1	.590	-.340	.497	-.002
가족S3	.535	-.425	.403	-.098
학업S1	.493	.645	.188	.087
학업S2	.506	.639	.318	.000
학업S3	.529	.548	.177	-.085

요인추출 방법: 주성분 분석.
  a. 추출된 4 성분

회전된 성분행렬[a]

	성분			
	1	2	3	4
SP중독1	.853	.264	.114	.200
SP중독2	.847	.265	.212	.127
SP중독3	.805	.196	.247	.179
우울2	.274	.828	.213	.062
우울1	.255	.815	.189	.167
우울3	.177	.796	.181	.216
가족S2	.208	.175	.832	.129
가족S1	.097	.199	.803	.129
가족S3	.181	.137	.766	.001
학업S2	.092	.089	.127	.855
학업S1	.095	.190	.017	.810
학업S3	.236	.096	.096	.738

④

요인추출 방법: 주성분 분석.
  회전 방법: Kaiser 정규화가 있는 베리멕스.
  a. 5 반복계산에서 요인회전이 수렴되었습니다.

성분 변환행렬

성분	1	2	3	4
1	.567	.546	.466	.404
2	-.050	-.127	-.521	.843
3	-.514	-.333	.706	.356
4	-.642	.759	-.113	.007

요인추출 방법: 주성분 분석.
회전 방법: Kaiser 정규화가 있는 베리멕스.

④ 요인적재량 (.40 이상)

베리멕스 방식으로 회전(5회)한 후의 결과로 요인적재량이 크기순으로 제시되어 있다. 결과에서는 분석에 투입된 12개의 변수가 4개의 성분(요인)으로 뚜렷하게 나타나지만 요인적재량의 기준과 교차 적재, 다른 성분(요인)으로의 적재 등을 확인해야 한다.

SP중독1 변수를 예로 들어 설명하면, 요인적재량($\lambda=.853$)은 성분1이 가장 높기 때문에 성분1에 속하게 되며 기준치인 $\lambda=.40$ 이상이어야 한다. 만약, 다른 성분에서도 요인적재량이 $\lambda=.40$ 이상으로 나타나면 두 성분에 교차 적재가 되기 때문에 SP중독1 변수를 제거한 후 다시 요인분석을 실시해야 한다. 또한 성분1에서는 $\lambda=.40$ 미만이고 다른 성분에서는 $\lambda=.40$ 이상이라면, 선행 이론에 위배되기 때문에 이 경우에도 변수를 제거해야 한다. 마지막으로 모든 성분에 요인적재량이 $\lambda=.40$ 미만으로 나타날 때에도 변수를 제거한 후 요인분석을 재실시한다.

논문 제시 방법

※ 일반적으로 타당성과 신뢰성은 함께 검증하므로 요인분석의 결과와 신뢰도분석의 신뢰도계수 (Cronbach's coefficient alpha)를 함께 제시한다.

중학생의 학업스트레스와 가족스트레스, 우울, 스마트폰중독 변수에 대한 타당성과 신뢰성을 검증하기 위해 탐색적 요인분석과 신뢰도분석을 실시하였다. 분석 결과는 〈표 1〉에 제시하였으며, 분석 과정 및 내용은 다음과 같다.

먼저, 탐색적 요인분석의 요인추출은 주성분분석을 사용하였으며, 추출될 요인수는 고유값 1 이상으로 지정하였다. 요인회전은 각 요인의 특성을 파악하는데 유용한 직각회전에 의한 베리멕스(varimax)를 사용하여 분석을 실시하였다. 분석 결과, 자료가 요인분석을 실시하기에 적합(KMO 측도=.79, Bartlett의 구형성 검정=1454.63($p<.001$))한 것으로 검정되었으며, 총 분산 설명력은 75.39%로 나타나 4개의 요인으로 잘 설명됨을 확인하였다.

모든 항목의 공통성과 요인적재량은 기준치를 충족하는 것으로 나타났으며, 교차 적재되거나 다른 요인에 적재된 변수는 나타나지 않았다. 도출된 4개 요인에 대한 요인명은 선행 연구와 동일하게 명명하였다. 첫 번째 요인은 스마트폰중독이고, 두 번째 요인은 우울, 세 번째 요인은 가족스트레스, 네 번째 요인은 학업스트레스이다. 요인들은 각 3개씩의 항목으로 구성되어 있다.

타당성이 검증된 항목들에 대하여 요인별로 신뢰도분석을 실시하였다. 분석 결과, 스마트폰중독 요인의 신뢰도는 α=.89, 우울 요인은 α=.86, 가족스트레스 요인은 α=.79, 학업스트레스 요인은 α=.77로 나타나 신뢰성이 있는 것으로 확인되었다.

〈표 1〉 탐색적 요인분석과 신뢰도분석

요인	변수	요인적재량				공통성	신뢰도(α)
스마트폰중독	SP중독1	.853	.264	.114	.200	.851	
	SP중독2	.847	.265	.212	.127	.850	.893
	SP중독3	.805	.196	.247	.179	.780	
우울	우울2	.274	.828	.213	.062	.793	
	우울1	.255	.815	.189	.167	.811	.857
	우울3	.177	.796	.181	.216	.745	
가족스트레스	가족S2	.208	.175	.832	.129	.710	
	가족S1	.097	.199	.803	.129	.783	.792
	가족S3	.181	.137	.766	.001	.649	
학업스트레스	학업S2	.092	.089	.127	.855	.702	
	학업S1	.095	.190	.017	.810	.764	.771
	학업S3	.236	.096	.096	.738	.618	
고유값(eigenvalue)		2.425	2.305	2.183	2.132	–	–
설명력(%)		20.210	19.122	18.195	17.770	–	–

KMO 측도: .79, Bartlett의 구형성 검정: 1454.63(df=66, $p < .001$), 누적분산율: 75.39%

📖 **본 분석이 적용된 논문**

전호선, 장승옥 (2014). "스트레스와 우울이 대학생 스마트폰중독에 미치는 영향: 성별 조절효과를 중심으로".
　　　청소년학연구, 21(8), 103-129.

주석진 (2015). "대학생의 스마트폰중독이 대학생활 적응에 미치는 영향: 자기통제력의 조절효과를 중심으로".
　　　청소년문화포럼, 42, 98-127.

▶▶ 연구문제 학업스트레스, 가족스트레스, 우울, 스마트폰중독의 구성 항목들은 일관성이 있을까?

신뢰도분석은 측정하고자 하는 개념(construct)을 일관되게 측정하였는지, 그리고 설문에 응답한 사람이 정확하고 일관되게 측정에 응하였는지를 확인하는 것이다. 즉 하나의 개념을 반복해서 측정했을 때 동일한 결과를 얻을 수 있는 정도를 의미한다. 예를 들어, 학업S1, 학업S2, 학업S3의 3개 항목으로 구성되어 있는 항목들의 응답이 일관성 있게 나타났을 때 학업스트레스라는 하나의 개념으로 인정되어 신뢰성이 검증되었다고 할 수 있다. 가족스트레스, 우울, 스마트폰중독 또한 각각의 개념을 측정하는 구성항목들의 일관성이 있어야 한다.

신뢰성 여부는 신뢰도분석을 통해 나타난 신뢰도계수(Cronbach's coefficient alpha)로 평가한다. 기준치는 학자나 전공분야에 따라 약간씩 다르지만, 일반적으로 .70 이상이면 신뢰성이 있는 것으로 판단하며 .60 이상을 기준으로 평가하기도 한다. 학업스트레스의 신뢰도를 분석한 결과에서 신뢰도계수가 .70 이상으로 나타났다면 학업스트레스를 구성하고 있는 3개 항목들은 일관성이 있는 것으로 평가되어 신뢰성이 검증되었다고 할 수 있다.

■ 타당성과 신뢰성

가설을 검증하기 위해 연구자는 가설에 사용할 변수들을 측정하는 측정도구를 선행 연구의 이론에서 선정한다. 이때 측정도구가 타당한지 그리고 신뢰성은 있는지를 가설검정 전에 확인해야 한다. 일부 논문에서는 신뢰성만 확인한 후 가설을 분석하는 경우가 있는데, 측정도구의 타당성과 신뢰성을 확인한 후에 가설 분석을 실시하는 게 바람직하다.

타당성은 측정도구가 측정하고자 하는 개념을 제대로 측정하고 있는가를 나타내는 것으로 요인분석을 통해 확인할 수 있다. 신뢰성은 측정자, 또는 측정 과정으로부터 영향을 받지 않는 정도를 나타내며 오차가 적을수록 신뢰성이 높다고 평가할 수 있다.

이 책에서는 탐색적 요인분석을 실시하여 타당성을 확인하였으며, 4개의 개념을 추출하였다. 따라서 각 개념별로 신뢰도분석을 실시할 것이다.

■ 분석 조건

항목들 간의 내적일관성을 측정하는 것이므로 2개 이상의 항목이 필요하며, 항목들은 양적척도로 측정해야 한다. 본 예제에서 개념은 4개이며, 개념들은 각각 3개의 항목으로 구성되어 있다. 항목들은 양적척도로 측정하였다.

신뢰도분석은 개념별로 실시한다. 학업스트레스는 학업S1, 학업S2, 학업S3의 3개 항목에 대해 신뢰도분석을 실시한다. 가족스트레스, 우울, 스마트폰중독 또한 해당 항목들 단위로 분석한다. 예제에서는 개념이 4개이므로 분석을 4회 실시한다.

척도	- 항목: 개념별 2개 이상 - 양적척도
분석 실행	[분석1] 학업스트레스: 학업S1, 학업S2, 학업S3 [분석2] 가족스트레스: 가족S1, 가족S2, 가족S3 [분석3] 우울: 우울1, 우울2, 우울3 [분석4] 스마트폰중독: SP중독1, SP중독2, SP중독3

주의할 점은 설문 문항에 역점수 문항이 있는지 확인하는 것이다. 예를 들어, 리커트 5점으로 측정된 3개 항목 중에 1번과 2번 항목은 점수가 높을수록 긍정인데, 3번 항목은 점수가 낮을수록 긍정이면 3번 항목을 코딩 변경해야 한다. 즉 1→5, 2→4, 3→3, 4→2, 5→1로 변경한 후에 분석을 실시해야 올바른 신뢰도를 산출할 수 있다.

■ 분석 실행

파일(navigation-data-SPSS)을 열고 [분석] → [척도] → [신뢰도분석]을 선택한다.

좌측의 '학업S1, 학업S2, 학업S3'을 [항목]으로 이동시킨다. 학업스트레스 개념을 구성하고 있는 3개 항목의 내적일관성을 분석하는 것이다.

[통계량]을 클릭해서 ☑항목제거시 척도를 체크하고 [계속]과 [확인]을 순서대로 클릭하면 분석 결과가 나타난다.

■ 분석 결과

케이스 처리 요약

		N	%
케이스	유효	232	100.0
	제외됨a	0	.0
	합계	232	100.0

a. 목록별 삭제는 프로시저의 모든 변수를 기준으로 합니다.

신뢰도 통계량

Cronbach의 알파	항목 수
.771	3

항목 총계 통계량

	항목이 삭제된 경우 척도 평균	항목이 삭제된 경우 척도 분산	수정된 항목-전체 상관관계	항목이 삭제된 경우 Cronbach 알파
학업S1	6.21	2.373	.598	.701
학업S2	6.19	2.267	.670	.620
학업S3	6.35	2.463	.552	.751

❶ 신뢰도계수 $\alpha = .6$ 또는 $\alpha = .7$ 이상

신뢰도분석에 투입된 항목은 3개이며, 신뢰도계수는 $\alpha = .771$로 분석되었다. 일반적인 연구에서는 $\alpha = .60$ 이상, 정밀한 연구에서는 $\alpha = .70$ 이상이 요구되므로 학업스트레스의 신뢰도는 높다고 평가할 수 있다.

❷ 특정 항목을 제거했을 때 나머지 항목들이 가지는 신뢰도계수가 나타나 있다. 학업S1 항목을 제거할 경우, 나머지 2개 항목인 학업S2와 학업S3의 신뢰도계수는 $\alpha = .701$이 된다. 결과에서는 어떤 항목을 제거하더라도 3개 항목의 신뢰도계수보다 낮기 때문에 항목을 제거할 이유가 없지만, 신뢰도계수가 기준치보다 낮게 나타난 경우에는 신뢰도를 저해하는 항목을 제거한 후 재분석을 실시하여 신뢰성을 확보하는 게 좋다.

[분석 결과: 가족스트레스]

신뢰도 통계량

Cronbach의 알파	항목 수
.792	3

항목 총계 통계량

	항목이 삭제된 경우 척도 평균	항목이 삭제된 경우 척도 분산	수정된 항목-전체 상관관계	항목이 삭제된 경우 Cronbach 알파
가족S1	6.11	2.169	.638	.713
가족S2	6.18	1.999	.710	.629
가족S3	6.19	2.642	.565	.787

[분석 결과: 우울]

신뢰도 통계량

Cronbach의 알파	항목 수
.857	3

항목 총계 통계량

	항목이 삭제된 경우 척도 평균	항목이 삭제된 경우 척도 분산	수정된 항목-전체 상관관계	항목이 삭제된 경우 Cronbach 알파
우울1	6.28	2.471	.745	.787
우울2	6.33	2.205	.757	.776
우울3	6.22	2.611	.695	.832

[분석 결과: 스마트폰중독]

신뢰도 통계량

Cronbach의 알파	항목 수
.893	3

항목 총계 통계량

	항목이 삭제된 경우 척도 평균	항목이 삭제된 경우 척도 분산	수정된 항목-전체 상관관계	항목이 삭제된 경우 Cronbach 알파
SP중독1	6.55	2.102	.810	.832
SP중독2	6.63	2.207	.813	.829
SP중독3	6.56	2.282	.751	.882

③ 신뢰도계수

가족스트레스, 우울, 스마트폰중독의 신뢰도분석을 각각 실시한 결과다. 가족스트레스의 3개 항목(가족S1, 가족S2, 가족S3)에 대한 신뢰도계수는 $\alpha=.792$이며, 우울의 신뢰도계수는 $\alpha=.857$, 스마트폰중독의 신뢰도계수는 $\alpha=.893$으로 나타났다.

논문 제시 방법

※ 신뢰도분석은 신뢰도계수 외에는 보고할 내용이 없기 때문에 논문의 측정도구 부분이나 요인분석 결과표에 함께 제시한다.

[측정도구와 함께 제시할 경우]

학업스트레스를 측정하기 위해 OOO(1995)가 개발한 척도를 사용하였다. 학업스트레스는 성적, 시험, 과제 등에 의해 경험하는 스트레스 정도를 측정하며, 3개의 문항이 Likert 5점 척도(1점: 전혀 그렇지 않다, 5점: 매우 그렇다)로 구성되어 있다. 원도구의 신뢰도는 $\alpha=.800$이었으며, OOO(1995)의 연구에서는 $\alpha=.850$이었다. 본 연구에서의 신뢰도는 $\alpha=.771$로 나타났다.

[요인분석 결과와 함께 제시할 경우]

요인분석 결과와 함께 제시한다. (p.68 참조)

요인분석과 신뢰도분석을 통해 타당성과 신뢰성이 검증된 측정변수들을 가설검정에 사용하기 위해서는 측정변수들의 평균값을 계산하여 평균변수를 만들어야 한다. 예를 들어, 스마트폰중독은 3개 항목으로 측정되었는데 3개 항목 모두 타당성과 신뢰성이 검증되었다면, 3개 항목의 평균값을 계산하여 '스마트폰중독'이라는 변수로 만들어야 독립표본 t-검정, 회귀분석 등의 가설검정에 사용할 수 있다.

변수계산을 이용하여 스마트폰중독의 3개 항목에 대한 평균을 계산하고 평균값을 변수로 저장해보자. 계산식은 다음과 같다.

■ 변수계산 실행

파일(navigation-data-SPSS)을 열고 [변환] → [변수계산]을 선택한다.

좌측 상단의 [대상변수]에 변수명을 입력한다. 입력된 변수명에는 평균값이 저장된다. 예에서는 '스마트폰중독'이라고 입력하였다.

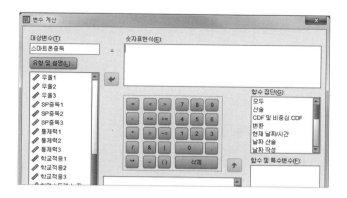

[숫자표현식]에 '(SP중독1 + SP중독2 + SP중독3) / 3'을 입력하면 평균값이 계산되어 스마트폰중독 변수에 저장된다. 직접 입력해도 되지만 마우스를 이용하면 실수를 줄일 수 있다. 화면 중앙의 계산기에서 □를 클릭하면 우측 상단의 [숫자표현식]에 '()'이 나타난다.

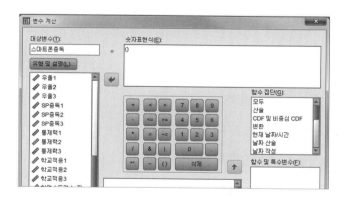

   () 안에 커서를 놓고 좌측의 변수 목록에서 SP중독1을 더블클릭한 후 계산기의 █를 클릭, SP중독2를 더블클릭한 후 계산기의 █를 클릭, SP중독3을 더블클릭하면 '(SP중독1 + SP중독2 + SP중독3)'으로 표현된다.

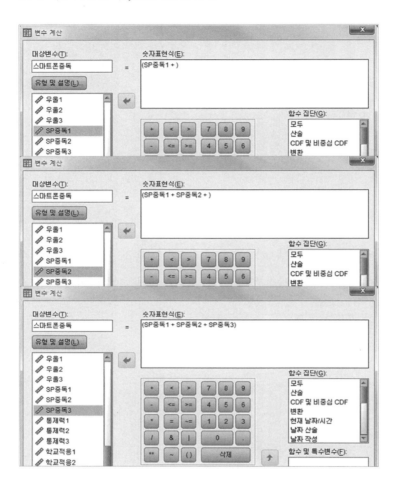

) 다음에 커서를 놓고 계산기의 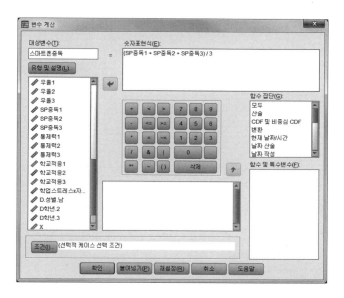와 을 순서대로 클릭하고 [확인]을 누른다.

데이터 창에 '스마트폰중독' 변수가 생성되었다.

변수계산 과정을 반복하여 학업스트레스, 가족스트레스, 우울에 대해 계산한 결과는
다음과 같다.

학업스트레스 = (학업S1 + 학업S2 + 학업S3) / 3

가족스트레스 = (가족S1 + 가족S2 + 가족S3) / 3

우울 = (우울1 + 우울2 + 우울3) / 3

	스마트폰중독	학업스트레스	가족스트레스	우울	변수	변수	변수	변수	변수
1	3.33	3.00	2.33	3.67					
2	3.00	3.00	3.33	2.00					
3	3.00	3.00	3.00	3.00					
4	4.67	4.67	2.33	1.33					
5	3.00	2.67	1.67	3.00					
6	2.00	1.67	2.00	2.00					
7	4.67	4.67	4.33	4.67					
8	1.67	1.67	2.00	3.67					

*navigation-data-SPSS.sav [데이터집합1] - PASW Statistics Data Editor

파일(F) 편집(E) 보기(V) 데이터(D) 변환(T) 분석(A) 다이렉트 마케팅(M) 그래프(G) 유틸리티(U) 창(W) 도움말(H)

1 : 스마트폰중독   3.33333333333333

Ch 4. 집단비교분석

집단 분석은 종속변수에 대해 집단 간에 차이가 있는지를 파악하거나 집단의 측정 간에 차이가 있는지를 알고자 할 때 사용하는 분석방법이다. 분석 종류는 집단 수와 변수의 수에 따라 달라지는데, 집단 수에 따른 분석기법은 다음과 같다.

1개 집단의 평균차이를 비교하는 대응표본 t-검정(paired-difference t-test)은 이벤트 전과 후의 변수값에 대한 차이를 분석한다. 스마트폰중독 예방 교육 전과 후에 스마트폰중독을 측정하여 스마트폰중독 평균에 차이가 있는지를 파악할 때 사용한다.

2개 집단의 평균 비교는 독립표본 t-검정(independent-samples t-test)을 이용한다. 두 집단 간의 평균에 차이가 있는지를 파악할 수 있는 방법으로, 남녀집단 간에 스마트폰중독 평균의 차이를 알아볼 수 있다.

집단이 3개 이상일 때 집단 간 비교에는 분산분석(analysis of variance; ANOVA)을 적용한다. 학년에 따른 스마트폰중독의 차이는 일원분산분석(one-way ANOVA)을 이용하여 알아볼 수 있다.

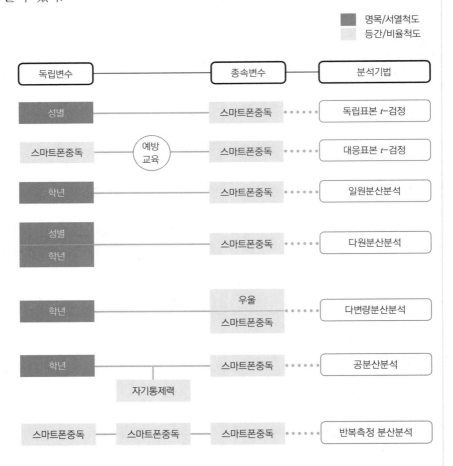

분산분석은 독립변수와 종속변수의 수에 따라 분석방법이 다양하다. 독립변수가 1개면 일원(one-way), 2개면 이원(two-way), 3개면 삼원(three-way)으로 분류하는데, 일반적으로 단수일 때는 일원, 복수일 때는 다원(multi-way)이라고 표현한다. 그리고 종속변수가 1개일 때는 일변량, 2개일 때는 이변량으로 구분하는데, 단수일 때는 표현을 생략하고 복수일 때는 다변량(MANOVA)으로 표현한다. 따라서 독립변수와 종속변수의 수를 조합하면 다음과 같은 분산분석기법이 생성된다. 일원분산분석(one-way ANOVA)은 1개의 독립변수와 1개의 종속변수로 구성되며, 학년에 따른 스마트폰중독을 비교할 때 적합하다. 다원분산분석(multi-way ANOVA)은 다수의 독립변수와 1개의 종속변수로 구성되는데, 예에서는 성별과 학년에 따른 스마트폰중독을 비교하였다. 다변량분산분석(MANOVA)은 1개의 독립변수와 다수의 종속변수를 분석하는 것을 의미하며, 학년에 따른 우울과 스마트폰중독을 비교할 때 유용하다.

통제변수가 있을 때에는 공분산분석(analysis of covariance; ANCOVA)을 사용한다. 예에서는 자기통제력이 일정한 경우에 학년에 따라 스마트폰중독의 차이가 있는지를 알아보기 위해 공분산분석을 사용하였다. 다원과 다변량에 대한 분산분석에서도 통제변수를 사용할 수 있다. 예를 들어, 성별과 학년에 따른 스마트폰중독의 차이를 비교할 때 자기통제력을 통제변수로 사용하면 다원공분산분석(multi-way ANCOVA)을 적용할 수 있다.

종속변수를 반복적으로 측정한 경우에는 반복측정 분산분석(repeated measures ANOVA)을 통해 측정 시점 간 비교를 하거나 실험집단과 통제집단 간 시점별 차이를 파악할 수 있다. 예에서는 스마트폰중독을 예방 교육 전과 예방 교육 2주 후, 그리고 4주 후 측정하여 시점 간의 차이를 비교하였다.

> ▶▶연구문제 성별에 따라 스마트폰중독은 차이가 있을까?

제시된 문제는 남녀 중학생의 스마트폰중독 정도를 비교하는 것이므로 성별과 스마트폰
중독을 측정하여 남녀집단 간에 차이가 있는지를 확인해야 한다. 연구자의 주장은 두 집
단 간에 차이가 있을 것이라는 내용이므로 대립가설은 '남녀집단 간 스마트폰중독의 평
균은 차이가 있다'로 설정된다.

귀무가설	H_0 : 두 집단의 평균은 같다. ($\mu_1 = \mu_2$)
대립가설	H_1 : 두 집단의 평균은 다르다. ($\mu_1 \neq \mu_2$)

↓

귀무가설	H_0 : 성별에 따라 스마트폰중독은 차이가 없을 것이다.
대립가설	H_1 : 성별에 따라 스마트폰중독은 차이가 있을 것이다.

대립가설을 보면, 두 집단 가운데 한 집단의 평균은 크고 다른 한 집단의 평균은 작을
것이라는 내용이기 때문에 비방향성 가설이며 양측검정이다. 즉 남자집단의 스마트폰중
독 평균이 높다면 여자집단의 평균이 낮고, 여자집단의 스마트폰중독 평균이 높다면 남
자집단의 평균이 낮으면 된다.

그렇다면 어느 정도의 평균차이가 있어야 귀무가설이 기각되고 대립가설이 지지될까?
이에 대한 입증은 독립표본 *t*-검정을 이용하여 검정할 수 있다. 독립표본 *t*-검정은 2개의
독립적인 표본집단 간 평균차이가 유의한지를 검정하는 분석기법으로, *t*공식에 의해 계산
된 *t*-값이 그림의 음영 부분에 있으면 대립가설이 채택된다. 그림에서는 0을 기준으로 양
끝으로 갈수록 *t*-값은 극단적이기 때문에 *t*-값이 커야 대립가설이 채택된다. 남자평균에
서 여자평균을 뺀 값이 양수(+)이면 +*t*가 되고, 남자평균보다 여자평균이 더 크면 음수(-)
가 되므로 -*t*에 위치한다.

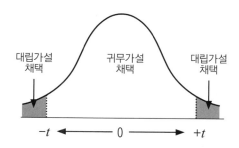

예제를 통해 남녀집단 간에 스마트폰중독 평균의 차이가 있는지 비교해보자. 아래 표는 남학생 100명과 여학생 100명을 대상으로 스마트폰중독을 조사한 결과다.

독립변수	종속변수	표본 크기(n)	평균(X)	표준편차(S)
남	스마트폰중독	100	3.0	1.0
여		100	3.3	0.9

조사된 값들을 독립표본 t-검정 공식[1]에 대입하면 t-값을 구할 수 있다. 공식에서 분자는 두 집단의 평균차이고, 분모는 두 집단의 표준편차와 표본 크기에 의해 계산된 표준오차이다. 따라서 평균차이가 클수록, 표준오차가 작을수록 t-값은 커진다. 대입해보면 t-값은 −2.23이며, 자유도(df)는 198이다.

$$t = \frac{\overline{X}_1 - \overline{X}_2}{\sqrt{\dfrac{S_1^2}{n_1} + \dfrac{S_2^2}{n_2}}} = \frac{3.0 - 3.3}{\sqrt{\dfrac{(1.0)^2}{100} + \dfrac{(0.9)^2}{100}}} = -2.23$$

$$df = (n_1 + n_2 - 2) = (100 + 100 - 2) = 198$$

X_1 = 집단1의 평균, S_1 = 집단1의 표준편차, n_1 = 집단1의 표본수

X_2 = 집단2의 평균, S_2 = 집단2의 표준편차, n_2 = 집단2의 표본수

〈부록〉의 t-분포표에서 자유도가 198이고 양측검정일 때, 유의수준과 임계치는 다음과

---

1 t 공식은 두 집단의 분산이 같은지 또는 다른지에 따라 달라지지만 표본 크기가 크면 t-값에 큰 차이가 없기 때문에 분산이 다를 경우의 공식을 적용해도 관계없다.

같다. 유의수준은 가설의 기각 여부를 결정하는 기준선을 의미하고, 임계치는 기준선에 해당하는 값이다.

유의수준 α=.05일 때, 임계치는 t=±1.96
유의수준 α=.01일 때, 임계치는 t=±2.58

계산된 t-값은 −2.23으로 ±1.96보다 크고 ±2.58보다 작기 때문에 유의수준 α =.05에서 유의하다. 즉 성별에 따라 스마트폰중독의 차이가 없을 것이라는 귀무가설이 진실일 가능성을 의미하는 유의확률(p)은 1% 이상, 5% 미만이다. 그러므로 α=.05 유의수준에서 귀무가설은 기각되고 대립가설이 채택된다(p<.05). 검증 결과에 따라서 남녀집단 간의 스마트폰중독 평균의 차이는 통계적으로 유의하며, t-값의 부호가 부(-)로 나타나 여자집단의 평균이 더 높다고 할 수 있다.

■ 분석 조건

❶ 척도
독립변수인 두 집단은 질적척도(명목척도)로 측정해야 하고, 종속변수인 스마트폰중독은 평균값이므로 양적척도로 측정해야 한다.

❷ 문항 검증
종속변수가 단일문항일 때에는 문항 검증이 필요 없지만, 복수문항으로 측정되었다면 문항 검증을 거친 후 정제된 문항들을 평균하여 분석에 사용해야 한다. 예에서 독립변수인 두 집단은 명목척도이므로 문항 검증에 해당되지 않지만, 종속변수인 스마트폰중독은 3개 문항으로 측정하였기 때문에 신뢰도분석을 통해 검증된 문항들을 평균화하였다.

❸ 가정

- 독립성: 두 집단은 독립적이어야 한다. 남녀집단은 집단의 구분이 뚜렷하므로 독립성이 있다.
- 정규성: 두 집단의 종속변수는 모두 정규분포를 이루어야 하는데, 두 집단의 표본 크기가 각 30 이상이면($n_1 \geq 30$, $n_2 \geq 30$) 정규분포를 따른다고 가정한다.
- 등분산성: 두 집단의 종속변수의 분산이 동일해야 한다는 의미이다. 분석 결과에서는 집단 간에 분산이 같을 경우와 분산이 다를 경우(자유도를 조정해서)의 결과가 각각 제시되므로 해석에만 주의를 기울이면 된다.

척도	[독립변수] 질적척도: 2개 집단 [종속변수] 양적척도
문항 검증	단일문항 → 문항 검증 생략 복수문항 → ① 신뢰도분석 (p.70) 　　　　　　② 변수계산 (p.76)
가정	독립성, 정규성, 등분산성
분석 실행 ↓ 결과 해석	① 집단 평균 검토 ② 등분산성 검정 ③ 가설검정(유의확률)

■ 분석 실행

파일(navigation-data-SPSS)을 열고 [분석] → [평균 비교] → [독립표본 T검정]을 선택한다.

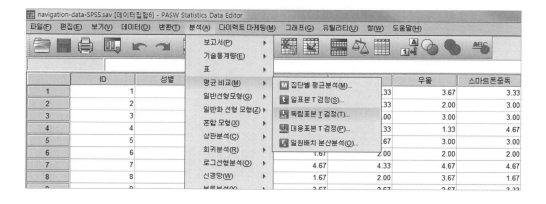

좌측의 '스마트폰중독'을 [검정변수]로 이동시킨다.

좌측의 '성별'을 [집단변수]로 이동시키고 [집단정의]를 클릭한다. 입력자료에 '남자＝1, 여자＝2'로 코딩되어 있으므로 [집단1]에는 1, [집단2]에는 2를 입력한다. [계속]과 [확인]을 클릭하면 분석 결과가 나타난다.

■ 분석 결과

집단통계량

	성별	N	평균	표준편차	평균의 표준오차
스마트폰중독	남자	102	3.1275	.72825	.07211
	여자	130	3.4179	.69365	.06084

❶

독립표본 검정

		Levene의 등분산 검정		평균의 동일성에 대한 t-검정						
		F	유의확률	t	자유도	유의확률 (양쪽)	평균차	차이의 표준오차	차이의 95% 신뢰구간	
									하한	상한
스마트폰중독	등분산이 가정됨	.907	.342	-3.097	230	.002	-.29050	.09379	-.47529	-.10570
	등분산이 가정되지 않음			-3.079	211.902	.002	-.29050	.09434	-.47647	-.10453

❷ ❸

결과표에는 여러 수치가 제시되지만, 다음의 3가지만 차례대로 확인하면 된다.

❶ 집단 평균

남학생 집단은 102명이고 스마트폰중독 평균은 3.13이다. 여학생 집단은 130명이고 스마트폰중독 평균은 3.42로 여학생 집단의 스마트폰중독이 더 높게 나타났다. 그렇다면 모집단도 여학생의 평균이 높다고 할 수 있을까? 가설검정을 통해 확인해보자.

❷ 등분산검정

*F*의 유의확률 > .05 : 분산이 같음 ‖ 유의확률 < .05 : 분산이 같지 않음

[Levene의 등분산검정]은 *F*-값의 유의확률이 $p = .342$로 나타났는데, 이는 '두 집단의 분산은 같다'는 귀무가설이 채택됨을 의미한다($p = .342 > \alpha = .05$). 따라서 [등분산이 가정됨] 행에 나타난 *t*-값과 유의확률로 결과를 해석한다. 만약 *F*-값의 유의확률이 .05 보다 작으면, '두 집단의 분산은 같지 않다'는 대립가설이 채택되므로($p < \alpha = .05$) [등분산이 가정되지 않음] 행에 나타난 *t*-값과 유의확률로 결과를 해석한다.

❸ 가설검정

*t*의 유의확률 > .05 : 대립가설 기각 ‖ 유의확률 < .05 : 대립가설 채택

스마트폰중독에 대한 검정통계량($t = -3.097$)은 기준치($t = \pm 1.96$)보다 크고, *t*-값을 확률로 변환한 유의확률($p = .002$)은 유의수준($\alpha = .05$)보다 작게 나타났다. 따라서 통계적으로 유

의한 차이가 있으므로 대립가설이 채택된다($p<.05$). 검정통계량이 마이너스($-$) 값으로 나타난 것은 남학생은 1, 여학생은 2로 입력되어 있기 때문이다. 해석하면, 여학생의 스마트폰중독이 남학생보다 높으며, 이러한 차이는 표본집단에서 나타난 우연한 차이가 아니라 모집단의 진정한 차이라고 할 수 있다.

논문 제시 방법

성별에 따라 스마트폰중독에 차이가 있는지를 검정하기 위해 독립표본 t-검정을 실시하였다. 분석 결과, 스마트폰중독은 남녀집단 간에 통계적으로 유의한 차이가 있는 것으로 입증되어 가설이 지지되었다($t=-3.097$, $p<.05$).

세부적으로 살펴보면, 여학생의 스마트폰중독 평균은 3.42이고 남학생의 스마트폰중독 평균은 3.13로, 두 집단 모두 보통 수준인 3.00보다 높은 가운데 남학생보다 여학생의 스마트폰중독 수준이 높은 것으로 파악되었다. 이러한 결과는 중학생을 대상으로 한 스마트폰중독 예방 교육이 필요하다는 점과 성별을 고려한 예방 교육이 이루어져야 한다는 점을 시사한다.

분석 결과는 〈표 1〉에 제시한 바와 같다.

〈표 1〉 스마트폰중독 예방 교육 전/후 비교

종속변수	성별	사례수 (n)	평균 (M)	표준편차 (SD)	t(Sig.)
스마트폰중독	남자	102	3.13	.73	-3.097[*]
	여자	130	3.42	.69	

[*]$p<.05$

📖 **본 분석이 적용된 논문**

윤난희, 권순만 (2013). "비만이 의료이용과 의료비용에 미치는 영향". 보건경제와 정책연구, 19(2), 61-80.

전호선, 장승옥 (2014). "스트레스와 우울이 대학생 스마트폰중독에 미치는 영향: 성별 조절효과를 중심으로".
　　　청소년학연구, 21(8), 103-129.

채공주, 남은숙, 변도화 (2013). "스트레스 완화 프로그램이 정신장애인 가족의 부담감, 불안, 우울,
　　　스트레스반응에 미치는 효과". 정신간호학회지, 22(1), 1-11.

주석진 (2015). "대학생의 스마트폰중독이 대학생활 적응에 미치는 영향: 자기통제력의 조절효과를 중심으로".
　　　청소년문화포럼, 42, 98-127.

예방 교육 전과 후의 스마트폰중독 정도를 비교하는 것이므로 한 집단을 대상으로 예방 교육을 실시하기 전에 스마트폰중독을 측정하고, 예방 교육 후의 스마트폰중독을 측정하여 전/후에 차이가 있는지를 확인해야 한다. 두 측정값의 차이가 0이므로 이에 대한 귀무가설은 예방 교육 전/후 스마트폰중독의 평균에는 차이가 없는 것으로 설정된다. 반면, 연구자가 입증하려는 대립가설은 예방 교육 전/후의 스마트폰중독에 차이가 있으며, 예방 교육 후에 스마트폰중독이 감소해야 한다는 점을 포함한다.

귀무가설	H_0 : 차이값의 평균은 0이다. ($\mu_d = 0$)
대립가설	H_1 : 차이값의 평균은 0이 아니다. ($\mu_d \neq 0$)

↓

귀무가설	H_0 : 스마트폰중독 예방 교육 전/후의 스마트폰중독은 차이가 없을 것이다.
대립가설	H_1 : 스마트폰중독 예방 교육 전/후의 스마트폰중독은 차이가 있을 것이다.

　가설검정은 대응표본 t-검정(paired-difference t-test)으로 실시한다. 대응표본 t-검정을 이용하면 한 집단 내에서 측정된 두 평균값의 차이가 유의한지를 파악할 수 있다. 앞서 살펴본 독립표본 t-검정과 비교할 때 평균을 비교한다는 점에서는 같지만, 독립표본 t-검정은 두 집단의 평균이고 대응표본 t-검정은 한 집단의 두 평균이라는 데 차이가 있다. 따라서 평균을 비교하는 것이므로 t통계량을 사용하고, 집단이 다르기 때문에 t공식은 달라진다.

　대응표본 t공식으로 계산된 t-값이 그림의 음영 부분에 있으면 평균에 차이가 있다는 주장이 받아들여진다. 제시된 가설은 양측검정이지만 교육 전 스마트폰중독보다 교육 후 스마트폰중독이 작아야 예방 교육의 효과가 있는 것이므로 t-값이 양(+)의 방향으로 클수록 오른쪽 음영 부분에 위치하게 되어 대립가설이 채택된다. 예방 교육 후의 스마트폰중독이 더 크다면 t-값은 음(-)으로 나타난다.

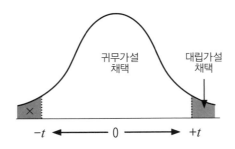

예방 교육 전과 후의 스마트폰중독 평균에 차이가 있는지를 예제를 통해 확인해보자. 아래의 표는 분석 결과에 나타난 것으로, 중학생 232명을 대상으로 조사한 결과다.

변수	표본 크기(n)	평균($\bar{x}$)	평균차이($\bar{d}$)	평균차이의 표준편차(S_d)
예방 교육 전 스마트폰중독	232	3.2902	2.0575	.65205
예방 교육 후 스마트폰중독		2.7845		

조사된 값들을 t-검정 공식에 대입하면 t-값을 구할 수 있다. 공식을 보면, 분자는 예방 교육 전과 후의 평균차이고, 분모는 평균차이의 표준편차와 표본 크기에 의해 계산된 표준오차이다. t-값은 평균차에서 표준오차를 나누어 산출되므로 평균차가 클수록, 표준오차가 작을수록 t-값은 커진다. 대입해보면 t-값은 11.814이며, 자유도(df)는 231이다.

$$t= \frac{\bar{d}}{S_d/\sqrt{n}} = \frac{3.2902-2.7845}{.65205/\sqrt{232}} = \frac{.50575}{.04281} = 11.814$$

$df = (n_2-1) = (232-1) = 231$

$\bar{d}$ = 집단1과 집단2의 평균차이, S_d = 평균차이의 표준편차, n = 표본수

〈부록〉의 *t*-분포표에서 자유도가 231일 때, 유의수준과 임계치는 다음과 같다.

유의수준 α =.05일 때, 임계치는 t = ±1.96

유의수준 α =.01일 때, 임계치는 t = ±2.58

유의수준 α =.001일 때, 임계치는 t = ±3.29

계산된 *t*-값은 11.814로 유의수준 α=.001에 해당하는 임계치 3.29보다 훨씬 크기 때문에 평균차이는 유의하다고 할 수 있다. 즉 예방 교육 전과 후의 스마트폰중독에 차이가 없을 확률(*p*)은 0.1% 미만이므로 귀무가설은 기각되고, 대립가설이 채택된다(p <.001).

■ 분석 조건

본 분석을 실시하기 위해서는 ❶ 척도의 조건을 충족해야 한다.

❶ 척도
한 집단의 두 평균값을 비교하는 것이므로 스마트폰중독의 평균값은 양적척도(등간/비율척도)로 측정해야 한다.

❷ 문항 검증
종속변수가 단일문항이면 문항 검증을 생략하고 분석을 실시한다. 예에서는 스마트폰중독을 3개의 복수문항으로 측정하였기 때문에 신뢰도분석을 통해 신뢰성을 검증한 후 문항들을 평균화하였다.

척도	양적척도: 스마트폰중독
문항 검증	단일문항 → 문항 검증 생략 복수문항 → ① 신뢰도분석 (p. 70) 　　　　　　 ② 변수계산 (p. 76)
분석 실행 ↓ 결과 해석	① 예방 교육 전과 후의 평균 검토 ② 가설검정(유의확률)

■ 분석 실행

파일(navigation-data-SPSS)을 열고 [분석] → [평균 비교] → [대응표본 T 검정]을 선택한다.

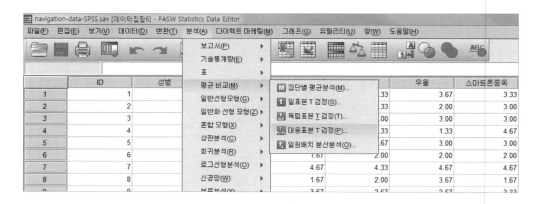

좌측의 '예방교육전, 예방교육후' 변수를 [대응변수]로 이동시킨다. 좌측의 변수 목록에서 위에 있는 '예방교육전' 변수가 [대응변수]의 [변수1]에, 아래에 있는 '예방교육후' 변수가 [변수2]에 투입된다. [확인]을 클릭하면 분석 결과가 나타난다.

■ 분석 결과

대응표본 통계량

		평균	N	표준편차	평균의 표준오차
대응 1	예방교육전	3.2902	232	.72212	.04741
	예방교육후	2.7845	232	.81326	.05339

① 평균

대응표본 상관계수

		N	상관계수	유의확률
대응 1	예방교육전 & 예방교육후	232	.645	.000

대응표본 검정

		대응차					t	자유도	유의확률 (양쪽)
		평균	표준편차	평균의 표준오차	차이의 95% 신뢰구간 하한	상한			
대응 1	예방교육전 - 예방교육후	.50575	.65205	.04281	.42140	.59009	11.814	231	.000

② 유의확률

❶ 전/후 평균

집단의 표본 크기와 예방 교육 전/후의 평균 및 표준편차가 제시되어 있다. 한 집단을 대상으로 두 번 측정하였기 때문에 표본(N=232)은 동일하다. 예방 교육 전의 스마트폰중독 평균은 3.2902이고, 예방 교육 후의 평균은 2.7845로 나타났는데, 전과 후의 평균차이가 통계적으로 의미가 있는지는 가설검정을 통해 확인해야 한다.

❷ 가설검정

t의 유의확률 > .05 : 대립가설 기각 ‖ 유의확률 < .05 : 대립가설 채택

예방 교육 전과 후의 스마트폰중독 평균차이는 .50575이다. 이에 대한 검정통계량(t =11.814)은 기준치(t = ±1.96)보다 크고, t–값의 유의확률(p =.000)은 유의수준(α =.05)보다 작기 때문에 귀무가설이 기각되고 대립가설이 지지된다(p <.05). 따라서 예방 교육 전과 후의 스마트폰중독 평균차이는 모집단에 의한 진정한 차이이며, 예방 교육은 효과적이라고 해석할 수 있다.

중학생을 대상으로 예방 교육 전/후의 스마트폰중독에 차이가 있는지를 알아보기 위해 대응표본 t-검정을 분석한 결과, 통계적 유의성이 입증되었다(t =11.814, p <.001). 예방 교육 전의 스마트폰중독(3.29)보다 예방 교육 후의 스마트폰중독(2.78)이 낮게 나타나, 스마트폰중독 예방 교육이 효과가 있는 것으로 판단된다.

분석 결과는 〈표 1〉과 같다.

〈표 1〉 스마트폰중독 예방 교육 전/후 비교

	평균(M)	표준편차(SD)	t(Sig.)
예방 교육 전	3.29	.72	11.814[***]
예방 교육 후	2.78	.81	

[***]p<.001

※ 대응표본 t-검정은 본 예제와 같이 전후의 평균을 비교하기도 하고, 실험집단과 통제집단 간의 평균을 비교하기도 한다. 이에 대한 예는 다음의 선행 연구를 참고하길 권한다.

📖 본 분석이 적용된 논문

김은자, 권은시, 이흥순, 이성영, 박인혜, 정둘남, 이언정, 정영희 (2011). "스트레스관리 프로그램이 만성 정신질환자의 스트레스 대처방식, 대인관계, 삶의 질에 미치는 효과". 정신간호학회지, 20(4), 423-433.

3 일원분산분석

▶▶ 연구문제 학년에 따라 스마트폰중독에 차이가 있을까?

중학교 1·2·3학년의 스마트폰중독을 측정하여 학년 간에 차이가 있는지를 검정하는 문제다. 이때 귀무가설은 세 집단의 평균이 같으므로 학년 간 스마트폰중독에 차이가 없는 것이 되고, 연구자가 주장하는 대립가설은 학년에 따라 스마트폰중독에 차이가 있는 것으로 설정된다.

| 귀무가설 | H_0 : 세 집단의 평균은 같다. ($\mu_1 = \mu_2 = \mu_3$) |
| 대립가설 | H_1 : 세 집단의 평균은 다르다. ($\mu_1 \neq \mu_2 \neq \mu_3$) |

↓

| 귀무가설 | H_0 : 학년에 따라 스마트폰중독은 차이가 없을 것이다. |
| 대립가설 | H_1 : 학년에 따라 스마트폰중독은 차이가 있을 것이다. (적어도 두 집단 간에는 차이가 있을 것이다) |

가설을 검정하기 위해 필요한 분석방법은 일원분산분석(one-way ANOVA)이다. 세 집단 이상의 평균을 비교하는 데 사용되는 일원분산분석은 독립표본 t-검정보다 집단 수가 많다는 차이가 있다. 즉 독립표본 t-검정은 두 집단의 평균을 비교하는 것이고, 일원분산분석은 세 집단 이상의 평균을 비교하는 것이다.

집단 간의 평균을 비교할 때 왜 두 집단은 t-검정을 사용하고, 세 집단부터는 분산을 이용해 분석할까? 집단이 두 개면 집단1과 집단2를 직접 비교할 수 있다. 그러나 집단이 세 개면 집단1과 집단2, 집단1과 집단3, 집단2와 집단3으로 구성되어 집단 간 평균차이를 한 번에 분석하기가 어렵다. 그렇기 때문에 집단 수가 많을 때에는 먼저 분산을 이용하여 집단 간에 유의한 차이가 있는지를 검정하고, 차이가 있다면 어느 집단 간에 차이가 있는지 사후검정을 통해 검정한다.

다음 사례를 통해 분산분석의 검정원리를 살펴보자. 사례 1은 학년별로 평균이 다르고, 1·2·3학년 모두 해당 집단의 평균을 중심으로 몰려 있다. 집단 내의 분산이 작고, 집단 간에 겹치는 부분이 없기 때문에 집단 간의 구분이 뚜렷해 학년 간에 차이가 있다고 할 수 있다. 반면, 사례 2는 학년별로 평균은 다르지만 해당 집단의 평균을 중심으로 넓게 퍼져 있어 집단 간에 많은 부분이 겹친다. 즉 1학년에는 2학년보다 스마트폰중독이 높은 학생이 많고, 3학년에는 2학년보다 스마트폰중독이 낮은 학생이 있는 것으로 보여 학년 간에 차이가 없을 가능성이 크다. 사례 3은 각 집단이 평균을 중심으로 몰려 있어 집단 내의 분산이 작으나 집단 간 평균차이가 크지 않아 1학년과 2학년 간에 겹치는 부분이 있어서 판단하기가 어렵다.

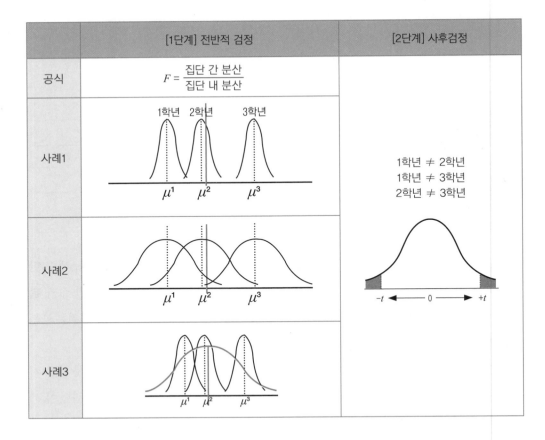

	[1단계] 전반적 검정	[2단계] 사후검정
공식	$$F = \frac{\text{집단 간 분산}}{\text{집단 내 분산}}$$	
사례1	1학년 2학년 3학년 μ^1 μ^2 μ^3	1학년 ≠ 2학년 1학년 ≠ 3학년 2학년 ≠ 3학년
사례2	μ^1 μ^2 μ^3	$-t \longleftarrow 0 \longrightarrow +t$
사례3	μ^1 μ^2 μ^3	

결과적으로, 집단 간에 평균이 다르고 겹치는 부분이 없으면 차이가 있고, 평균이 달라도 집단 간에 겹치는 부분이 많으면 차이가 없을 수 있다. 이는 집단 간에 폭이 넓고, 집단 내의 폭이 좁으면 차이가 있다는 의미다.

분산분석은 집단 간 분산을 집단 내 분산으로 나눈 F-값이 클수록 차이가 있다고 해석하므로 집단 간 분산이 클수록, 집단 내 분산이 좁을수록 차이가 생긴다. 이러한 원리에 의해 1단계 검정이 이루어지는데, 분석 결과가 집단 간에 차이가 없는 것으로 나타나면 귀무가설이 채택되므로 가설검정은 1단계에서 끝난다. 차이가 있다는 분석 결과가 나오면, 어느 집단 간인지는 알 수 없지만 적어도 차이는 있다는 것이므로 대립가설을 채택하고, 2단계의 사후검정(다중비교)을 통해 구체적으로 어느 집단 간에 차이가 있는지를 확인한다.

이때 1학년과 2학년, 1학년과 3학년, 2학년과 3학년의 세트별로 평균을 비교하게 되므로 독립표본 t-검정을 세 번 실시하는 것과 같다. 예를 들어, 사후검정에서 1학년과 2학년 간에 유의한 차이가 있는 것으로 나타나고, 오른쪽 음영 부분에 결과가 나타나면 t-값이 양수(+)이므로 1학년의 평균이 크다고 할 수 있다(1학년 평균 − 2학년 평균).

■ 분석 조건

❶ 척도

독립변수인 세 집단은 질적척도(명목/서열척도)로 측정해야 하고, 종속변수인 스마트폰중독은 평균값이므로 양적척도(등간/비율척도)이어야 한다.

❷ 문항 검증

종속변수가 단일문항이면 문항 검증이 필요 없지만, 본 예와 같이 3개 문항으로 측정된 복수문항이면 신뢰성을 검증한 후 문항들을 평균화한다.

❸ 가정

- 독립성: 독립변수의 집단은 서로 독립적이어야 한다.
- 정규성: 세 집단의 표본 크기가 각각 30 이상이면($n_1 \geq 30,\ n_2 \geq 30,\ n_3 \geq 30$) 정규분포를 따른다고 가정한다.
- 등분산성: 세 집단의 종속변수의 분산이 동일함을 가정한다. 그러나 분석 결과에는 집단 간에 분산이 같을 경우와 다를 경우가 각각 제시되므로 검정 여부에 해당하는 결과를 해석하면 된다.

척도	[독립변수] 질적척도: 학년 [종속변수] 양적척도: 스마트폰중독
문항 검증	단일문항 → 문항 검증 생략 복수문항 → ① 신뢰도분석 (p. 70) ② 변수계산 (p. 76)
가정	독립성, 정규성, 등분산성
분석 실행 ↓ 결과 해석	① 등분산성 검정 ② 가설검정(유의확률) ③ (유의성 있으면) 사후검증

■ 분석 실행

파일(navigation-data-SPSS)을 열고 [분석] → [평균 비교] → [일원배치 분산분석]을 선택한다.

좌측의 '스마트폰중독'을 [종속변수]로 이동시킨다.

좌측의 '학년'을 [요인분석]으로 이동시킨다.

[옵션]을 선택해서 ☑기술통계, ☑분산 동질성 검정을 체크하고 [계속]을 클릭한다.

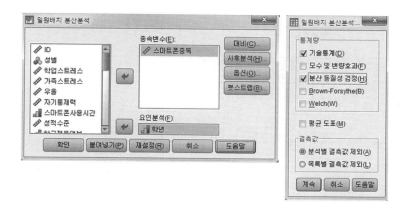

[사후분석]을 선택해서 ☑Scheffe, ☑Dunnett의 T3을 체크하고 [계속]을 클릭한다. [확인]을 클릭하면 분석 결과가 나타난다.

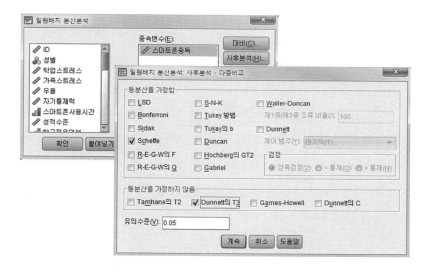

■ 분석 결과

기술통계

스마트폰중독 ❶

	N	평균	표준편차	표준오차	평균에 대한 95% 신뢰구간		최소값	최대값
					하한값	상한값		
1학년	71	3.1549	.77425	.09189	2.9717	3.3382	1.67	5.00
2학년	67	3.2040	.60846	.07433	3.0556	3.3524	2.00	4.33
3학년	94	3.4539	.73136	.07543	3.3041	3.6037	1.67	5.00
합계	232	3.2902	.72212	.04741	3.1968	3.3836	1.67	5.00

분산의 동질성 검정

스마트폰중독

Levene 통계량	df1	df2	유의확률	
1.850	2	229	.160	❷

분산분석

스마트폰중독

	제곱합	df	평균 제곱	거짓	유의확률	
집단-간	4.316	2	2.158	4.255	.015	❸
집단-내	116.142	229	.507			
합계	120.458	231				

❶ 기술통계

학년별 표본 크기와 평균, 표준편차가 제시되어 있다. 1학년(n=71), 2학년(n=67), 3학년(n=94) 모두 n ≥ 30으로 정규성이 가정되었다. 학년별 스마트폰중독 평균은 1학년은 3.1549, 2학년은 3.2040, 3학년은 3.4539로 나타났다. 이러한 집단별 차이가 유의한지는 ❸의 전반적 검정을 통해 가설 채택 여부를 결정하고, 대립가설이 지지되면 ❹사후검정 (다중비교)을 통해 어느 집단 간에 차이가 있는지를 확인한다.

❷ 등분산검정

*F*의 유의확률 > .05 : 분산이 같음 || 유의확률 < .05 : 분산이 같지 않음

분산의 동질성 검정에서 Levene 통계량의 유의확률이 p =.160으로 나타나 세 집단의 분산이 같다고 가정할 수 있다(p >.05).

③ 가설검정

F(거짓)의 유의확률 > .05 : 대립가설 기각 || 유의확률 < .05 : 대립가설 채택

학년에 따라 스마트폰중독에 차이가 있는지를 검정한 결과, 검정통계량(*F* = 4.255)의 유의확률(*p* = .015)이 유의수준(*α* = .05)보다 작은 것으로 나타났다. 따라서 집단 간에 통계적으로 유의한 차이가 있으므로 대립가설이 지지된다(*p* < .05). 집단 간에 차이가 있다는 것이 입증되었으므로 **④**사후검정(다중비교)에서 어느 집단 간에 차이가 있는지를 구체적으로 비교한다.

다중 비교

종속 변수:스마트폰중독

	(I) 학년	(J) 학년	평균차(I-J)	표준오차	유의확률	95% 신뢰구간	
						하한값	상한값
Scheffe	1학년	2학년	-.04905	.12130	.922	-.3479	.2498
		3학년	-.29897*	.11198	.030	-.5749	-.0231
	2학년	1학년	.04905	.12130	.922	-.2498	.3479
		3학년	-.24992	.11386	.092	-.5305	.0306
	3학년	1학년	.29897*	.11198	.030	.0231	.5749
		2학년	.24992	.11386	.092	-.0306	.5305
Dunnett T3	1학년	2학년	-.04905	.11819	.967	-.3348	.2367
		3학년	-.29897*	.11888	.038	-.5860	-.0119
	2학년	1학년	.04905	.11819	.967	-.2367	.3348
		3학년	-.24992	.10591	.057	-.5055	.0056
	3학년	1학년	.29897*	.11888	.038	.0119	.5860
		2학년	.24992	.10591	.057	-.0056	.5055

*. 평균차는 0.05 수준에서 유의합니다.

④ 집단 간 평균 비교

*F*의 유의확률 > .05 : 평균차 유의함 || 유의확률 < .05 : 평균차 유의함

사후검정을 통해 어느 집단 간에 차이가 있는지를 확인해야 한다. 결과표를 보면 Scheffe와 Dunnett T3로 구분되어 있는데, 이에 대한 선택은 등분산 가정 여부에 따라 결정된다. **❷**등분산검정 결과에 따라 세 집단의 분산이 같으면(*p* > .05) Scheffe를, 분산이 같지 않으면(*p* < .05) Dunnett의 T3의 결과를 적용한다. 본 사례에서는 등분산이 가정되어 Scheffe의 결과를 확인하였다. 사후검정은 1-3학년 간에는 유의한 평균차이가 있고, 1-2학년과 2-3학년 간에는 차이가 없는 것으로 나타났다.

논문 제시 방법

학년에 따라 스마트폰중독에 차이가 있는지를 검증하기 위하여 일원분산분석을 실시한 결과, 〈표 1〉과 같이 나타났다. 스마트폰중독은 학년 간에 통계적으로 유의한 차이가 있는 것으로 입증되었으며(F=4.255, p<.05), 집단별 스마트폰중독 평균은 3학년(3.45), 2학년(3.20), 1학년(3.15)순으로 나타나 학년이 높을수록 스마트폰중독이 강한 것으로 분석되었다. 집단 간 차이를 세부적으로 확인하기 위해 사후검정을 실시한 결과, 1-3학년 간에 유의한 평균차가 있었다.

〈표 1〉 학년 간 스마트폰중독 차이 검정 결과

종속변수	학년	사례수 (n)	평균 (M)	표준편차 (SD)	F(Sig.)	사후검정
스마트폰중독	합계	232	3.29	.72	4.255[*]	a<c
	a.1학년	71	3.15	.77		
	b.2학년	67	3.20	.61		
	c.3학년	94	3.45	.73		

[*]p<.05

📖 본 분석이 적용된 논문

정경아, 김봉환 (2015). "청소년의 스마트폰중독 수준에 따른 자아탄력성과 부모양육태도 불일치의 차이". 디지털융복합연구, 13(2), 299-308.

최인재 (2014). "청소년의 학업스트레스와 자살생각과의 관계에서 자아존중감의 매개효과 및 조절효과 분석". 청소년학연구, 21(10), 219-243.

윤명숙, 김남희, 박완경 (2014). "중학생의 인터넷게임중독에 미치는 게임 및 가족, 여가요인의 영향". 청소년학연구, 21(4), 309-337.

스마트폰중독 평균 비교에 대해 독립표본 t-검정에서는 성별 간 차이를 분석하였고, 일원분산분석을 통해서는 학년 간 차이를 알아보았다. 그렇다면 성별과 학년별로 스마트폰중독 차이를 동시에 비교할 수 없을까? 또한 학년에 따른 스마트폰중독 차이가 성별에 따라서도 나타날까? 이 문제에 대한 가설은 다음과 같이 설정할 수 있다.

귀무가설	H_0 : 세 집단의 평균은 같다. ($\mu_1 = \mu_2 = \mu_3$) 두 집단의 평균은 같다. ($\mu_1 = \mu_2$) 상호작용효과가 없다.
대립가설	H_1 : 학년에 따라 스마트폰중독은 차이가 있을 것이다. H_2 : 성별에 따라 스마트폰중독은 차이가 있을 것이다. H_3 : 학년과 성별 간에는 상호작용효과가 있을 것이다.

가설에서 독립변수는 학년과 성별이고, 종속변수는 스마트폰중독이다. 즉 학년과 성별에 따른 스마트폰중독의 차이를 조사해야 하는데, 이에 대한 과정은 다원분산분석을 통해 알아볼 수 있다. 다원분산분석(multi-way ANOVA)은 2개 이상의 독립변수에 따른 종속변수의 변화를 분석하는 것이다. 독립변수별로 종속변수의 차이를 파악할 수 있는 주효과(main effect)와, 하나의 독립변수에 따른 종속변수가 다른 독립변수에 따라 달라지는지, 아니면 동일한지를 파악하는 상호작용효과(interaction effect)를 분석할 수 있다.

가설검정을 위한 학년의 주효과와 성별의 주효과, 그리고 학년과 성별의 상호작용효과를 다원분산분석을 통해 확인해보자.

■ 분석 조건

❶ 척도

독립변수는 2개 이상이어야 하고, 질적척도(명목/서열척도)로 측정해야 한다. 종속변수는 1개이며, 양적척도(등간/비율척도)이다.

❷ 문항 검증

종속변수가 단일문항이면 문항 검증이 필요 없지만, 본 예와 같이 3개 문항으로 측정된 복수문항이면 신뢰성을 검증한 후 문항들을 평균화한다.

❸ 가정

- 독립성: 독립변수의 집단은 서로 독립적이어야 한다.
- 정규성: 각 집단의 표본 크기가 30 이상이면 정규분포를 따른다고 가정한다.
- 등분산성: 종속변수의 분산이 동일함을 가정한다.

척도	[독립변수] 질적척도: 학년, 성별 [종속변수] 양적척도: 스마트폰중독
문항 검증	단일문항 → 문항 검증 생략 복수문항 → ① 신뢰도분석 (p.70) 　　　　　　② 변수계산 (p.76)
가정	독립성, 정규성, 등분산성
분석 실행 ↓ 결과 해석	① 등분산성 검정 ② 가설검정(유의확률) ③ (유의성 있으면) 사후검증

■ 분석 실행

파일(navigation-data-SPSS)을 열고 [분석] → [일반선형모형] → [일변량]을 선택한다.

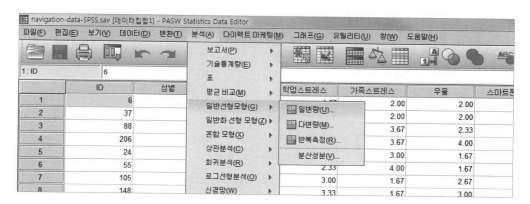

좌측의 '스마트폰중독'을 [종속변수]로 이동시킨다.

좌측의 '성별'과 '학년'을 학년, 성별순으로 [모수요인]으로 이동시킨다.

[옵션]을 선택해서 ☑기술통계량, ☑동질성 검정을 체크한다. [계속]을 클릭하면 창이 닫힌다.

[도표]를 클릭해서 좌측의 '학년'은 [수평축 변수]로 이동하고, '성별'은 [선구분 변수]로 이동한다. [추가]를 클릭하여 하단에 '학년*성별'이 나타나면 [계속]을 클릭한다.

[사후분석]을 선택해서 좌측의 변수 가운데 사후검정을 원하는 변수를 [사후검정변수]로 이동시킨다. 성별은 집단이 2개이므로 사후검정이 되지 않기 때문에 본 예제에서는 '학년'을 사후검정변수로 선택하였다. ☑Scheffe를 체크한다. [계속]을 클릭하면 창이 닫히고, [확인]을 클릭하면 분석 결과가 나타난다.

■ 분석 결과

개체-간 요인

		변수값 설명	N	
학년	1	1학년	71	❶
	2	2학년	67	
	3	3학년	94	
성별	1	남자	102	
	2	여자	130	

기술통계량

종속 변수:스마트폰중독

학년	성별	평균	표준편차	N	
1학년	남자	3.0323	.86219	31	
	여자	3.2500	.69491	40	
	합계	3.1549	.77425	71	
2학년	남자	3.1795	.51838	26	❷
	여자	3.2195	.66504	41	
	합계	3.2040	.60846	67	
3학년	남자	3.1630	.74067	45	
	여자	3.7211	.61744	49	
	합계	3.4539	.73136	94	
합계	남자	3.1275	.72825	102	
	여자	3.4179	.69365	130	
	합계	3.2902	.72212	232	

❶ 개체-간 요인

독립변수인 성별과 학년의 집단별 사례 수가 나타나 있다.

❷ 기술통계량

학년별, 성별로 구분되어 있고 학년별로 성별의 표본 크기와 평균, 표준편차가 제시되어 있다. 학년별 스마트폰중독 평균은 1학년은 3.1549, 2학년은 3.2040, 3학년은 3.4539로 나타나 3학년이 상대적으로 높다. 성별에서는 남자는 3.1275, 여자는 3.4179로 여자가 높음을 알 수 있다.

학년과 성별을 고려하여 스마트폰중독 평균을 살펴보면, 1학년 남자는 3.0323, 여자는 3.2500이고, 2학년 남자는 3.1795, 여자는 3.2195이며, 3학년 남자는 3.1630, 여자는 3.7211이다. 3학년 여자의 스마트폰중독 평균이 가장 높고, 1학년 남자가 상대적으로 낮음을 알 수 있다.

오차 분산의 동일성에 대한 Levene의 검정ᵃ

종속 변수:스마트폰중독

F	df1	df2	유의확률
1.462	5	226	.203	❸

여러 집단에서 종속변수의 오차 분산이 동일한
영가설을 검정합니다.

a. Design: 절편 + 학년 + 성별 + 학년 *
성별

개체-간 효과 검정

종속 변수:스마트폰중독

소스	제 Ⅲ 유형 제곱합	자유도	평균 제곱	F	유의확률
수정 모형	12.477ᵃ	5	2.495	5.223	.000
절편	2352.223	1	2352.223	4923.110	.000
학년	4.222	2	2.111	4.419	.013
성별	4.090	1	4.090	8.561	.004
학년 * 성별	2.752	2	1.376	2.880	.058
오차	107.981	226	.478		
합계	2632.000	232			
수정 합계	120.458	231			

❹

a. R 제곱 = .104 (수정된 R 제곱 = .084)

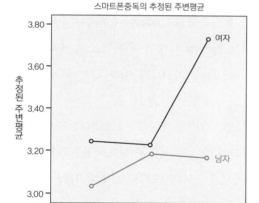

스마트폰중독의 추정된 주변평균

③ 등분산검정

*F*의 유의확률 > .05 : 분산이 같음 || 유의확률 < .05 : 분산이 같지 않음

Levene 통계량의 유의확률이 $p = .203$으로 나타나 분산이 같다고 가정할 수 있다($p > .05$).

④ 가설검정

*F*의 유의확률 > .05 : 대립가설 기각 || 유의확률 < .05 : 대립가설 채택

[개체–간 효과 검정]에는 스마트폰중독 평균에 대한 학년과 성별의 주효과, 그리고 학년과 성별의 상호작용효과가 나타나 있다.

첫째, 학년의 주효과는 검정통계량($F = 4.419$)의 유의확률($p = .013$)이 유의수준($\alpha = .05$)보다 작은 것으로 나타났다. 따라서 스마트폰중독은 학년 간에 통계적으로 유의한 차이가 있으므로 대립가설이 지지된다($p < .05$). 기술통계량을 보면, 스마트폰중독 평균은 3학년($\bar{x} = 3.4539$), 2학년($\bar{x} = 3.2040$), 1학년($\bar{x} = 3.1549$) 순으로 높다.

둘째, 성별의 주효과는 검정통계량($F = 8.516$)의 유의확률($p = .004$)이 유의수준($\alpha = .01$)보다 작은 것으로 나타나 성별에 따른 스마트폰중독 평균의 차이는 통계적으로 유의한 것으로 입증되었다($p < .01$). 스마트폰중독 평균은 남자($\bar{x} = 3.1275$)보다 여자($\bar{x} = 3.4179$)가 상대적으로 높게 나타났다.

셋째, 학년과 성별의 상호작용효과를 살펴보면, 검정통계량($F = 2.880$)의 유의확률($p = .058$)이 유의수준($\alpha = .05$)보다 큰 것으로 분석되어 학년과 성별은 상호작용효과가 없는 것으로 나타났다($p > .05$). 따라서 학년에 따른 스마트폰중독의 변화는 성별에 따라 다르다고 할 수 없다. [프로파일 도표]에서도 알 수 있듯이 2개의 선이 분리되어 나타나 상호작용효과가 없음을 확인할 수 있다.

사후검정

학년

다중 비교

스마트폰중독
Scheffe

(I) 학년	(J) 학년	평균차(I-J)	표준오차	유의확률	95% 신뢰구간	
					하한값	상한값
1학년	2학년	-.0491	.11773	.917	-.3391	.2410
	3학년	-.2990*	.10868	.024	-.5668	-.0312
2학년	1학년	.0491	.11773	.917	-.2410	.3391
	3학년	-.2499	.11052	.080	-.5222	.0224
3학년	1학년	.2990*	.10868	.024	.0312	.5668
	2학년	.2499	.11052	.080	-.0224	.5222

관측평균을 기준으로 합니다.
오류 조건은 평균 제곱(오류) = .478입니다.
*. 평균차는 .05 수준에서 유의합니다.

동일집단군

스마트폰중독

Scheffe[a,b,c]

학년	N	집단군	
		1	2
1학년	71	3.1549	
2학년	67	3.2040	3.2040
3학년	94		3.4539
유의확률		.909	.087

동일 집단군에 있는 집단에 대한 평균이
표시됩니다.
관측평균을 기준으로 합니다.
오류 조건은 평균 제곱(오류) = .478입니다.
a. 조화평균 표본 크기 75.666을(를)
사용합니다.
b. 집단 크기가 동일하지 않습니다. 집단
크기의 조화평균이 사용됩니다. I 유형
오차 수준은 보장되지 않습니다.
c. 유의수준 = .05.

❺ 집단 간 평균 비교

t 의 유의확률 > .05 : 평균차 유의함 || 유의확률 < .05 : 평균차 유의함

학년에 따라 스마트폰중독에 차이가 유의한 것으로 분석되었으므로 사후검정을 통해 어느 집단 간에 차이가 있는지를 확인해야 한다. Scheffe의 방법에 의한 사후검정 결과는 1-3학년 간에는 유의한 평균차이가 있고, 1-2학년과 2-3학년 간에는 차이가 없는 것으로 나타났다.

학년과 성별에 따른 중학생의 스마트폰중독 차이와 학년과 성별 간에 상호작용효과가 있는지를 검증하기 위하여 이원분산분석을 실시하였으며, 분석 결과를 〈표 1〉에 제시하였다.

먼저, 학년의 주효과가 나타나($F = 4.419$, $p < .05$) 학년에 따라 스마트폰중독은 차이가 있는 것으로 파악되었다. 집단 간 차이를 세부적으로 확인하기 위해 사후검정을 실시한 결과, 1~3학년 간에 유의한 평균차가 있는 것으로 확인되었고 1학년(3.1549)보다 3학년(3.4539)의 스마트폰중독 수준이 높았다. 성별의 주효과 또한 있는 것으로 나타났으며($F = 8.561$, $p = <.01$), 여자(3.4179)의 스마트폰중독 수준이 남자(3.1275)보다 상대적으로 높았다.

학년과 성별의 상호작용효과는 없는 것으로 분석되었다($F = 2.880$, $p > .05$). 결과에 따르면 성별에 따라 학년별 스마트폰중독이 달라지지는 않는다고 할 수 있다. 〈그림 1〉을 보면, 학년에 따라 성별의 스마트폰중독 변화는 다르지만 상호작용은 하지 않음을 알 수 있다.

〈표 1〉 스마트폰중독에 대한 학년과 성별의 효과 분석

	자승합	자유도	평균자승	F(Sig.)
학년	4.222	2	2.111	4.419*
성별	4.090	1	4.090	8.561**
학년*성별	2.752	2	1.376	2.880
오차	107.981	226	.478	
합계	2632.000	232		

*$p < .05$, **$p < .01$

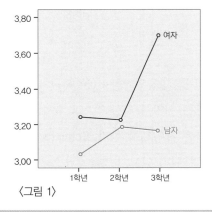

〈그림 1〉

제시된 연구문제는 학년 간 학업스트레스의 차이와 가족스트레스의 차이를 파악하는 것이 므로 일원분산분석(ANOVA)을 2회 실시하면 된다고 생각할 수 있다. 그런데 학업스트 레스와 가족스트레스를 함께 비교할 수는 없을까? 만약 일원분산분석을 2회 실시하여 학업스트레스는 학년 간에 차이가 있고, 가족스트레스는 차이가 없는 것으로 나타났다 면 학년 간에 스트레스의 차이가 있다고 할 수 있을까? 문제 해결을 위해 가설을 설정하고 적합한 분석방법을 찾아보자.

귀무가설	세 집단의 평균 vectors는 같다.
대립가설	H_1 : 학년에 따라 스트레스는 같지 않다. H_2 : 학년에 따라 학업스트레스는 차이가 있을 것이다. 　　　학년에 따라 가족스트레스는 차이가 있을 것이다.

가설에서 독립변수는 학년이고, 종속변수는 학업스트레스와 가족스트레스이다. 이와 같이 종속변수가 2개 이상인 경우에는 다변량분산분석(Multivariate Analysis of Variance; MANOVA)을 이용한다.

다수의 종속변수에 대해 MANOVA를 사용하는 이유는 종속변수들의 결합효과를 파 악하기 위해서다. 학업스트레스와 가족스트레스가 결합되었을 때 학년에 따라 차이가 있 는지를 분석하는 것이다. 그뿐만 아니라 정확한 가설검정을 위해 MANOVA를 이용해 야 한다. 예를 들어, 제시된 가설에 대해 ANOVA를 2회 실시한다면 분석별로 유의수준 ($\alpha = .05$)이 적용되므로 차이가 없는데도 차이가 있는 것으로 결론을 내릴 확률이 5~10% 에 이른다. 즉 종속변수의 수에 비례하여 1종오류가 커지기 때문에 다수의 종속변수에 대 한 차이는 MANOVA를 통해 파악하는 것이 바람직하다.

■ 분석 조건

❶ 척도
독립변수는 질적척도(명목/서열척도)로, 종속변수들은 양적척도(등간/비율척도)로 측정해야 한다.

❷ 문항 검증
종속변수들이 복수 문항으로 측정되었으면 요인분석(타당성)과 신뢰도분석(신뢰성)을 해야 한다. 본 예에서 학업스트레스와 가족스트레스는 각각 3개 문항으로 측정하였기 때문에 2개 요인의 요인분석과 신뢰도분석을 통해 검증된 문항들을 평균화하였다.

❸ 가정
- 독립성: 독립변수의 집단은 서로 독립적이어야 한다.
- 정규성: 모든 종속변수들은 정규분포를 따른다고 가정한다.
- 각 집단의 공분산행렬은 동일해야 한다.

척도	[독립변수] 질적척도: 학년 [종속변수] 양적척도: 학업스트레스, 가족스트레스
문항 검증	단일문항 → 문항 검증 생략 복수문항 → 복수문항의 변수가 2개 이상일 경우, 요인분석 (p. 56) 　　　　　① 신뢰도분석 (p. 70) 　　　　　② 변수계산 (p. 76)
가정	독립성, 정규성, 공분산행렬의 동일성
분석 실행 ↓ 결과 해석	① 공분산행렬의 동일성 검정 ② 가설검정(유의확률) ③ (유의성 있으면) 사후검증

■ 분석 실행

파일(navigation-data-SPSS)을 열고 [분석] → [일반선형모형] → [다변량]을 선택한다.

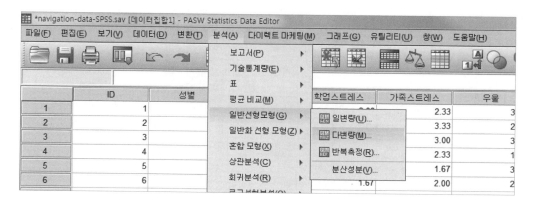

좌측의 '학업스트레스a'와 '가족스트레스a'를 [종속변수]로 이동시킨다.

좌측의 '학년'을 [모수요인]으로 이동시킨다.

[옵션]을 선택해서 ☑기술통계량, ☑동질성 검정을 체크한다. [계속]을 클릭하면 창이 닫힌다.

[사후분석]을 선택해서 좌측의 '학년' 변수를 [사후검정변수]로 이동시킨 후 ☑Scheffe 를 체크한다. [계속]을 클릭하면 창이 닫히고, [확인]을 클릭하면 분석 결과가 나타난다.

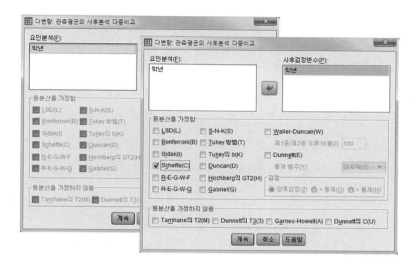

■ 분석 결과

개체-간 요인

		변수값 설명	N
학년	1	1학년	71
	2	2학년	67
	3	3학년	94

❶

기술통계량

	학년	평균	표준편차	N
학업스트레스a	1학년	2.6526	.92314	71
	2학년	2.8209	.68492	67
	3학년	2.8617	.80680	94
	합계	2.7859	.81393	232
가족스트레스a	1학년	3.1408	.76773	71
	2학년	3.2239	.60689	67
	3학년	3.4610	.72357	94
	합계	3.2945	.71736	232

❷

공분산행렬에 대한 Box의 동일성 검정ª

Box의 M	12.756
F	2.098
df1	6
df2	851922.149
유의확률	.050

❸

여러 집단에서 종속변수의 관측 공분산행렬이 동일한 영가설을 검정합니다.

a. Design: 절편 + 학년

❶ 개체-간 요인

독립변수인 학년의 집단별 사례수가 나타나 있다.

❷ 기술통계량

학업스트레스와 가족스트레스에 대한 학년별 표본 크기와 평균, 표준편차가 제시되어 있다. 학업스트레스의 전체 평균은 2.7859이며, 학년별로 1학년은 2.6526, 2학년은 2.8209, 3학년은 2.8617로 나타나 학년이 높을수록 학업스트레스가 높은 것을 알 수 있다. 가족스트레스의 경우, 평균은 3.2945로 나타났으며, 학년별로 1학년은 3.1408, 2학년은 3.2239, 3학년은 3.4610으로 학업스트레스와 같이 학년이 높을수록 평균이 높아지는 것으로 확인되었다.

❸ 등분산검정

*F*의 유의확률 > .05 : 분산이 같음 ‖ 유의확률 < .05 : 분산이 같지 않음

Box의 M 검증 결과 유의확률이 *p* =.050으로 나타나 세 집단의 공분산행렬은 같다고 가정할 수 있다(*p* >.05).

다변량 검정^c

효과		값	F	가설 자유도	오차 자유도	유의확률
절편	Pillai의 트레이스	.956	2463.158^a	2.000	228.000	.000
	Wilks의 람다	.044	2463.158^a	2.000	228.000	.000
	Hotelling의 트레이스	21.607	2463.158^a	2.000	228.000	.000
	Roy의 최대근	21.607	2463.158^a	2.000	228.000	.000
학년	Pillai의 트레이스	.047	2.770	4.000	458.000	.027
	Wilks의 람다	.953	2.777^a	4.000	456.000	.027
	Hotelling의 트레이스	.049	2.784	4.000	454.000	.026
	Roy의 최대근	.043	4.935^b	2.000	229.000	.008

❹

a. 정확한 통계량
b. 해당 유의수준에서 하한값을 발생하는 통계량은 F에서 상한값입니다.
c. Design: 절편 + 학년

오차 분산의 동일성에 대한 Levene의 검정^a

	F	df1	df2	유의확률
학업스트레스a	3.868	2	229	.022
가족스트레스a	1.380	2	229	.254

여러 집단에서 종속변수의 오차 분산이 동일한 영가설을 검정합니다.

a. Design: 절편 + 학년

소스	종속 변수	제 III 유형 제곱합	자유도	평균 제곱	F	유의확률
수정 모형	학업스트레스a	1.884[a]	2	.942	1.427	.242
	가족스트레스a	4.616[b]	2	2.308	4.626	.011
절편	학업스트레스a	1752.293	1	1752.293	2654.815	.000
	가족스트레스a	2435.036	1	2435.036	4880.431	.000
학년	학업스트레스a	1.884	2	.942	1.427	.242
	가족스트레스a	4.616	2	2.308	4.626	.011
오차	학업스트레스a	151.150	229	.660		
	가족스트레스a	114.257	229	.499		
합계	학업스트레스a	1953.667	232			
	가족스트레스a	2637.000	232			
수정 합계	학업스트레스a	153.034	231			
	가족스트레스a	118.873	231			

❺

a. R 제곱 = .012 (수정된 R 제곱 = .004)

b. R 제곱 = .039 (수정된 R 제곱 = .030)

❹ 가설검정1

F의 유의확률 > .05 : 대립가설 기각 || 유의확률 < .05 : 대립가설 채택

스트레스(학업스트레스+가족스트레스)에 대한 다변량 검정 결과가 나타나 있다. 4개의 통계량에 대한 유의확률을 보면 모두 유의하게 나타나($p<.05$) 1·2·3학년의 스트레스는 동일하지 않은 것으로 확인되었다. 즉 학업스트레스와 가족스트레스의 결합효과는 학년에 따라 차이가 있다고 할 수 있는데, 이러한 차이는 어느 스트레스에 의한 것일까? 개체-간 효과 검정을 통해 확인해보자.

❺ 가설검정2

F의 유의확률 > .05 : 대립가설 기각 || 유의확률 < .05 : 대립가설 채택

개체-간 효과 검정을 보면, 학년에 따른 학업스트레스의 차이와 가족스트레스의 차이의 분석 결과가 제시되어 있다. 이 결과는 ANOVA를 2회 실시한 것과 같다.

먼저, 학업스트레스는 검정통계량($F=1.427$)의 유의확률($p=.242$)이 유의수준($\alpha=.05$)보다 큰 것으로 분석되어, 학년에 따른 학업스트레스의 차이는 통계적으로 유의하지 않은 것으로 나타났다($p>.05$). 반면, 가족스트레스는 검정통계량($F=4.626$)의 유의확률($p=.011$)이 유의수준($\alpha=.01$)보다 작은 것으로 나타나 학년에 따른 가족스트레스의 차이는 통계적으로 유의한 것으로 입증되었다($p<.05$).

결과적으로 학업스트레스는 스트레스의 결합 차이를 저해하며, 결합 차이는 가족스트레스에서 기인한다고 할 수 있다.

사후검정

학년

다중 비교

Scheffe

종속 변수	(I) 학년	(J) 학년	평균차(I-J)	표준오차	유의확률	95% 신뢰구간	
						하한값	상한값
학업스트레스a	1학년	2학년	-.1683	.13838	.478	-.5092	.1726
		3학년	-.2091	.12774	.264	-.5239	.1056
	2학년	1학년	.1683	.13838	.478	-.1726	.5092
		3학년	-.0408	.12990	.952	-.3609	.2792
	3학년	1학년	.2091	.12774	.264	-.1056	.5239
		2학년	.0408	.12990	.952	-.2792	.3609
가족스트레스a	1학년	2학년	-.0830	.12031	.788	-.3795	.2134
		3학년	-.3201*	.11106	.017	-.5938	-.0465
	2학년	1학년	.0830	.12031	.788	-.2134	.3795
		3학년	-.2371	.11294	.113	-.5154	.0411
	3학년	1학년	.3201*	.11106	.017	.0465	.5938
		2학년	.2371	.11294	.113	-.0411	.5154

관측평균을 기준으로 합니다.
오류 조건은 평균 제곱(오류) = .499입니다. ⑥
*. 평균차는 .05 수준에서 유의합니다.

⑥ 집단 간 평균 비교

*t*의 유의확률 > .05 : 평균차 유의함 || 유의확률 < .05 : 평균차 유의함

학년에 따라 가족스트레스의 차이가 유의한 것으로 분석되었으므로 사후검정을 통해 구체적으로 어느 집단 간에 차이가 있는지를 확인해야 한다. Scheffe의 방법에 의한 사후검정 결과, 1학년과 3학년 간에 유의한 차이가 있는 것으로 나타났다.

6 반복측정분산분석

▶▶ 연구문제 예방 교육 시점에 따라 스마트폰중독은 차이가 있을까?

스마트폰중독 예방 교육 시점을 기준으로 일정한 간격을 두고 스마트폰중독을 반복적으로 측정했을 때 그 평균에 차이가 있는지를 확인하는 문제이다. 예제에서는 예방 교육 전과 예방 교육 1주 후, 2주 후에 측정한 것으로 제시되어 있다. 이에 대해 연구자는 예방 교

육 전보다 교육 후에 스마트폰중독 수준이 낮아지고, 교육의 효과가 2주 후에도 지속될 것이라는 내용을 가설로 설정할 수 있다.

귀무가설	H_0 : 예방 교육 시점에 따른 스마트폰중독은 차이가 없을 것이다.
대립가설	H_1 : 예방 교육 시점에 따른 스마트폰중독은 차이가 있을 것이다.

한 대상에 대하여 스마트폰중독과 같은 동일한 특성을 반복 측정한 결과의 평균차이를 비교하고자 할 때 반복측정 분산분석(repeated measures ANOVA)을 사용한다. 이 분석방법은 앞서 살펴본 예방 교육 전과 후의 스마트폰중독 평균을 비교한 대응표본 t-검정과 유사해 보이지만, 여러 시점의 평균을 비교할 수 있고, 2개 이상의 집단과 여러 시점별로 측정된 변수의 효과를 파악할 수 있다는 장점이 있다. 예를 들어, 집단별로 운동 방법을 다르게 실시한 후 일정 간격으로 몸무게를 반복 측정했을 때, 그룹 간 몸무게 변화와 차이를 확인할 수 있으며, 운동 방법과 측정 시점에 따른 상호작용효과도 파악이 가능하다.

예제와 같이 시간의 흐름에 따라 여러 차례 측정된 스마트폰중독 평균의 차이를 파악할 때는 시점에 따라 평균의 차이가 있는지를 확인하고, 차이가 있는 것으로 나타날 경우 구체적으로 어느 시점 간에 차이가 있는지를 파악하여 스마트폰중독 예방 교육의 효과를 평가할 수 있다.

■ 분석 실행

파일(navigation-data-SPSS)을 열고 [분석] → [일반선형모형] → [반복측정]을 선택한다.

반복측정 요인 정의 창이 생성되면 [개체-내 요인이름]에는 '시점'을, [수준의 수]에는 '3'을 입력한다. 예방 교육 전, 1주 후, 2주 후, 총 3회에 걸쳐 스마트폰중독을 측정했다는 의미다. [추가]를 클릭하면 다음과 같이 '시점(3)'으로 나타난다.

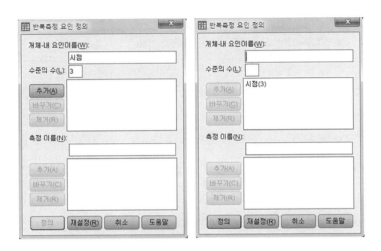

[측정 이름] 칸에는 '스마트폰중독측정'이라고 입력한 후 [추가]를 클릭한다. 우측의 대화상자와 같이 입력 내용이 나타나면 [정의]를 클릭한다.

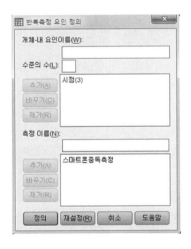

좌측의 '예방교육전, 예방교육1주후, 예방교육2주후' 변수를 [개체-내 변수] 칸에 순서대로 이동시키면 우측의 대화상자와 같이 나타난다.

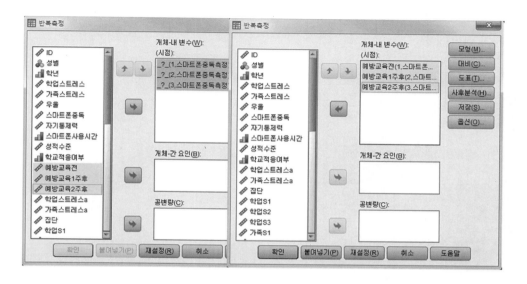

[도표]를 선택해서 다음과 같이 프로파일 도표 창이 나타나면 [요인분석]의 '시점'을 [수평축 변수]로 이동시킨 후, [추가]를 클릭하면 하단의 [도표] 칸에 '시점'이 생성된다. [계속]을 클릭하면 창이 닫힌다.

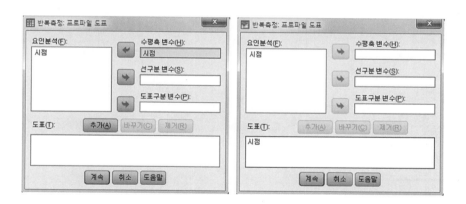

[옵션]을 선택해서 창이 나타나면 좌측의 '시점'을 [평균 출력 기준]으로 이동시킨다.
☑주효과 비교를 체크한 후 [신뢰구간 조정]에서 'Bonferroni'를 선택한다. 그리고 하단에
있는 ☑기술통계량을 체크한다. [계속]을 클릭하면 창이 닫히고, [확인]을 클릭하면 분석
결과가 나타난다.

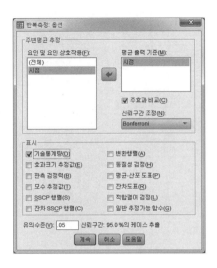

■ 분석 결과

개체-내 요인

측도:
스마트폰중독측정

시점	종속 변수
1	예방교육전
2	예방교육1주후
3	예방교육2주후

❶

기술통계량

	평균	표준편차	N
예방교육전	3.2902	.72212	232
예방교육1주후	2.7845	.81326	232
예방교육2주후	2.5987	.66016	232

❷

다변량 검정[b]

효과		값	F	가설 자유도	오차 자유도	유의확률
시점	Pillai의 트레이스	.527	127.932[a]	2.000	230.000	.000
	Wilks의 람다	.473	127.932[a]	2.000	230.000	.000
	Hotelling의 트레이스	1.112	127.932[a]	2.000	230.000	.000
	Roy의 최대근	1.112	127.932[a]	2.000	230.000	.000

a. 정확한 통계량

b. Design: 절편
개체-내 계획: 시점

Mauchly의 구형성 검정[b] ③

측도:스마트폰중독측정

개체-내 효과	Mauchly의 W	근사 카이제곱	자유도	유의확률	엡실런[a]		
					Greenhouse-Geisser	Huynh-Feldt	하한값
시점	.980	4.683	2	.096	.980	.989	.500

정규화된 변형 종속변수의 오차 공분산행렬이 단위행렬에 비례하는 영가설을 검정합니다.

a. 유의성 평균검정의 자유도를 조절할 때 사용할 수 있습니다. 수정된 검정은 개체내 효과검정 표에 나타납니다.

b. Design: 절편
개체-내 계획: 시점

❶ 개체-내 요인

예방 교육 전과 1주 후, 2주 후의 세 시점에서 스마트폰중독이 측정되었음을 나타낸다.

❷ 기술통계량

측정 시점에 따른 스마트폰중독의 평균과 표준편차, 표본 크기가 제시되어 있다. 예방 교육을 실시하기 전에 측정한 스마트폰중독 평균은 3.2902, 예방 교육 1주 후에 측정한 스마트폰중독은 2.7845, 예방 교육 2주 후에 측정한 스마트폰중독은 2.5987임을 알 수 있다.

❸ 구형성 검정

Mauchly의 W 통계량의 유의확률이 $p = .096$으로 나타나 공분산이 같다고 가정할 수 있다($p > .05$).

개체-내 효과 검정

측도:스마트폰중독측정

소스		제 III 유형 제곱합	자유도	평균 제곱	F	유의확률	
시점	구형성 가정	59.428	2	29.714	120.828	.000	❹
	Greenhouse-Geisser	59.428	1.960	30.313	120.828	.000	
	Huynh-Feldt	59.428	1.977	30.058	120.828	.000	
	하한값	59.428	1.000	59.428	120.828	.000	
오차(시점)	구형성 가정	113.616	462	.246			
	Greenhouse-Geisser	113.616	452.873	.251			
	Huynh-Feldt	113.616	456.710	.249			
	하한값	113.616	231.000	.492			

❹ 가설검정

*F*의 유의확률>.05 : 대립가설 기각 || 유의확률<.05 : 대립가설 채택

[개체-내 효과 검정]에는 측정 시점에 따른 스마트폰중독 차이에 대한 분석 결과가 나타나 있다. 구형성이 가정되었을 때에는 '구성형 가정'에 나타난 유의확률로, 가정되지 않았을 때는 'Greenhouse-Geisser'에 나타난 유의확률로 가설을 검정한다.

본 분석 결과에서는 구형성 가정을 충족하였으므로 해당되는 결과를 보면, 검정통계량(F=120.828)의 유의확률(p=.000)이 유의수준(α=.001)보다 작은 것으로 나타났다. 따라서 측정 시점에 따라 스마트폰중독은 차이가 있다고 할 수 있으므로 대립가설이 지지된다(p<.001).

대응별 비교 ❺

측도:스마트폰중독측정

(I) 시점	(J) 시점	평균차(I-J)	표준오차	유의확률[a]	차이에 대한 95% 신뢰구간[a] 하한값	상한값
1	2	.506*	.043	.000	.403	.609
	3	.692*	.047	.000	.579	.804
2	1	-.506*	.043	.000	-.609	-.403
	3	.186*	.048	.000	.069	.302
3	1	-.692*	.047	.000	-.804	-.579
	2	-.186*	.048	.000	-.302	-.069

추정된 주변평균을 기준으로

*. 평균차는 .05 수준에서 유의합니다.

a. 다중비교에 대한 조정: Bonferroni

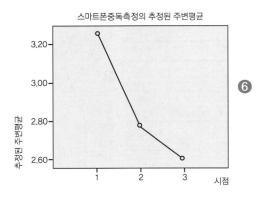

❻

스마트폰중독측정의 추정된 주변평균

❺ 시점 간 평균 비교

*t*의 유의확률>.05 : 평균차 유의함 || 유의확률<.05 : 평균차 유의함

대응별 비교는 사후검정으로서 구체적으로 어느 시점 간에 차이가 있는지를 나타낸다. 결과를 보면, 모든 시점 간에 스마트폰중독 평균의 차이가 유의함을 알 수 있다. 즉 예방 교육 전과 1주 후 간에, 예방 교육 전과 2주 후 간에, 예방 교육 1주 후와 2주 후 간에 유의한 차이가 있는 것으로 확인되었다. 스마트폰중독 평균은 예방 교육 전보다는 1주 후가 낮고, 1주 후보다는 2주 후가 낮다고 할 수 있다.

❻ 프로파일 도표는 측정 시점의 스마트폰중독 평균을 시각적으로 보여준다. 예방 교육의 효과는 1주 후에 가장 크며, 2주 후에도 예방 교육 효과가 있음을 알 수 있다.

7 공분산분석

▶▶연구문제 (자기통제력이 일정한 경우) 학년에 따라 스마트폰중독은 차이가 있을까?

앞에서 실시한 일원분산분석에서는 중학교 1·2·3학년의 스마트폰중독에 차이가 있는 것으로 나타났다. 그렇다면 중학생의 자기통제력이 동일한 경우에도 차이가 있을까? 연구자는 자기통제력과 스마트폰중독에 상관관계가 있을 것이라고 판단하였다. 즉 자기통제력이 높은 학생은 스마트폰중독 정도가 낮고, 자기통제력이 낮은 학생은 스마트폰중독 정도가 높을 것으로 예상했다. 이러한 주장에 대한 가설은 다음과 같다.

귀무가설은 자기통제력의 효과를 제거하더라도 학년 간 스마트폰중독 정도에 차이가 있다는 것이다. 반면, 연구자의 주장은 스마트폰중독 정도는 자기통제력에 따라 달라진다는 것이므로, 대립가설은 자기통제력의 효과가 제거되면 학년 간에 스마트폰중독 정도는 차이가 없다는 것으로 설정된다.

귀무가설	H₀ : 자기통제력이 통제된 경우, 학년에 따라 스마트폰중독은 차이가 있을 것이다.
대립가설	H₁ : 자기통제력이 통제된 경우, 학년에 따라 스마트폰중독은 차이가 없을 것이다. (스마트폰중독은 자기통제력 차이에서 기인한다.)

가설검정에 필요한 분석기법은 공분산분석(analysis of covariance; ANCOVA)이다. 이 분석은 설정된 독립변수 외에 종속변수에 영향을 미칠 것으로 생각되는 외생변수가 있을 경우, 외생변수의 효과를 제거하고 독립변수와 종속변수의 순수한 효과를 검정하고자 할 때 유용하다.

분석을 통해 자기통제력이 유의하지 않고($p > \alpha = .05$) 학년이 유의하면($p < \alpha = .05$) 학년에 따른 스마트폰중독에 차이가 있는 것이므로 귀무가설이 채택된다. 반대로 자기통제력이 유의하고($p < \alpha = .05$) 학년이 유의하지 않으면($p > \alpha = .05$) 스마트폰중독의 차이는 학년에 따른 것보다는 자기통제력에서 기인한다고 해석할 수 있으므로 대립가설이 지지된다.

■ 분석 조건

공분산분석의 분석 조건은 일원분산분석과 같으며, 통제변수에 대한 부분만 확인하면 된다.

❶ 척도
독립변수인 세 집단은 질적척도(명목/서열척도)로, 종속변수와 통제변수는 양적척도(등간/비율척도)로 측정해야 한다.

❷ 문항 검증
종속변수와 통제변수에 대해 단일문항인 경우에는 문항 검증을 생략하고, 본 예와 같이 복수문항으로 측정하였다면 신뢰성을 검증한 후 문항들을 평균화한다.

❸ 가정

- 독립성: 독립변수의 집단은 서로 독립적이어야 한다.
- 정규성: 세 집단의 표본 크기가 각 30 이상이면($n_1 \geq 30$, $n_2 \geq 30$, $n_3 \geq 30$) 정규분포를 따른다고 가정한다.
- 등분산성: 세 집단의 종속변수의 분산이 동일함을 가정한다. 그러나 분석 결과에는 집단 간에 분산이 같을 경우와 다를 경우가 각각 제시되므로 검정 여부에 해당하는 결과를 해석하면 된다.

척도	[독립변수] 질적척도: 학년 [종속변수] 양적척도: 스마트폰중독 [통제변수] 양적척도: 자기통제력
문항 검증	단일문항 → 문항 검증 생략 복수문항 → ① 신뢰도분석 (p. 70) 　　　　　　② 변수계산 (p. 76)
가정	독립성, 정규성, 등분산성
분석 실행 ↓ 결과 해석	① 등분산성 검정 ② 가설검정(유의확률)

■ 분석 실행

파일(navigation-data-SPSS)을 열고 [분석] → [일반선형모형] → [일변량]을 선택한다.

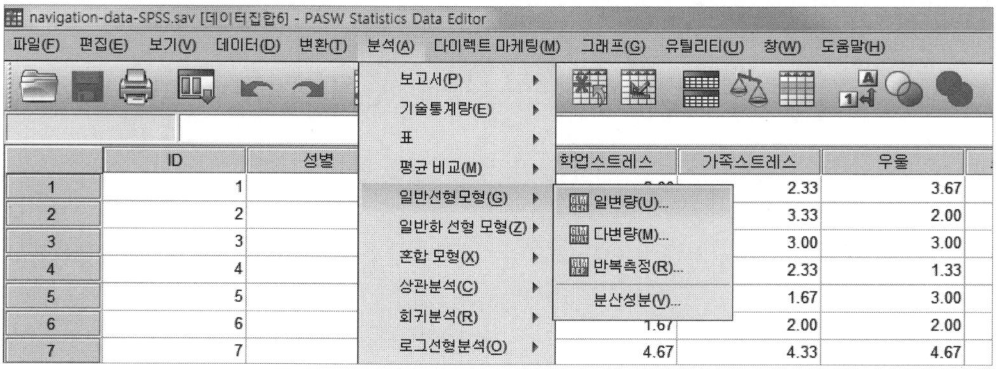

좌측의 '스마트폰중독'을 [종속변수]로, '학년'을 [모수요인]으로 이동시킨다.

좌측의 '자기통제력'을 [공변량]으로 이동시킨다.

[옵션]을 클릭해서 ☑기술통계량, ☑동질성 검정을 체크한다. [계속]과 [확인]을 클릭하면 분석 결과가 나타난다.

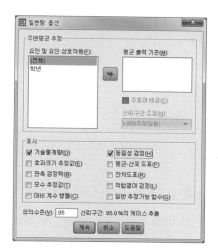

■ 분석 결과

개체-간 요인

		변수값 설명	N
학년	1	1학년	71
	2	2학년	67
	3	3학년	94

기술통계량

종속 변수:스마트폰중독

학년	평균	표준편차	N	
1학년	3.1549	.77425	71	
2학년	3.2040	.60846	67	❶
3학년	3.4539	.73136	94	
합계	3.2902	.72212	232	

오차 분산의 동일성에 대한 Levene의 검정ᵃ

종속 변수:스마트폰중독

F	df1	df2	유의확률	
.539	2	229	.584	❷

여러 집단에서 종속변수의 오차 분산이 동일한 영가설을 검정합니다.

a. Design: 절편 + 자기통제력 + 학년

개체-간 효과 검정

종속 변수:스마트폰중독

소스	제 III 유형 제곱합	자유도	평균 제곱	F	유의확률
수정 모형	19.921ª	3	6.640	15.059	.000
절편	222.141	1	222.141	503.779	.000
자기통제력	15.605	1	15.605	35.390	.000
학년	.564	2	.282	.640	.528
오차	100.537	228	.441		
합계	2632.000	232			
수정 합계	120.458	231			

a. R 제곱 = .165 (수정된 R 제곱 = .154)

❶ 기술통계량

학년별 표본 크기와 평균, 표준편차가 제시되어 있다. 1학년(n=71), 2학년(n=67), 3학년(n=94) 모두 n≥30으로 정규성이 가정되었다. 학년별 스마트폰중독 평균은 1학년 3.1549, 2학년은 3.2040, 3학년은 3.4539로 나타났는데, 이러한 집단별 평균차이가 자기통제력과 관계없이 유의한지 가설검정을 통해 확인해야 한다.

❷ 등분산검정

F의 유의확률 > .05: 분산이 같음 ‖ 유의확률 < .05: 분산이 같지 않음

분산의 동질성 검정은 F-통계량의 유의확률이 p =.584로 나타나 세 집단의 분산이 같다고 가정할 수 있다(p >.05).

❸ 가설검정

F(거짓)의 유의확률 > .05: 대립가설 기각 ‖ 유의확률 < .05: 대립가설 채택

일원분산분석에서는 학년에 따라 스마트폰중독에 차이가 있는 것으로 나타났다(F =4.255, p <.05). 그러나 공분산분석에서는 자기통제력에 따라 스마트폰중독에 유의한 차이가 있고(F =35.390, p <.05), 학년에 따라서는 차이가 없는(F =.640, p >.05) 것으로 나타났다. 이러한 결과는 스마트폰중독과 상관관계가 높은 자기통제력이 투입되었기 때문이다. 그러므로 스마트폰중독의 차이는 학년이 아니라 자기통제력에 따라 나타나는 것으로 해석되며, 연구자의 주장대로 자기통제력을 통제하면 학년에 따라 스마트폰중독에 차이가 없다는 대립가설이 지지된다.

Ch 5. 상관관계분석

상관분석(correlation analysis)은 변수와 변수 간에 연관이 있는지 아니면 서로 독립적인지를 파악하는 분석방법이다. 또한 연관성이 있다면 어느 정도의 관계가 있는지를 알 수 있다. 상관분석은 변수의 척도에 따라 적용할 수 있는 분석방법이 달라진다.

두 변수가 양적척도(등간/비율척도)이면 변수 간 선형관계를 파악하는 것으로 피어슨 상관분석(Pearson's correlation analysis)과 편상관분석(partial correlation analysis)을 사용할 수 있다. 상관분석으로 알려진 피어슨 상관분석은 두 변수 간 연관성을 파악하는 방법으로 학업스트레스와 스마트폰중독의 관계와 관계 정도를 알아보고자 할 때 유용하다. 편상관분석은 두 변수에 공통적으로 관계가 있는 또 다른 변수가 있을 경우에 그 변수의 영향을 제거하고 두 변수 간의 순수한 연관성을 분석하는 방법이다. 예를 들어, 학업스트레스와 스마트폰중독에 제3의 변수인 자기통제력이 영향을 미칠 경우에 자기통제력의 영향력을 제거하고 학업스트레스와 스마트폰중독 간의 진정한 관계를 파악할 수 있다.

질적척도(명목/서열척도)로 측정된 변수는 교차분석(카이제곱)으로 변수 간 독립성 여부를 파악한다. 서열척도로 측정된 변수는 교차분석뿐만 아니라 스피어만 서열상관분석(Spearman's rank correlation analysis)을 이용할 수 있는데, 이 경우 두 변수는 선형성이 아닌 상관성이다.

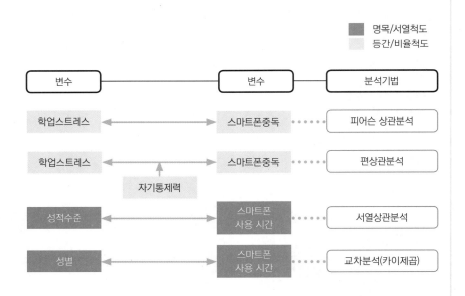

▶▶연구문제 학업스트레스, 가족스트레스, 우울, 스마트폰중독은 상관관계가 있을까?

중학생의 학업스트레스와 가족스트레스, 우울, 스마트폰중독이 서로 관계가 있는지를 알아보는 문제이다. 연구자는 제시된 변수들에 대하여 변수와 변수 간에 관계가 있다는 내용을 가설로 설정하고 이를 입증해야 한다.

귀무가설	H_0 : 변수 간에는 선형의 상관관계가 없다. ($p = 0$)
대립가설	H_1 : 변수 간에는 선형의 상관관계가 있다. ($p \neq 0$)

↓

귀무가설	H_0 : 학업스트레스, 가족스트레스, 우울, 스마트폰중독은 상관관계가 없을 것이다.
대립가설	H_1 : 학업스트레스, 가족스트레스, 우울, 스마트폰중독은 상관관계가 있을 것이다.

가설을 검정하기 위해서는 4개의 변수 간 관계를 파악해야 하는데, 피어슨 상관분석을 이용하면 확인이 가능하다. 피어슨 상관분석(Pearson's correlation analysis)은 양적척도(등간/비율척도)로 측정된 변수들 간의 선형관계 정도를 파악하기 위해 사용하는 방법으로, 학업스트레스와 가족스트레스 등이 스마트폰중독과 어떤 관계가 있는지, 학업스트레스와 가족스트레스 중에 어떤 변수가 스마트폰중독과 선형관계가 더 강한지를 파악할 수 있다.

변수 간의 상관관계 정도는 상관계수(r)에 의해 평가되며, 두 변수의 변화 방향에 따라 –1에서 1 사이의 값을 갖는다. 한 변수가 증가할 때 다른 변수도 증가하면 상관계수는 0보다 크게 나타나고($0 < r$), 한 변수가 증가할 때 다른 변수가 감소하면 변수 간 방향이 다르기 때문에 상관계수는 0보다 작아진다($r < 0$). 변수 간에 관계가 전혀 없으면 $r = 0$이다.

아래 그림은 여러 상관관계를 나타내고 있다. (가)는 한 변수가 1 증가하면 다른 변수도 1 증가하므로 상관관계는 $r = 1$이 되며, (나)는 두 변수가 같이 증가하고 있지만 증가하는 추세가 일정하지 않아 r은 0보다 크지만 1보다 작다. 양(+)의 상관관계는 스트레스와 우울, 운동과 체력과 같은 변수 간에 높게 나타날 수 있다.

(다)와 (라)는 한 변수가 증가할 때 다른 변수가 감소하는 현상으로 음(-)의 상관관계가 있는 경우이다. 행복과 우울, 근무시간과 여가시간이 이 경우에 해당한다. 행복할수록 우울 정도는 낮아지고, 근무시간이 많을수록 여가시간이 짧아지게 되므로 변수 간 상관계수는 0과 -1 사이의 값을 갖는다. (마)와 (바)는 두 변수의 변화 정도와 방향이 불규칙하므로 상관관계가 거의 없다고 할 수 있다. 예를 들어, TV 시청 시간이 많다고 해서 우울 정도가 크게 달라지지는 않을 것이다.

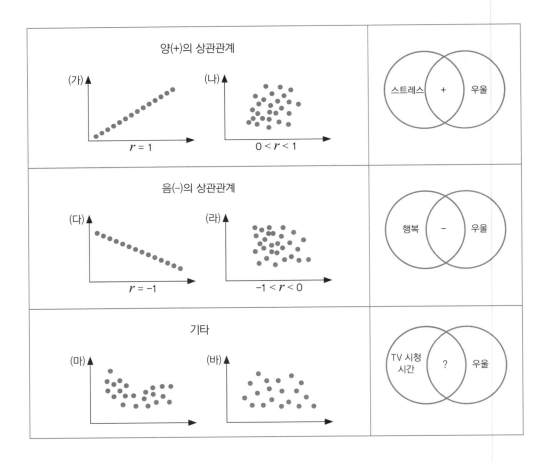

변수 간 상관계수가 어느 정도이면 관계가 높을까? 아래 그림에 제시된 판단기준에 의해 변수 간 관계 정도를 파악할 수 있다. 일반적으로 $r = \pm.2$ 이하면 관계가 거의 없고, $r = \pm.4 \sim \pm.6$이면 다소 높다고 평가한다.

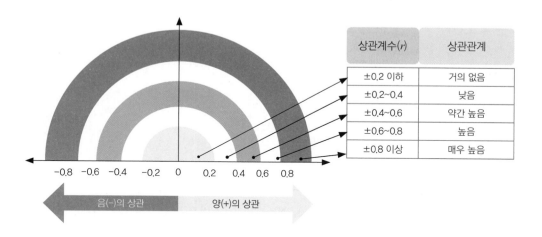

상관계수(r)	상관관계
±0.2 이하	거의 없음
±0.2~0.4	낮음
±0.4~0.6	약간 높음
±0.6~0.8	높음
±0.8 이상	매우 높음

양적척도의 상관계수는 두 변수의 평균으로 계산되므로 가설검정은 t-값으로 계산된다. 공식을 보면 t-값은 상관계수와 표본 크기에 의해 결정된다. 상관계수가 크고 표본수가 크면 t-값은 커지고, 상관계수와 표본수 중에 하나라도 작으면 t-값은 작아지기 때문에 두 변수 간의 관계가 통계적으로 의미가 있으려면 t-값이 커야 한다.

$t = r\sqrt{\dfrac{n-2}{1-r^2}}$ $df = (n_1 - 2)$	$r =$ 두 변수의 상관계수 $r^2 =$ 상관계수의 제곱값 $n =$ 표본수

가설의 기각 여부를 결정하는 유의수준과 임계치는 다음과 같다.

유의수준 $\alpha = .05$일 때, 임계치는 $t = \pm 1.96$

유의수준 $\alpha = .01$일 때, 임계치는 $t = \pm 2.58$

유의수준 $\alpha = .001$일 때, 임계치는 $t = \pm 3.29$

계산된 t-값이 ±1.96보다 작으면 두 변수 간에 관계가 없다는 귀무가설이 채택되고, ±1.96~±2.58 사이에 있으면 유의수준 $\alpha = .05$에서, ±2.58~±3.29 사이에 있으면 유의수준 $\alpha = .01$에서, ±3.29 이상이면 유의수준 $\alpha = .001$에서 대립가설을 채택한다.

■ 분석 조건

❶ 척도

양적척도로 측정되어야 한다.

❷ 문항 검증

변수와 변수가 복수문항으로 측정되었으면 요인분석(타당성)과 신뢰도분석(신뢰성)을 해야 한다. 본 예에서 학업스트레스, 가족스트레스, 우울, 스마트폰중독은 각각 3개 문항으로 측정하였기 때문에 4개 요인의 요인분석과 신뢰도분석을 통해 검증된 문항들을 평균화 하였다.

❸ 가정

- 변수와 변수 간에는 정규분포가 가정되어야 한다.

척도	양적척도
문항 검증	단일문항 → 문항 검증 생략 복수문항 → 복수문항의 변수가 2개 이상일 경우, 요인분석 (p.56) 　　　　① 신뢰도분석 (p.70) 　　　　② 변수계산 (p.76)
가정	이변량 정규분포
분석 실행 ↓ 결과 해석	① 가설검정(유의확률) ② 변수 간 상관계수와 방향성 확인

■ 분석 실행

파일(navigation-data-SPSS)을 열고 [분석] → [상관분석] → [이변량 상관계수]를 선택한다.

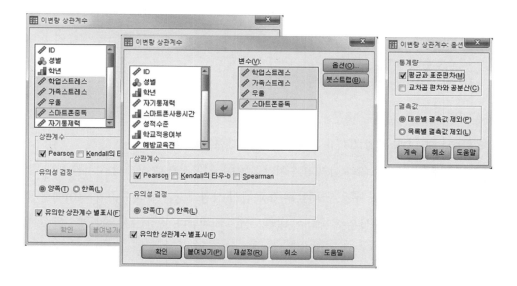

　좌측의 '학업스트레스, 가족스트레스, 우울, 스마트폰중독'을 [변수]로 이동시킨다. 상관계수의 ☑Pearson이 체크되었는지 확인한다(Pearson은 양적척도일 때, Kendall의 타우-b와 Spearman은 서열척도일 때 선택). [옵션]을 선택해서 ☑평균과 표준편차를 체크하고 [계속]과 [확인]을 클릭하면 분석 결과가 나타난다.

■ 분석 결과

기술통계량

	평균	표준편차	N
학업스트레스	3.1250	.72884	232
가족스트레스	3.0876	.71437	232
우울	3.1379	.75283	232
스마트폰중독	3.2902	.72212	232

❶

상관계수

		학업스트레스	가족스트레스	우울	스마트폰중독
학업스트레스	Pearson 상관계수	1	.250**	.366**	.394**
	유의확률 (양쪽)		.000	.000	.000
	N	232	232	232	232
가족스트레스	Pearson 상관계수	.250**	1	.465**	.440**
	유의확률 (양쪽)	.000		.000	.000
	N	232	232	232	232
우울	Pearson 상관계수	.366**	.465**	1	.568**
	유의확률 (양쪽)	.000	.000		.000
	N	232	232	232	232
스마트폰중독	Pearson 상관계수	.394**	.440**	.568**	1
	유의확률 (양쪽)	.000	.000	.000	
	N	232	232	232	232

❷

**. 상관계수는 0.01 수준(양쪽)에서 유의합니다.

❶ 기술통계량

투입된 변수들의 평균과 표준편차, 케이스가 나타나 있다. 응답자 232명의 학업스트레스 평균은 3.1250이고, 표준편차는 .72884이다. 4개 변수 가운데 스마트폰중독 평균이 상대적으로 높음을 알 수 있다.

❷ 가설검정

t 의 유의확률 > .05 : 대립가설 기각 || 유의확률 < .05 : 대립가설 채택

상관계수 결과표는 대각선 위와 아래의 수치가 같으며, 일반적으로 아래의 수치를 본다. 학업스트레스, 가족스트레스, 우울, 스마트폰중독 간의 상관계수는 유의수준 α =.01에서 모두 유의하게 나타나 귀무가설은 기각되며, 대립가설은 지지된다. 또한 모든 상관계수들이 정(+)의 값으로 나타나 학업스트레스, 가족스트레스, 우울, 스마트폰중독 간에는 정(+)의 상관관계가 있다고 해석할 수 있다. 이 가운데 우울과 스마트폰중독 간의 상관계수(r =.568)는 높고, 학업스트레스와 가족스트레스 간의 상관계수(r =.250)는 상대적으로 낮다.

논문 제시 방법

※ 상관분석 결과를 보고할 때는 평균과 표준편차를 함께 제시해준다.

학업스트레스, 가족스트레스, 우울, 스마트폰중독 간의 연관성을 검증하기 위해 상관관계 분석을 실시하였다. 분석 결과, 모든 변수 간에는 유의한 상관관계가 있는 것으로 밝혀져 가설이 지지되었다($p<.01$).

세부적으로 살펴보면, 우울과 스마트폰중독의 상관관계($r=.57$)가 가장 높으며, 그 다음으로 우울과 가족스트레스 간의 상관관계($r=.47$)가 강한 것으로 분석되었다. 학업스트레스의 경우 스마트폰중독($r=.39$), 우울($r=.37$), 가족스트레스($r=.25$) 순으로 높은 상관관계가 있으며, 가족스트레스는 우울($r=.47$), 스마트폰중독($r=.44$), 학업스트레스($r=.25$) 순으로 강한 상관관계를 보이고 있다.

〈표 1〉 상관관계분석 결과

	평균 (M)	표준편차 (SD)	학업 스트레스	가족 스트레스	우울	스마트폰 중독
학업스트레스	3.13	.73	1			
가족스트레스	3.09	.71	.25**	1		
우울	3.14	.75	.37**	.47**	1	
스마트폰중독	3.29	.72	.39**	.44**	.57**	1

**$p<.01$

📖 **본 분석이 적용된 논문**

이주연, 전종설 (2015). "청소년의 인터넷 중독이 학업 적응에 미치는 영향: 정서조절의 매개효과를 중심으로". 청소년복지연구, 17(1), 287-303.

박경원, 김경신 (2015). "중학생의 스마트폰중독성 정도에 영향을 미치는 관련 변인 연구". 한국가족관계학회지, 20(1), 51-74.

▶▶연구문제 (자기통제력이 일정한 경우) 학업스트레스, 가족스트레스, 우울, 스마트폰중독은
상관관계가 있을까?

앞서 실시한 상관분석을 통해 학업스트레스와 가족스트레스, 우울, 스마트폰중독은 관계가 있는 것으로 파악되었다. 결과에 나타난 우울과 스마트폰중독의 관계는 정확할까? 연구자는 우울과 스마트폰중독 관계는 자기통제력에 의해 달라질 것이라고 생각할 수 있다. 즉 중학생의 자기통제력에 따라 우울과 스마트폰중독의 관계가 낮아지거나 없을 수 있다고 판단하여 다음과 같은 가설을 설정하였다.

귀무가설	H_0 : (자기통제력이 통제된 경우) 학업스트레스, 가족스트레스, 우울, 스마트폰중독은 상관관계가 없을 것이다.
대립가설	H_1 : (자기통제력이 통제된 경우) 학업스트레스, 가족스트레스, 우울, 스마트폰중독은 상관관계가 있을 것이다.

변수 간 상관관계는 피어슨 상관분석을 사용했지만, 자기통제력을 고려해야 하는 경우엔 편상관분석을 이용한다. 편상관분석(partial correlation analysis)은 두 변수 간 관계에서 두 변수에 모두 영향을 미치는 제3의 변수가 있을 경우에 제3의 변수를 통제한 상태에서 변수 간의 순수한 상관관계를 파악할 수 있는 방법이다.

통제변수가 필요한 경우를 알아보자. 예를 들어, 공부시간과 성적은 관계가 높다고 예상할 수 있다. 그러면 공부시간이 많아지는 만큼 성적도 향상될까? 반드시 그렇지만은 않다. 공부시간에 얼마나 집중하느냐에 따라 성적이 달라질 수 있다. 이때 공부시간과 성적의 순수한 관계를 파악하기 위해서는 집중력을 통제변수로 설정하고 편상관계수를 계산해야 한다.

우울과 스마트폰중독의 상관관계는 $r = .568$로 높은 관계가 있음이 입증되었다. 이론적으로 자기통제력이 높은 학생은 우울한 감정을 잘 조절하고, 스마트폰에 몰입하는 경향이 낮다고 한다. 이런 경우에는 자기통제력이 우울과 스마트폰중독 모두에 영향을 미치게 되므로 자기통제력을 통제해야만 우울과 스마트폰중독의 관계를 정확히 알 수 있다.

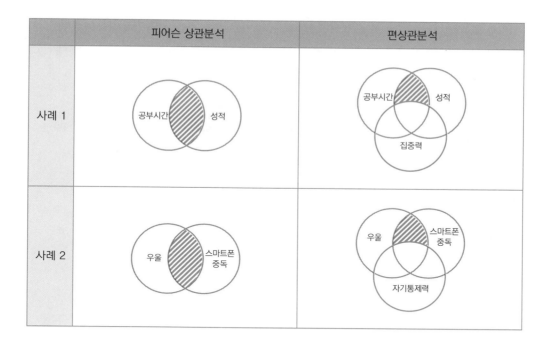

	피어슨 상관분석	편상관분석
사례 1	공부시간 / 성적	공부시간 / 성적 / 집중력
사례 2	우울 / 스마트폰 중독	우울 / 스마트폰 중독 / 자기통제력

피어슨 상관분석과 편상관분석은 통제변수의 사용 여부에만 차이가 있다. 따라서 변수 간 상관계수 및 상관관계 정도의 평가 등은 피어슨 상관분석과 동일하다. 분석 조건에서 통제변수는 양적척도로 측정되어야 한다.

■ 분석 실행

파일(navigation-data-SPSS)을 열고 [분석] → [상관분석] → [편상관계수]를 선택한다.

좌측의 '학업스트레스, 가족스트레스, 우울, 스마트폰중독'을 [변수]로 이동시킨다.

좌측의 '자기통제력'을 [제어변수]로 이동시킨다.

[옵션]을 선택해서 ☑평균과 표준편차를 체크한다(0차 상관을 체크하면 통제변수가 없는 경우의 상관계수가 결과표에 제시된다). [계속]과 [확인]을 클릭하면 분석 결과가 나타난다.

■ 분석 결과

기술통계량

	평균	표준 편차	N
학업스트레스	3.1250	.72884	232
가족스트레스	3.0876	.71437	232
우울	3.1379	.75283	232
스마트폰중독	3.2902	.72212	232
자기통제력	2.6480	.64252	232

❶

상관

통제변수			학업스트레스	가족스트레스	우울	스마트폰중독
자기통제력	학업스트레스	상관	1.000	.254	.375	.426
		유의수준(양측)	.	.000	.000	.000
		df	0	229	229	229
	가족스트레스	상관	.254	1.000	.437	.397
		유의수준(양측)	.000	.	.000	.000
		df	229	0	229	229
	우울	상관	.375	.437	1.000	.531
		유의수준(양측)	.000	.000	.	.000
		df	229	229	0	229
	스마트폰중독	상관	.426	.397	.531	1.000
		유의수준(양측)	.000	.000	.000	.
		df	229	229	229	0

❷

❶ 변수의 기술통계량

투입된 변수와 통제변수의 평균과 표준편차, 케이스가 나타나 있다. 피어슨 상관분석에 제시된 결과와 동일하며, 투입된 자기통제력 변수의 평균은 2.6480으로 파악되었다.

❷ 가설검정

t 의 유의확률 > .05 : 대립가설 기각 ‖ 유의확률 < .05 : 대립가설 채택

자기통제력이 일정한 상태에서 학업스트레스, 가족스트레스, 우울, 스마트폰중독 간의 상관관계는 α = .001의 유의수준에서 모두 유의하게 나타났다. 따라서 변수 간의 상관관계가 자기통제력에 따라 달라진다는 대립가설은 지지되지 않는다(*p* < .05).

　우울과 스마트폰중독의 경우 상관계수는 *r* = .531인데, 통제변수를 지정하지 않은 상관분석(p. 137)에서는 상관계수가 *r* = .568이다. 이는 자기통제력이 우울과 스마트폰중독에 미치는 영향을 제외하면 우울과 스마트폰중독의 상관관계가 낮아짐을 의미한다.

3　서열상관분석

┌──┐
▶▶연구문제　스마트폰 사용 시간과 성적수준은 상관관계가 있을까?
└──┘

스마트폰 사용 시간과 성적수준의 관계를 파악하는 문제이다. 일반적으로 스마트폰을 많이 사용하는 중학생은 공부 시간이 적을 수 있기 때문에 성적수준도 낮을 거라 예상할 수 있다. 연구자는 이러한 내용의 가설을 세우고 중학생을 대상으로 스마트폰 사용 시간과 성적수준을 조사하였다.

귀무가설	H_0 : 변수 간에는 상관관계가 없다.
대립가설	H_1 : 변수 간에는 상관관계가 있다.

↓

귀무가설	H_0 : 스마트폰 사용 시간과 성적수준은 상관관계가 없을 것이다.
대립가설	H_1 : 스마트폰 사용 시간과 성적수준은 상관관계가 있을 것이다.

　스마트폰 사용 시간(1시간 미만, 1~3시간 미만, 3시간 이상)과 성적수준(상, 중, 하)은 서열척도로 측정되었다. 서열척도로 측정된 변수는 평균이 의미가 없기 때문에 변수 간 관계 파

악은 서열상관분석(rank correlation analysis)을 이용한다. 피어슨 상관분석과 비교할 때, 두 변수 간 관계를 파악한다는 공통점이 있으나, 피어슨 상관분석은 양적척도로 측정된 변수 간의 선형성을 파악하는 반면, 서열상관분석은 서열척도로 측정된 변수 간의 상관성을 확인하는 것이다.

예제를 통해 분석의 원리를 살펴보자. 아래 표는 중학생 5명을 대상으로 스마트폰 사용 시간과 성적수준을 조사한 결과이다.

case	측정		순위화		순위차이 (d)
	스마트폰 사용 시간	성적수준	스마트폰 사용 시간	성적수준	
1	1시간 미만	상	1	1.5	0.5
2	1~3시간 미만	상	2.5	1.5	1
3	1~3시간 미만	중	2.5	3	0.5
4	3시간 이상	하	4.5	4.5	0
5	3시간 이상	하	4.5	4.5	0

먼저, 측정된 두 변수의 응답값에 순서를 부여한다. 스마트폰 사용 시간의 경우, 1번은 사용 시간이 가장 낮으므로 순위는 1이고, 2번과 3번과 같이 응답값이 동일할 때는 순위 2와 3의 평균인 2.5를 각각 부여한다. 이러한 방식으로 성적수준도 순위를 부여한 후, 두 변수의 순위 차이를 계산한다.

순위 차이값을 공식에 대입하면 상관성을 알 수 있다. 공식에 의하면 순위 차이가 적을수록 상관관계가 높아진다. 즉 두 변수의 순위가 같으면 순위 차이는 0이 되기 때문에 상관계수는 $p=1$이 되고, 순위가 서로 다르면 순위 차이가 커져서 상관계수는 낮아진다.

$$p = 1 - \frac{n\sum d^2}{n(n^2-1)}$$

d＝두 변수 간의 순위 차이값

n＝표본수

상관계수는 $-1 \sim +1$ 사이에 있으며 관계 정도의 평가는 피어슨 상관분석과 동일하다.

■ 분석 조건

❶ 척도

서열척도로 측정된 변수를 사용한다.

척도	[변수] 서열척도
분석 실행 ↓ 결과 해석	① 가설검정(유의확률) ② 변수 간 상관계수와 방향성 확인

■ 분석 실행

파일(navigation-data-SPSS)을 열고 [분석] → [상관분석] → [이변량 상관계수]를 선택한다.

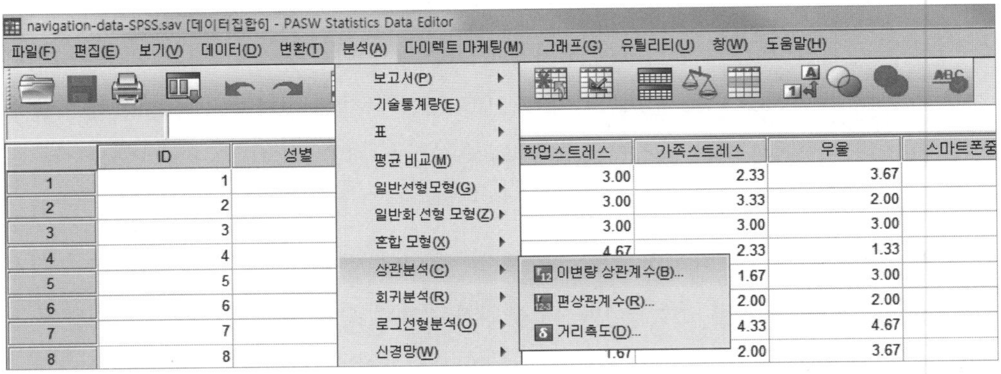

좌측의 '스마트폰사용시간, 성적수준'을 [변수]로 이동시킨다. 상관계수에서 □Pearson의 체크를 풀고, ☑Spearman을 체크한다. [확인]을 클릭하면 분석 결과가 나타난다.

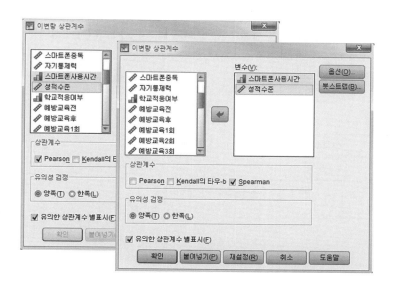

■ 분석 결과

			스마트폰사용시간	성적수준
Spearman의 rho	스마트폰사용시간	상관계수	1.000	-.534**
		유의확률(양측)	.	.000
		N	232	232
	성적수준	상관계수	-.534**	1.000
		유의확률(양측)	.000	.
		N	232	232

상관계수

❶

**. 상관 유의수준이 0.01입니다(양측).

❶ 가설검정

유의확률 > .05 : 대립가설 기각 ‖ 유의확률 < .05 : 대립가설 채택

스마트폰 사용 시간과 성적수준의 상관관계는 -.534이며, α=.01의 유의수준에서 유의하게 나타나 대립가설이 지지된다(p<.01). 부(-)의 상관계수는 스마트폰 사용 시간이 많아질수록 성적수준이 낮아지고, 스마트폰 사용 시간이 적을수록 성적수준이 높아지는 경향으로 해석할 수 있다.

스마트폰 사용 시간과 성적수준의 서열상관분석을 실시한 결과, 통계적으로 유의한 상관관계가 있는 것으로 나타났다($p<.01$). 변수 간 상관계수는 -.534로 비교적 높은 부(-)의 상관관계를 보이고 있어, 스마트폰 사용 시간이 증가할수록 성적수준은 감소하는 것으로 파악된다.

⟨표1⟩ 서열상관분석 결과

	성적수준
스마트폰 사용 시간	-.534[**]

[**]$p<.01$

---

4 카이제곱(교차분석)

▶▶연구문제   성별과 스마트폰 사용 시간은 관련이 있을까?
성별에 따라 스마트폰 사용 시간은 차이가 있을까?

남학생과 여학생의 스마트폰 사용 시간의 관계를 파악하기 위해 가설을 설정하고, 중학생을 대상으로 성별(남, 녀)과 스마트폰 사용 시간(1시간 미만, 1~3시간 미만, 3시간 이상)을 조사하였다.

귀무가설	H_0 : 두 변수는 연관성이 없다. (독립적이다)
대립가설	H_1 : 두 변수는 연관성이 있다. (독립적이지 않다)

↓

귀무가설	H_0 : 성별과 스마트폰 사용 시간은 관련이 없을 것이다. (성별에 따라 스마트폰 사용 시간은 다르지 않을 것이다)
대립가설	H_1 : 성별과 스마트폰 사용 시간은 관련이 있을 것이다. (성별에 따라 스마트폰 사용 시간은 다를 것이다)

가설검정에 앞서, 가설에 사용된 변수들의 성격을 검토해야 한다. 성별은 명목척도로 측정된 변수이고, 스마트폰 사용 시간은 서열척도로 측정된 변수이다. 두 변수는 질적척도이다. 이러한 질적변수 간의 관련성은 교차분석(cross-tabulation analysis)을 이용한다. 교차분석은 변수 간의 분포 차이를 파악하여 변수 간의 상호독립성이나 관련성 정도를 알아보는 방법으로, 분포 차이의 통계적 유의성이 χ^2-값으로 계산되기 때문에 카이제곱(χ^2)이라고도 한다.

■ 분석 원리

간단한 사례를 이용하여 분석 과정을 이해해보자. 아래 표에는 100명의 중학생을 대상으로 조사한 성별과 수면상태의 관측빈도와 비율이 나타나 있다. 성별은 남과 여, 수면상태는 숙면과 수면부족으로 측정되어 2×2 교차표인 4개의 셀로 구성되어 있다. 성별에 따라 숙면과 수면부족의 비율 차이가 클수록 카이제곱(χ^2) 분포의 값이 커질 확률이 높아진다.

[관측빈도]

	남	여	전체
숙면	30 (75%)	20 (40%)	50 (50%)
수면부족	10 (25%)	40 (60%)	50 (50%)
전체	40 (40%)	60 (60%)	100 (100%)

비율의 차이는 관측빈도-기대빈도의 차이이다. 기대빈도는 귀무가설이 맞을 때의 빈도를 의미하며, 관측빈도의 전체 합계에 의해 다음과 같이 계산된다. 교차분석 결과가 아래의 기대빈도와 유사하게 나왔다면 성별에 따라 수면상태의 분포 차이는 없다고 할 수 있다.

[기대빈도] = (행의 합계 × 열의 합계 / 전체 합계)

	남	여	전체
숙면	20	30	50
수면부족	20	30	50
전체	40	60	100

관측빈도와 기대빈도를 카이제곱 검정 공식에 대입하면 χ^2-값을 구할 수 있다. 공식에서 분자는 관측빈도와 기대빈도의 차이를 제곱한 값이고, 분모는 기대빈도이다. 각 셀을 계산하여 모두 합하면 χ^2-값이 계산되며, 예제의 χ^2-값은 16.667이다. 자유도는 행의 범주 수와 열의 범주 수를 각각 1로 뺀 후 곱하면 구할 수 있다. 행의 성별은 2-1이고 열의 수면 상태는 2-1이므로 자유도는 1×1=1이 된다.

$$\chi^2 = \sum_{i=1}^{r} \sum_{j=1}^{k} \frac{(O_{ij}-E_{ij})^2}{E_{ij}}$$

$$df = (r-1)(k-1) = (2-1)(2-1) = 1$$

O_{ij} = r개의 행과 k개의 열의 교차표에서 i번째 행과 j번째 열이 교차하는 셀의 관측빈도
E_{ij} = r개의 행과 k개의 열의 교차표에서 i번째 행과 j번째 열이 교차하는 셀의 기대빈도

$\sum_{i=1}^{r} \sum_{j=1}^{k}$ = r개의 행과 k개의 열의 빈도 합
r = 행의 범주 수
k = 열의 범주 수

〈부록〉의 χ^2-분포표를 보면 행에는 유의수준이, 열에는 자유도가 나타나 있는데, 자유도가 1일 때 유의수준과 임계치는 다음과 같다.

유의수준 $\alpha = .01$일 때, 임계치는 $\chi^2 = 6.63$
유의수준 $\alpha = .001$일 때, 임계치는 $\chi^2 = 10.8$

계산된 χ^2-값은 16.667로 유의수준 $\alpha = .001$에서 유의하다. 즉 성별에 따라 수면상태의 분포 차이가 없다는 귀무가설이 진실일 확률은 0.1% 미만이므로 $\alpha = .001$ 유의수준에서 귀무가설이 기각되고 대립가설이 채택된다($p < .001$). 검증 결과에 의해 성별에 따라 수면상태는 차이가 있으며, 성별과 수면상태는 관련이 있다고 할 수 있다.

■ 분석 조건

❶ 척도

질적척도(명목/서열척도)로 측정된 변수들을 사용해야 한다.

물론 변수가 양적척도(등간/비율척도)일 때에도 사용할 수 있으나 범위를 적정하게 변경하여 분석하는 게 좋다. 예를 들어, 성별과 연령을 분석할 때 응답자들의 연령이 23세~47세로 조사됐다면 연령의 범위는 25이고, 교차표의 셀은 2×25가 되기 때문에 분석 결과의 해석이 어렵거나 의미가 없을 수 있다. 이럴 때에는 연령을 20대, 30대, 40대의 연령군으로 변경하여 사용하는 것이 바람직하다.

❷ 가정

기대빈도에서 5 미만의 셀이 전체의 20%를 넘지 않아야 한다. 성별과 스마트폰 사용 여부와 같은 2×2 교차표는 4개의 셀로 구성되므로 1개의 셀은 25%를 차지한다. 그러므로 5 미만의 셀이 1개라도 있으면 20% 이상이 되기 때문에 카이제곱 검정을 할 수 없다. 그러나 성별과 학년의 교차표(2×3)는 6개의 셀이고 각 셀은 17% 정도이므로 1개의 셀이 5 미만의 기대빈도를 가져도 카이제곱 검정이 가능하다. 가정이 충족되지 않을 땐 카이제곱 검정 대신 Fisher의 정확한 검정을 이용할 수 있다.

척도	- 질적척도 - 양적척도일 경우엔 범위를 조정한 후 사용.
가정	5 미만의 기대빈도 셀이 전체의 20%보다 작아야 함. (가정이 충족되지 않을 경우엔 Fisher의 정확한 검정을 이용)
분석 실행 ↓ 결과 해석	① 가정 확인 ② 가설검정(유의확률) ③ 교차표 해석

■ 분석 실행

파일(navigation-data-SPSS)을 열고 [분석] → [기술통계량] → [교차분석]을 선택한다.

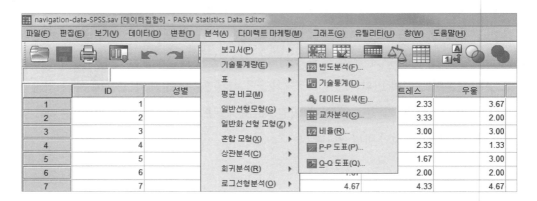

좌측의 '스마트폰사용시간'을 [행]으로, '성별'을 [열]로 이동시킨다.

[정확]을 클릭해서 ◉정확한 검정을 선택하고 [계속]을 클릭한다.

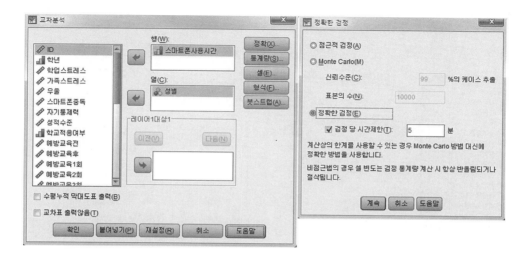

[통계량]을 클릭해서 ☑카이제곱을 체크하고 [계속]을 클릭한다.

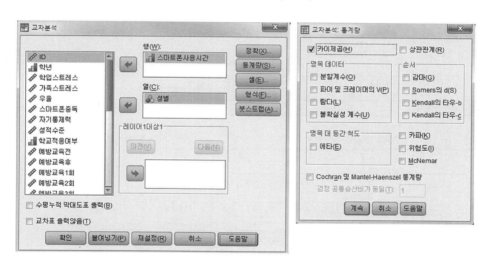

[셀]을 클릭해서 ☑관측빈도, ☑기대빈도, ☑행, ☑열을 체크한 후, [계속]과 [확인]을 클릭하면
분석 결과가 나타난다.

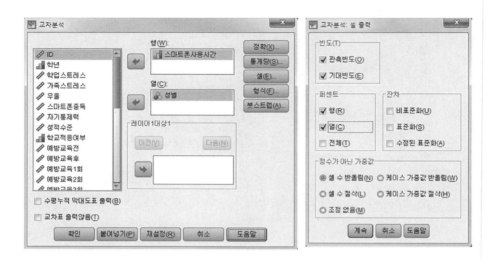

■ 분석 결과

케이스 처리 요약

	케이스					
	유효		결측		전체	
	N	퍼센트	N	퍼센트	N	퍼센트
스마트폰사용시간 * 성별	232	100.0%	0	.0%	232	100.0%

스마트폰사용시간 * 성별 교차표

			성별		전체
			남자	여자	
스마트폰사용시간	1시간 미만	빈도	32	20	52
		기대빈도	22.9	29.1	52.0
		스마트폰사용시간 중 %	61.5%	38.5%	100.0%
		성별 중 %	31.4%	15.4%	22.4%
	1~3시간 미만	빈도	46	57	103
		기대빈도	45.3	57.7	103.0
		스마트폰사용시간 중 %	44.7%	55.3%	100.0%
		성별 중 %	45.1%	43.8%	44.4%
	3시간 이상	빈도	24	53	77
		기대빈도	33.9	43.1	77.0
		스마트폰사용시간 중 %	31.2%	68.8%	100.0%
		성별 중 %	23.5%	40.8%	33.2%
전체		빈도	102	130	232
		기대빈도	102.0	130.0	232.0
		스마트폰사용시간 중 %	44.0%	56.0%	100.0%
		성별 중 %	100.0%	100.0%	100.0%

❸

카이제곱 검정

②	값	자유도	점근 유의확률 (양측검정)	정확한 유의확률 (양측검정)	정확한 유의확률 (단측검정)	점 확률
Pearson 카이제곱	11.657[a]	2	.003	.003		
우도비	11.780	2	.003	.003		
Fisher의 정확한 검정	11.626			.003		
선형 대 선형결합	11.541[b]	1	.001	.001	.000	.000
유효 케이스 수	232					

a. 0 셀 (.0%)은(는) 5보다 작은 기대 빈도를 가지는 셀입니다. 최소 기대빈도는 22.86입니다. ❶
b. 표준화 통계량은 3.397입니다.

❶ **가정 확인**

5 미만의 기대빈도 셀이 전체의 20% 미만이어야 한다.

기대빈도가 5보다 작은 셀이 없는 것으로 확인되어 카이제곱 검정을 이용할 수 있다. 만약 5보다 작은 기대빈도 셀이 전체의 20% 이상으로 나타나면 Fisher의 정확한 검정의 유의확률로 가설을 검정한다. 기대빈도수는 결과표 ❸의 기대빈도에 제시되어 있다.

❷ **가설검정**

카이제곱의 유의확률 > .05 : 대립가설 기각 ‖ 유의확률 < .05 : 대립가설 채택

카이제곱(χ^2) 검정 결과를 보면, χ^2-값은 11.657이며, 유의확률은 $p = .003$이다. 유의확률은 귀무가설이 맞을 확률을 의미하기 때문에 $\alpha = .01$ 유의수준에서 귀무가설은 기각되고, 대립가설은 지지된다($p<.01$). 즉 성별에 따라 스마트폰 사용 시간의 분포는 차이가 있다, 또는 성별과 스마트폰 사용 시간은 관계가 있다고 결론지을 수 있다.

❸ **교차표**

성별과 스마트폰 사용 시간의 교차표가 나타나 있다. 전체 232명 가운데 성별은 남자 =102명, 여자=130명이고, 스마트폰 사용 시간은 1시간 미만=52명, 1~3시간 미만=103명, 3시간 이상=77명이다. 스마트폰 사용 시간이 1시간 미만인 52명 중에 남자의 빈도수는 32이고, 여자의 빈도수는 20임을 알 수 있다.

논문 제시 방법

※ 본 예에서는 성별과 스마트폰 사용 시간을 분석했지만, 하나의 분석 결과를 제시하는 논문은 거의 없다. 일반적으로 성별과 학년 등의 주요 변수들을 함께 분석하므로 논문에 제시할 때에는 다음과 같이 한다.

중학생의 하루 평균 스마트폰 사용 시간과 성별의 관련성을 검정하기 위해 카이제곱(χ^2) 분석을 실시한 결과, 스마트폰 사용 시간과 성별 간에는 유의한 분포 차이가 있는 것으로 나타났다($p<.01$). 전체 232명 가운데 스마트폰 사용 시간 1시간 미만은 52명, 1~3시간 미만은 103명, 3시간 이상은 77명으로 파악되어 사용 시간은 1~3시간 미만이 상대적으로 많았다. 사용 시간대별로 살펴보면, 먼저 1시간 미만은 남자(61.5%)가 여자(38.5%)보다 많았으며, 1~3시간 미만은 여자(55.3%)가 높은 비율을 차지하였다. 3시간 이상의 경우에도 여자(68.8%)의 비율이 높게 나타나 남학생보다 여학생의 스마트폰 사용 시간이 긴 것으로 확인되었다.

〈표1〉 스마트폰 사용 시간에 대한 집단 차이 분석 결과

| | | 전체 | 스마트폰 사용 시간 | | | $\chi^2(p)$ |
			1시간 미만	1~3시간 미만	3시간 이상	
		232	52	103	77	
성별	남자	102	32(61.5)	46(44.7)	24(31.2)	11.657**
	여자	130	20(38.5)	57(55.3)	53(68.8)	
학년	1학년	⋮	⋮	⋮	⋮	
	2학년					
	3학년					

**$p<.01$

📖 본 분석이 적용된 논문

윤난희, 권순만 (2013). "비만이 의료이용과 의료비용에 미치는 영향". 보건경제와 정책연구, 19(2), 61-80.
윤명숙, 김남희, 박완경 (2014). "중학생의 인터넷게임중독에 미치는 게임 및 가족, 여가요인의 영향". 청소년학연구, 21(4), 309-337.

Ch 6. 회귀분석

회귀분석(regression analysis)은 변수 간의 관계를 분석하는 방법 중 하나이다. 변수의 관계를 규명한다는 면에서는 상관분석과 동일하지만 상관분석은 변수 간의 상관관계를 분석하는 것으로 독립변수와 종속변수의 구분이 없다. 이에 반해 회귀분석은 변수 간의 함수관계를 분석하여 독립변수가 종속변수에 미치는 영향력을 파악하고, 이를 이용해서 독립변수의 일정한 값에 대응하는 종속변수값을 예측할 수 있는 분석방법이다.

[그림 6-1]에 제시된 문제들은 회귀분석을 통해 파악할 수 있다. 스트레스와 우울의 경우 스트레스에 의해 우울이 변화하는 것이므로 스트레스는 다른 변수에 영향을 미치는 독립변수(independent variable)가 되고, 우울은 독립변수에 영향을 받는 종속변수(dependent variable)가 된다.

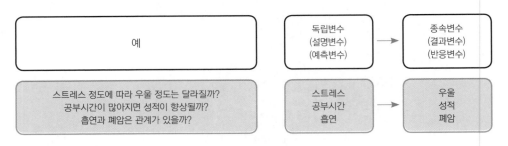

[그림 6-1] 회귀분석의 예

회귀분석은 독립변수의 척도와 독립변수의 수, 그리고 독립변수와 종속변수의 관계 등에 따라 다양하게 분류된다.

독립변수는 양적척도(등간/비율척도)를 일반적으로 사용하지만, 경우에 따라 질적척도(명목/서열척도)를 사용할 수 있다. 예를 들어, 명목척도인 성별을 독립변수로 사용하고자 할 때에는 남/여를 1/0값의 이분형변수(binary variable)로 변환한 더미변수(dummy variable)를 이용하여 더미회귀분석(dummy regression analysis)을 한다.

독립변수의 수에 따라 구분되기도 하는데, 독립변수가 1개이면 단순회귀분석(simple regression analysis)이고, 2개 이상이면 다중회귀분석(multiple regression analysis)이라고 한다. 독립변수가 2개 이상일 때 투입되는 변수의 순서가 있으면 위계적 회귀분석(hierarchical multiple regression analysis)으로 구분된다.

[그림 6-2]를 보면, 지금까지 설명한 회귀분석들은 종속변수가 양적척도(등간/비율척도)

로 사용된 분석방법으로 독립변수값이 증가 또는 감소함에 따라 종속변수값이 증가 또는 감소하는 선형관계를 가정한다. 그러나 현실에서는 종속변수가 질적척도(명목/서열척도)인 경우가 있다. 예를 들어, 프로그램 참여 유무, 신용대출 가능 여부, 자동차 구매 여부와 같이 이분형변수가 종속변수로 사용될 때에는 로지스틱 회귀분석(logistic regression analysis)을 이용한다.

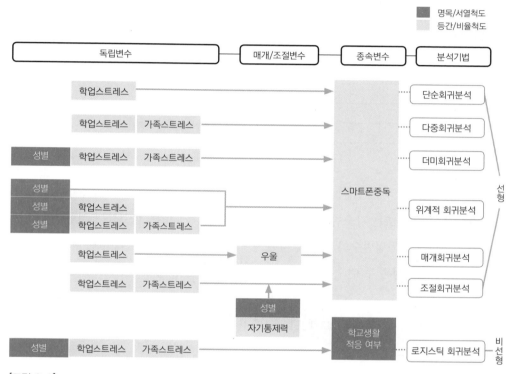

[그림 6-2]

독립변수와 종속변수가 양적척도(등간/비율척도)로 사용된 회귀분석은 선형성, 오차항의 독립성, 오차항의 정규성, 오차항의 등분산성 가정들을 충족해야 한다. 다음의 예를 이용하여 기본 가정들을 확인해보자.

독립변수(X)	종속변수(Y)
3	4
2	2
4	4
5	5
2	3

1) 선형성

독립변수값이 증가 또는 감소함에 따라 종속변수값이 증가 또는 감소하는 선형관계가 전제되어야 한다. 즉, 독립변수의 변화에 따른 종속변수의 변화가 일정해야 분석 결과를 신뢰할 수 있다. 선형성은 두 변수값을 동시에 갖는 산점도를 통해 확인한다.

예시된 변수값을 입력한 후 [그래프] → [레거시 대화 상자] → [산점도/점도표]를 선택한다.

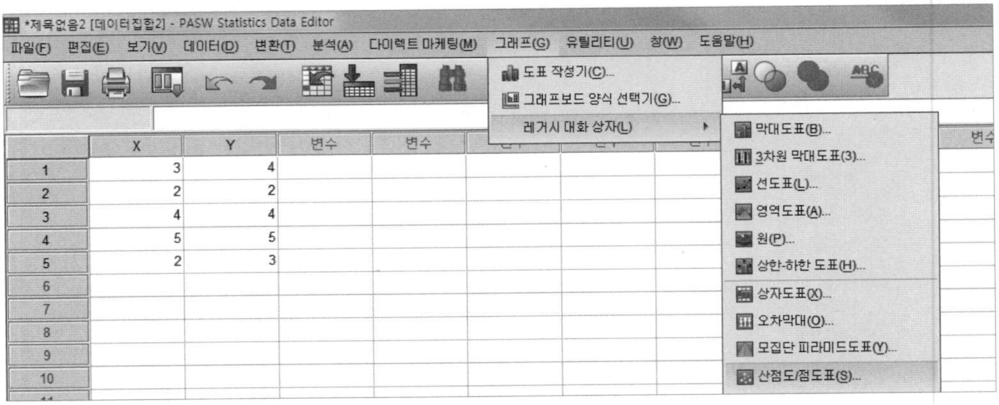

좌측 상단의 [단순산점도]를 선택하고 [확인]을 클릭한다. 좌측의 X를 X-축으로, Y를 Y-축으로 이동시킨다. [확인]을 클릭하면 분석 결과가 나타난다.

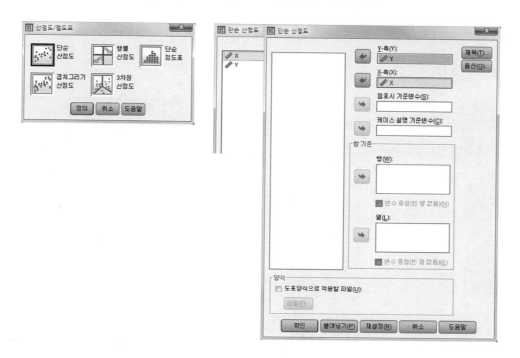

결과에 나타난 산점도를 보면, 독립변수(X)가 증가함에 따라 종속변수(Y)도 증가하는 것으로 보여 두 변수는 선형성이 있다고 할 수 있다.

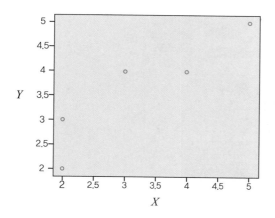

2) 오차항의 정규성, 등분산성, 독립성

종속변수의 관측값과 예측값 간의 차이인 오차값이 일정한 분산을 갖는 정규분포를 이루어야 하고, 독립적이어야 한다. 이에 대한 확인 방법은 다음과 같다.

[분석] → [회귀분석] → [선형]을 선택한다.

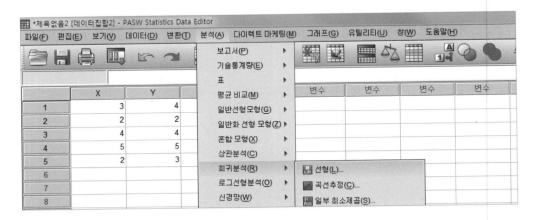

좌측의 Y를 [종속변수]로, X를 [독립변수]로 이동시킨다.

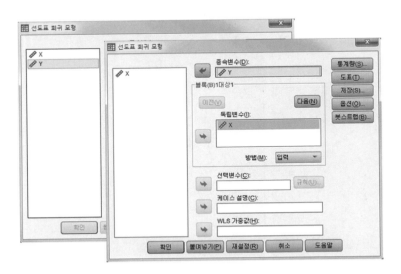

[통계량]을 클릭하여 ☑Durbin Watson을 체크하고 [계속]을 클릭한다.

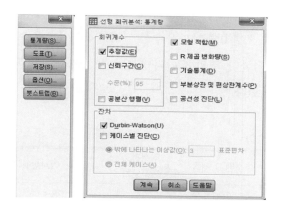

[도표]를 클릭하여 창이 나타나면 좌측의 *ZRESID를 우측의 Y로, *ZPRED를 X로 이동시킨다. ☑정규확률도표를 체크한다. [계속]을 클릭하면 창이 닫히고, [확인]을 클릭하면 분석 결과가 나타난다.

분석 결과에 제시된 내용을 차례로 살펴보면, 오차항의 독립성은 결과표에 제시된 Durbin-Watson 지수로 평가한다. 이 지수는 2에 가까울수록 오차가 독립적이며, 1.8~2.2 사이면 자기상관이 없다고 판단한다. 또한 0에 가까울수록 그리고 4에 가까울수록 독립적이지 않으며 자기상관이 있다고 해석한다. 결과에 나타난 지수는 1.988로 기준치와 매우 가까우므로 독립성이 있다고 할 수 있다.

모형 요약[b]

모형	R	R 제곱	수정된 R 제곱	추정값의 표준오차	Durbin Watson
1	.908[a]	.825	.766	.551	1.988

a. 예측값: (상수), X
b. 종속변수: Y

오차항의 정규성은 왼쪽의 P-P 도표를 통해 파악한다. 오차들이 관측값과 거의 동일하게 나타나 정규성이 있다고 판단된다. 오른쪽의 산점도는 오차항의 등분산성을 나타낸다. 오차들이 불규칙적으로 분포되어 있어 등분산성을 충족한다고 해석할 수 있다.

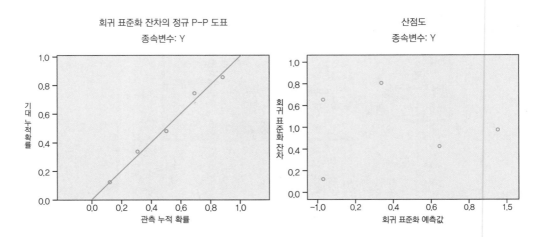

회귀 표준화 잔차의 정규 P-P 도표
종속변수: Y

산점도
종속변수: Y

학업스트레스는 스마트폰중독에 영향을 미칠까?

중학생의 학업스트레스가 스마트폰중독에 영향을 미치는지를 검정하는 문제이다. 연구자는 두 변수 간에 관계가 있다는 것을 입증해야 하므로 독립변수인 학업스트레스는 종속변수인 스마트폰중독에 영향을 미친다는 대립가설을 설정한다.

귀무가설	H_0 : 독립변수는 종속변수에 영향을 미치지 않는다. ($\beta_1 = 0$)
대립가설	H_1 : 독립변수는 종속변수에 영향을 미친다. ($\beta_1 \neq 0$)

↓

귀무가설	H_0 : 학업스트레스는 스마트폰중독에 영향을 미치지 않을 것이다.
대립가설	H_1 : 학업스트레스는 스마트폰중독에 영향을 미칠 것이다.

가설과 같이, 1개의 독립변수가 종속변수에 미치는 영향력은 단순회귀분석(simple regression analysis)을 통해 검증할 수 있다. 회귀분석은 독립변수(X)에 의해 발생하는 종속변수(Y)의 변화를 파악하는 것으로, 독립변수와 종속변수의 관계를 나타내는 회귀선을 찾아 회귀식($y = \alpha + \beta x$)을 도출한 후, 종속변수에 대한 독립변수의 영향을 파악하고 독립변수에 대한 종속변수 값을 예측하는 데 사용되는 분석방법이다.

예를 통해 회귀분석의 원리를 살펴보자. 아래의 표는 5명의 학업스트레스와 스마트폰중독 수준을 측정한 결과이다.

대상	학업스트레스	스마트폰중독
1	4	5
2	3	2
3	2	4
4	4	3
5	1	3

위의 결과에 대해 학업스트레스가 스마트폰중독에 미치는 영향을 검정하고자 할 때, 다음과 같은 회귀식이 표현된다.

$$y = \alpha + \beta x$$
($\alpha = y$절편, $\beta = $ 기울기)

스마트폰중독(y) = $\alpha + \beta \times$학업스트레스(x)

회귀식은 회귀선을 통해 추정할 수 있다. 독립변수와 종속변수의 지점을 통과하는 수많은 직선 가운데 측정값과의 차이가 가장 작은 직선이 회귀선이 되는데, 최적의 회귀선은 최소제곱법(the least square line)에 의해 찾아진다. 즉 측정값과 직선의 편차의 합은 0이 되기 때문에, 편차들의 제곱의 합이 가장 작은 직선이 적합도가 높은 회귀선이 된다. 회귀선에 의한 회귀식에서 α는 상수(constant)를, β는 회귀계수(regression coefficient)를 의미한다.

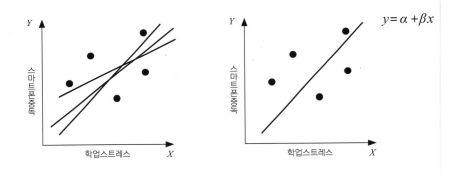

회귀식이 추정되면 회귀모형이 적합한지를 먼저 검정하고, 종속변수의 전체 분산 가운데 독립변수에 의해 설명되는 비율(R^2)을 파악한 후 가설을 검정한다.

■ 분석 조건

❶ 척도

독립변수와 종속변수는 각각 1개이다. 독립변수는 척도에 관계없이 사용할 수 있으나 질적척도인 경우에는 더미변수로 변환해서 사용해야 하고, 종속변수는 양적척도(등간/비율척도)로 측정되어야 한다.

❷ 문항 검증

독립변수와 종속변수가 단일문항이면 문항 검증 없이 분석을 실시한다. 그러나 복수문항으로 측정된 변수는 요인분석과 신뢰도분석을 통해 타당성과 신뢰성을 검증한 후, 정제된 문항을 평균하여 분석을 실시한다. 본 사례에서는 독립변수와 종속변수가 각각 3개 문항으로 측정되어 타당성과 신뢰성을 검증한 후 정제된 문항을 평균하여 분석을 실시하였다.

❸ 가정

- 독립변수의 변화에 따른 종속변수의 변화가 일정해야 한다(선형성).
- 종속변수의 관측값과 예측값 간의 차이인 오차값이 일정한 분산을 갖는 정규분포를 이루어야 하고, 독립적이어야 한다(오차항의 정규성, 등분산성, 독립성).

척도	[독립변수] 양적척도, 질적척도(더미변수) [종속변수] 양적척도
문항 검증	단일문항 → 문항 검증 생략 복수문항 → ① 요인분석 　　　　　　② 신뢰도분석 (p. 70) 　　　　　　③ 변수계산 (p. 76)
가정	- 선형성 - 오차항의 정규성, 등분산성, 독립성
분석 실행 ↓ 결과 해석	① 회귀식의 적합성 검정 ② 설명력 확인 ③ 가설검정(유의확률) ④ 회귀계수와 방향성 확인

■ 분석 실행

파일(navigation-data-SPSS)을 열고 [분석] → [회귀분석] → [선형]을 선택한다.

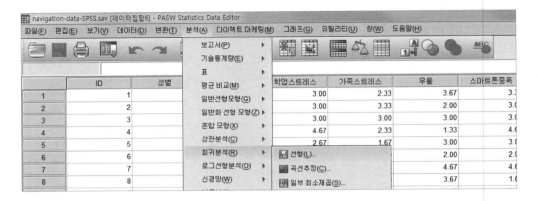

좌측의 '스마트폰중독'을 [종속변수]로, '학업스트레스'를 [독립변수]로 이동시킨다.

[확인]을 클릭하면 분석 결과가 나타난다.

■ 분석 결과

진입/제거된 변수[b]

모형	진입된 변수	제거된 변수	방법
1	학업스트레스[a]		입력

➊

a. 요청된 모든 변수가 입력되었습니다.
b. 종속변수: 스마트폰중독

➋ **모형 요약**

모형	R	R 제곱	수정된 R 제곱	추정값의 표준오차
1	.394[a]	.155	.152	.66511

a. 예측값: (상수), 학업스트레스

분산분석[b]

모형		제곱합	자유도	평균 제곱	F	유의확률
1	회귀 모형	18.711	1	18.711	42.297	.000[a]
	잔차	101.747	230	.442		
	합계	120.458	231			

➌

a. 예측값: (상수), 학업스트레스
b. 종속변수: 스마트폰중독

계수[a]

모형		비표준화 계수		표준화 계수	t	유의확률
		B	표준오차	베타		
1	(상수)	2.070	.193		10.745	.000
	학업스트레스	.390	.060	.394	6.504	.000

➍

a. 종속변수: 스마트폰중독

➊ 변수

독립변수는 학업스트레스, 종속변수는 스마트폰중독이 투입되었음을 나타낸다.

➋ 회귀식의 설명력

독립변수와 종속변수의 상관계수(R)와 설명력(R^2)이 나타나 있다. 학업스트레스와 스마트폰중독의 상관계수는 $R=.394$로 비교적 높은 상관관계가 있다고 해석할 수 있다. R^2은 설명력 또는 결정계수(coefficient of determination)라고 하며, 종속변수가 독립변수에 의해 설명되는 정도를 의미한다. 분석 결과에 나타난 R^2은 .155로 학업스트레스가 스마트폰중독을 15.5% 설명하고 있다. R^2은 두 변수의 상관계수를 제곱한 값이다.

❸ 회귀식의 적합성

*F*의 유의확률 > .05 : 적합하지 않음 ‖ 유의확률 < .05 : 적합함

회귀선이 모형에 적합한가를 판단하는 *F*-값의 유의확률이 p=.000으로 나타나 회귀모형은 적합함을 알 수 있다(p<.05). 만약 유의확률이 .05 이상이면(p<.05) 회귀모형이 부적합한 것으로 판단한다.

❹ 가설검정

*t*의 유의확률 > .05 : 대립가설 기각 ‖ 유의확률 < .05 : 대립가설 채택

학업스트레스의 회귀계수는 정(+)의 값이며, 통계량은 t=6.504, 유의확률은 p=.000으로 나타났다. 따라서 학업스트레스가 스마트폰중독에 미치는 영향은 유의수준 α=.001에서 유의하게 나타나 귀무가설은 기각되고 대립가설은 지지된다. 그리고 회귀계수가 B=.390으로 양(+)의 값을 가지므로 학업스트레스가 높으면 스마트폰중독 수준도 높아진다고 해석할 수 있다.

※ 회귀식

회귀식은 독립변수가 유의할 때 적용할 수 있다. 결과에서는 독립변수인 학업스트레스가 종속변수인 스마트폰중독에 미치는 영향이 유의하게 나타났으므로 다음과 같은 회귀식이 도출된다. 즉 학업스트레스(x) 값이 주어진다면 스마트폰중독(y) 수준을 추정할 수 있다.

y=a+bx

y=2.070+.390(학업스트레스)

논문 제시 방법

중학생의 학업스트레스가 스마트폰중독에 미치는 영향을 분석한 결과, 회귀모형은 적합($F=42.297$, $p=.000$)하게 나타났으며, 학업스트레스가 스마트폰중독에 미치는 영향은 통계적 유의성($t=6.504$, $p<.001$)이 있는 것으로 확인되어 가설은 지지되었다. 결과에 따라 학업스트레스가 높을수록 스마트폰중독 수준도 높아짐을 알 수 있다. 분석 결과는 〈표 1〉과 같다.

〈표1〉 스마트폰중독의 다중회귀분석 결과

	비표준화 계수		표준화계수	$t(Sig.)$
	B	SE	β	
(상수)	2.070	.193	–	10.475
학업스트레스	.390	.060	.394	6.504[***]
R^2=.155, $adjR^2$=.152, F=42.297[***]				

[***]$p<.001$

📖 본 분석이 적용된 논문

김재엽, 이동은, 정윤경 (2013). "학업스트레스가 청소년 비행 행동에 미치는 영향과 우울의 매개효과". 한국아동복지학, 41, 101-123.

이서원, 장용언 (2011). "학업스트레스가 청소년의 자살생각에 미치는 영향: 가족응집성의 조절효과". 한국청소년학회, 청소년학연구, 18(11), 111-136.

▶▶연구문제 학업스트레스와 가족스트레스는 스마트폰중독에 영향을 미칠까?

단순회귀분석을 통해 학업스트레스가 높을수록 스마트폰중독 수준이 높아진다는 것이 밝혀졌다. 그렇다면 스마트폰중독 수준은 학업스트레스에 의해서만 좌우될까? 선행 연구와 각종 조사 결과에서 파악되는 중학생들이 스마트폰에 몰입하는 이유는 다양하다. 알려져 있는 여러 원인 가운데 연구자는 스트레스에 중점을 두고 탐색하여 가족스트레스 또한 중요한 요인이라고 판단하였다. 가족스트레스가 스마트폰중독에 영향을 미칠지, 학업스트레스보다 영향력이 강할지 등의 문제를 해결하기 위해 다음과 같이 가설을 설정하였다.

귀무가설	H_0 : 독립변수와 종속변수는 관계가 없다. ($\beta_1 + \beta_2 + \beta_3 + \cdots = 0$)
대립가설	H_1 : 독립변수와 종속변수는 관계가 있다. ($\beta_1 + \beta_2 + \beta_3 + \cdots \neq 0$)

↓

귀무가설	H_0 : 학업스트레스와 가족스트레스는 스마트폰중독에 영향을 미치지 않을 것이다.
대립가설	H_1 : 학업스트레스는 스마트폰중독에 영향을 미칠 것이다. H_2 : 가족스트레스는 스마트폰중독에 영향을 미칠 것이다.

설정된 가설은 2개의 독립변수와 1개의 종속변수로 구성되어 있다. 다중회귀분석 (multiple regression analysis)은 다수의 독립변수와 1개의 종속변수의 관계를 분석하고자 할 때 유용한 기법이다. 종속변수에 영향을 미치는 독립변수가 1개인 경우에는 단순회귀분석이 적용되지만, 현실적으로 다수의 독립변수를 고려해야 하는 경우가 많다.

예를 들어, 사람들은 언제 행복하다고 생각할까? 개인마다 세대마다 차이는 있겠지만 대부분의 성인들은 경제적 여유와 가족 관계, 건강 등이 만족스러울 때 행복하다고 느낄 것이다. 성적의 경우에도 공부시간이 많을수록 좋은 성적을 얻을 수 있지만, 공부하는 방법이나 몰입 정도에 따라 성적이 달라질 수 있다. 중학생들이 스마트폰에 의존하는 것도 학업스트레스 외에 많은 이유가 있을 것이다. 이렇듯, 어떤 현상은 하나의 원인에 의해 일어나는 것이 아니라 다양한 원인들에 의해 나타난다. 그렇기 때문에 다수의 요인들 가운데 의미 있는 요인을 파악할 수 있는 다중회귀분석이 더 많이 이용된다.

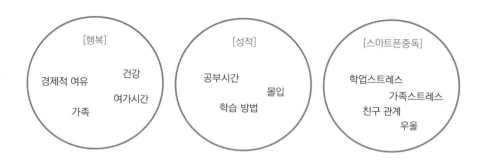

회귀분석 과정은 단순회귀분석에서 설명한 바와 같다. 단, 다중회귀분석은 독립변수의 수에 의해서 종속변수가 예측되기 때문에 회귀식은 달라진다. 예제에서는 2개의 독립변수가 사용되었으므로 회귀식은 다음과 같이 결정된다.

$$y = \alpha + \beta_1 x_1 + \beta_2 x_2$$
$$(\alpha = y\text{절편}, \beta = \text{기울기})$$

스마트폰중독$(y) = \alpha + \beta_1 \times$학업스트레스$(x_1) + \beta_2 \times$가족스트레스$(x_2)$

■ 분석 조건

❶ 척도
독립변수는 2개 이상이고, 종속변수는 1개이다.

독립변수와 종속변수 모두 양적척도(등간/비율척도)를 원칙으로 하고 있으나, 독립변수의 경우에는 질적척도(명목/서열척도)로 측정된 변수를 더미변수로 변환하여 사용할 수 있다.

❷ 문항 검증

양적척도로 측정된 변수가 복수문항으로 구성된 경우엔 문항 검증을 해야 한다. 예제에서는 독립변수 2개와 종속변수가 각각 3개 문항으로 측정되었기 때문에 요인분석과 신뢰도분석을 실시하여 타당성과 신뢰성을 검증한 후 정제된 문항을 평균화하였다.

❸ 가정

- 독립변수의 변화에 따른 종속변수의 변화가 일정해야 한다(선형성).
- 종속변수의 관측값과 예측값 간의 차이인 오차값이 일정한 분산을 갖는 정규분포를 이루어야 하고, 독립적이어야 한다(오차항의 정규성, 등분산성, 독립성).

척도	[독립변수] 양적척도, 질적척도(더미변수) [종속변수] 양적척도
문항 검증	단일문항 → 문항 검증 생략 복수문항 → ① 요인분석 　　　　　　　② 신뢰도분석 (p. 70) 　　　　　　　③ 변수계산 (p. 76)
가정	- 선형성 - 오차항의 정규성, 등분산성, 독립성
분석 실행 ↓ 결과 해석	① 가정 확인 ② 다중공선성 확인 ③ 회귀식의 적합성 검정 ④ 설명력 확인 ⑤ 가설검정(유의확률) ⑥ 회귀계수와 방향성 확인

■ 분석 실행

파일(navigation-data-SPSS)을 열고 [분석] → [회귀분석] → [선형]을 선택한다.

좌측의 '스마트폰중독'을 [종속변수]로 이동시킨다.

좌측의 '학업스트레스'와 '가족스트레스'를 [독립변수]로 이동시킨다.

　　[통계량]을 선택해서 ☑추정값, ☑모형적합, ☑공선성진단, ☑Durbin Watson을 체크한다. [계속]과 [확인]을 클릭하면 분석 결과가 나타난다.

■ 분석 결과

진입/제거된 변수ᵇ

모형	진입된 변수	제거된 변수	방법
1	가족스트레스, 학업스트레스ᵃ	.	입력

a. 요청된 모든 변수가 입력되었습니다.
b. 종속변수: 스마트폰중독

❸ 모형 요약ᵇ

모형	R	R 제곱	수정된 R 제곱	추정값의 표준오차	Durbin-Watson	
1	.529ᵃ	.280	.273	.61558	2.036	❶

a. 예측값: (상수), 가족스트레스, 학업스트레스
b. 종속변수: 스마트폰중독

분산분석ᵇ

모형		제곱합	자유도	평균 제곱	F	유의확률	
1	회귀 모형	33.680	2	16.840	44.440	.000ᵃ	❷
	잔차	86.778	229	.379			
	합계	120.458	231				

a. 예측값: (상수), 가족스트레스, 학업스트레스
b. 종속변수: 스마트폰중독

계수ᵃ　　　　❹　　　　❺

모형		비표준화 계수		표준화 계수	t	유의확률	공선성 통계량	
		B	표준오차	베타			공차	VIF
1	(상수)	1.216	.224		5.423	.000		
	학업스트레스	.300	.057	.303	5.229	.000	.937	1.067
	가족스트레스	.368	.059	.364	6.285	.000	.937	1.067

a. 종속변수: 스마트폰중독

공선성 진단ᵃ

모형	차원	고유값	상태지수	분산비율		
				(상수)	학업스트레스	가족스트레스
1	1	2.940	1.000	.00	.01	.01
	2	.038	8.771	.00	.64	.61
	3	.022	11.644	1.00	.35	.38

a. 종속변수: 스마트폰중독

잔차 통계량ᵃ

	최소값	최대값	평균	표준편차	N
예측값	2.2521	4.2114	3.2902	.38184	232
잔차	-1.46584	2.37980	.00000	.61291	232
표준 오차 예측값	-2.719	2.413	.000	1.000	232
표준화 잔차	-2.381	3.866	.000	.996	232

a. 종속변수: 스마트폰중독

❶ 독립성 검정

Durbin-Watson은 오차항의 독립성을 평가하는 지수이다. 지수가 2에 가까울수록 오차가 독립적이며, 1.8~2.2 사이의 값을 가지면 자기상관이 없다고 판단한다. 결과에 나타난 지수는 2.036으로 기준치와 매우 가까우므로 독립성이 있다고 할 수 있다.

❷ 회귀모형의 적합성

F의 유의확률 > .05 : 적합하지 않음 ‖ 유의확률 < .05 : 적합함

회귀선이 모형에 적합한가를 판단하는 F-값에 대한 유의확률이 p=.000으로 나타나 회귀모형의 적합성이 확인되었다($p<\alpha$=.05). 유의확률이 .05 이상이면($p<\alpha$=.05) 회귀모형이 부적합한 것으로 판단한다.

❸ 설명력

R제곱(R^2)과 수정된 R제곱($adjR^2$)이 제시되어 있다. R^2은 종속변수가 독립변수에 의해 설명되는 비율로서 R^2이 클수록 설명력이 높다고 해석한다. 그러나 독립변수의 수가 추가될수록 R^2이 커지는 문제가 있다. 수정된 R^2은 이러한 문제를 보완한 것으로 독립변수의 수를 고려한 설명력이다. 따라서 독립변수가 1개인 단순회귀분석에서는 R^2으로 설명력을 해석할 수 있지만, 다중회귀분석에서는 수정된 R^2을 적용해야 한다. 결과에서는 학업스트레스와 가족스트레스가 스마트폰중독을 27.3% 설명하는 것으로 나타나 있다.

❹ 가설검정

t의 유의확률 > .05 : 대립가설 기각 ‖ 유의확률 < .05 : 대립가설 채택

학업스트레스가 스마트폰중독에 미치는 영향은 유의확률이 p=.000으로 나타나 유의수준 α=.001에서 유의적이므로 대립가설은 지지된다(p<.001). 또한 회귀계수는 B=.300으로 양(+)의 값을 가지고 있어 학업스트레스가 높아질수록 스마트폰중독 수준도 높아지는 경향이 있다고 해석할 수 있다.

가족스트레스 또한 유의확률이 p=.000으로 나타났으므로 유의수준 α=.001에서 대립가설은 지지된다(p<.001). 회귀계수는 B=.368로 방향성에 따라 가족스트레스가 높아질수록 스마트폰중독 수준도 높아진다고 볼 수 있다.

❺ 다중공선성

공차=.10 이상 || VI*F*=10 이하이면 다중공선성 없음

공선성(collinearity)은 독립변수 간의 상관관계를 의미하며, 상관계수가 높으면 설명력을 저해하므로 독립변수가 2개 이상인 경우에는 이를 점검해야 한다. 공선성의 판단기준은 공차(tolerance)와 분산팽창요인(variance inflation factor; VIF)이다. 상관계수가 낮을수록 공차는 높고, 공차가 높을수록 VIF는 낮아지기 때문에 공차는 .10 이상, VIF는 10 이하일 때 공선성이 없는 것으로 판단한다.

분석 결과에 나타난 학업스트레스와 가족스트레스의 공차(.937)와 VIF(1.067)는 기준치를 충족하고 있어 독립변수들 간의 다중공선성이 없다고 평가한다.

※ 회귀식

분석 결과에 의해 학업스트레스와 가족스트레스는 스마트폰중독에 유의한 것으로 입증되었으므로 스마트폰중독을 예측할 수 있는 회귀식은 다음과 같이 도출된다.

$y = a + b_1 x_1 + b_2 x_2$

$y = 1.216 + .300(학업스트레스) + .365(가족스트레스)$

논문 제시 방법

중학생의 학업스트레스와 가족스트레스가 스마트폰중독에 미치는 영향을 분석한 결과, 회귀모형은 적합하게 평가되었다(F=44.440, p=.000).

가설을 검정한 결과, 스마트폰중독에 미치는 학업스트레스의 영향은 유의(t=5.229, p<.001)하게 나타났으며, 가족스트레스의 유의성(t=6.285, p<.001) 또한 입증되어 가설은 지지되었다. 결과에 따라 학업스트레스와 가족스트레스가 높아지면 스마트폰중독 수준도 높아지며, 특히 스마트폰중독은 가족스트레스의 영향을 더 많이 받는 것으로 설명된다. 다중회귀분석의 결과는 〈표 1〉에 제시한 바와 같다.

〈표1〉 스마트중독의 다중회귀분석 결과

	비표준화 계수		표준화계수	t(Sig.)	공선성	
	B	SE	β		공차	VIF
(상수)	1.216	.224	–	5.423	–	–
학업스트레스	.300	.057	.303	5.229[***]	.937	1.067
가족스트레스	.368	.059	.364	6.285[***]	.937	1.067
R^2=.280, $adjR^2$=.273, F=44.440[***], $Durbin$-$Watson$=2.036						

[***]p<.001

📖 **본 분석이 적용된 논문**

윤난희, 권순만 (2013). "비만이 의료이용과 의료비용에 미치는 영향". 보건경제와 정책연구, 19(2), 61-80.
윤명숙, 김남희, 박완경 (2014). "중학생의 인터넷게임중독에 미치는 게임 및 가족, 여가요인의 영향". 청소년학연구, 21(4), 309-337.
박경원, 김경신 (2015). "중학생의 스마트폰중독성 정도에 영향을 미치는 관련 변인 연구". 한국가족관계학회지, 20(1), 51-74.

▶▶연구문제 성별, 학년, 학업스트레스, 가족스트레스는 스마트폰중독에 영향을 미칠까?

연구자는 다중회귀분석을 통해 학업스트레스와 가족스트레스가 스마트폰중독에 영향을 미친다는 것을 확인하였다. 또한 독립표본 t-검정과 분산분석 결과를 바탕으로 중학생의 스마트폰중독에 성별과 학년이 관계가 있음을 알고 있다. 이러한 결과에 따라 성별, 학년, 학업스트레스, 가족스트레스가 스마트폰중독에 영향을 미칠 것이라는 연구자의 관심내용을 다음과 같이 가설로 설정하였다.

귀무가설	H_0 : 독립변수와 종속변수는 관계가 없다. ($\beta_1 + \beta_2 + \beta_3 + \cdots = 0$)
대립가설	H_1 : 독립변수와 종속변수는 관계가 있다. ($\beta_1 + \beta_2 + \beta_3 + \cdots \neq 0$)

↓

귀무가설	H_0 : 성별, 학년, 학업스트레스, 가족스트레스는 스마트폰중독에 영향을 미치지 않을 것이다.
대립가설	H_1 : 성별은 스마트폰중독에 영향을 미칠 것이다. H_2 : 학년은 스마트폰중독에 영향을 미칠 것이다. H_3 : 학업스트레스는 스마트폰중독에 영향을 미칠 것이다. H_4 : 가족스트레스는 스마트폰중독에 영향을 미칠 것이다.

가설검정은 독립변수가 2개 이상일 때 적용 가능한 다중회귀분석을 이용한다. 앞서 실시한 다중회귀분석과 다른 점은 성별과 학년의 질적척도(명목/서열척도)로 측정된 범주형 변수가 추가되었다는 것이다. 회귀분석은 선형성을 가정하고 있기 때문에 독립변수는 양적척도(등간/비율척도)로 측정된 연속형 변수를 사용하는 것이 원칙이나, 범주형 변수를 사용해야 할 때가 의외로 많다. 폐암의 원인을 찾을 때에는 흡연 여부가 중요한 요인이 되고, 물의 사용량을 예측할 때는 계절적 요인이 반드시 고려되어야 한다. 중학생의 스마트폰중독 또한 성별과 학년 등과 같은 범주형 변수가 영향 요인이 될 수 있다. 이럴 경우 범주형 변수를 더미변수(dummy variable)로 변환하면 회귀분석에 사용할 수 있다.

더미변수는 모든 속성을 '있다(1)/없다(0)'로 만드는 것이다. 성별에서는 '남자이다(1), 남자가 아니다(0)'로 구분하여 0을 '남자가 없다'는 비율척도로 해석한다. 남자가 없다는 것은 여자가 있다는 의미이므로 성별은 1개의 더미변수로 설명이 가능하다. 학년과 같이 속성이 3개일 때는 어떻게 할까? 성별(남/녀)과 학년(1/2/3학년)을 더미변수로 만들어서 분석을 실시해보자.

1) 더미변수 만들기: 이분형(2개)

더미변수는 모든 범주의 수준을 0과 1로 변경하는 것이다. 0은 레퍼런스(reference, 기준)이고, 1은 이벤트(event, 관심)로 표현되므로 범주의 수준 가운데 1개를 레퍼런스(0)로 하고 나머지는 이벤트(1)로 설정한다. 성별과 같이 수준이 2개인 경우에는 여자를 레퍼런스(0)로 하면 남자=1이 되므로 1개의 더미변수를 만들면 된다. 그러나 3개의 수준으로 구성된 학년은 1학년을 레퍼런스(0)로 하면 나머지인 2학년과 3학년이 이벤트(1)로 설정되어야 하므로 2학년=1의 더미변수와 3학년=1의 더미변수가 필요하다. 따라서 더미변수의 수는 범주의 수준−1이 된다. 범주의 수준 가운데 어느 것을 레퍼런스(0)로 설정해야 한다는 규칙은 없으나, 결과를 해석하는 데 용이한 수준을 레퍼런스로 설정하는 것이 좋다.

> 더미변수의 수 = 변수의 범주 수준 − 1
> 예1) 성별은 2개 수준이므로 1개의 더미변수 필요
> 예2) 학년은 2개 수준이므로 2개의 더미변수 필요

다음과 같은 성별의 기존 변수를 더미변수로 만들어보자. 레퍼런스는 여자=0이고, 이벤트는 남자=1이다. 더미변수명은 '더미기호+변수명+이벤트' 방식으로 명명하면 결과 해석에 용이하다. 예제에서 만든 'D성별.남'은 더미변수(D)로 만든 성별의 이벤트는 '남자'라는 것을 의미한다.

	기존변수	더미변수
	성별	D.성별.남
수준1 (남자)	1	1
수준2 (여자)	2	0

파일(navigation-data-SPSS)을 열고 [변환] → [다른 변수로 코딩변경]을 선택한다.

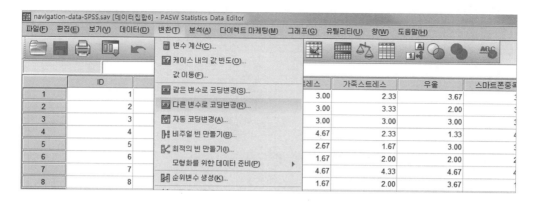

좌측의 '성별'을 [숫자변수 → 출력변수]로 이동시킨다.

우측의 [이름]에 'D성별.여'를 입력한 후 [바꾸기]를 클릭한다. [숫자변수 → 출력변수]의 내용이 다음과 같은지 확인하고 [기존값 및 새로운 값]을 클릭한다.

[기존값]에 '1'을, [새로운 값]에 '1'을 입력하고 [추가]를 클릭한다.

[기존값]에 '2'를, [새로운 값]에 '0'을 입력하고 [추가]를 클릭한다.

[기존값 → 새로운값]에 입력된 내용을 확인하고 [계속]과 [확인]을 클릭한다.

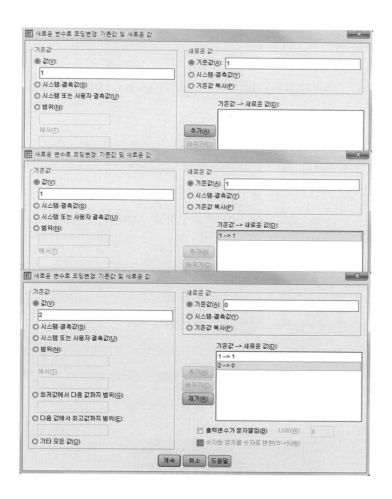

데이터 창의 뒷부분에 남자=0, 여자=1로 입력된 'D성별.남' 변수가 생성되었다.

	성별	D성별.남	변수	변수	변수	변수	변수	변수	변수
1	1	1							
2	1	1							
3	2	0							
4	2	0							
5	2	0							
6	1	1							
7	1	1							

2) 더미변수 만들기: 범주형(3개)

이번에는 3개의 범주형 변수를 더미변수로 변환해보자. 몇 개의 수준으로 되어 있는지와 관계없이 더미변수는 0(레퍼런스=기준)과 1(이벤트=관심)로 구분되며, 더미변수의 수만 달라진다. (더미변수의 수=변수의 범주 수준-1)

앞서 살펴본 성별은 2개 수준(남/녀)으로 구성된 이분형변수이므로 남자=0과 여자=1로 변환한 1개의 더미변수가 필요했다. 그러나 학년과 같은 3개 수준으로 구성된 범주형 변수는 1학년을 레퍼런스(0)로 하면 나머지인 2학년과 3학년이 이벤트(1)로 설정되어야 하므로 2학년=1의 더미변수와 3학년=1의 더미변수가 필요하다. 즉 2개의 더미변수를 만들어야 한다.

학년을 더미변수로 만들어보자. 레퍼런스는 1학년이기 때문에 2개의 더미변수가 모두 0으로 설정된다. 2학년은 더미변수1을 1로 하고 더미변수2는 0으로, 3학년은 더미변수1을 0으로 하고 더미변수2는 1로 설정하면 모두 구분할 수 있게 표시된다.

더미변수명은 '더미기호+변수명+이벤트' 방식으로 명명하면 해석이 편리하다. 예제에서 더미변수1의 'D.학년.2'는 '더미변수(D)로 만든 학년의 이벤트는 2학년'을, 더미변수2의 'D.학년.3'은 '더미변수(D)로 만든 학년의 이벤트는 3학년'을 의미한다.

	기존변수	더미변수1	더미변수2
	학년	D.학년.2	D.학년.3
수준1 (1학년)	1	0	0
수준2 (2학년)	2	1	0
수준3 (3학년)	3	0	1

파일(navigation-data-SPSS)을 열고 [변환] → [다른 변수로 코딩변경]을 선택한다.

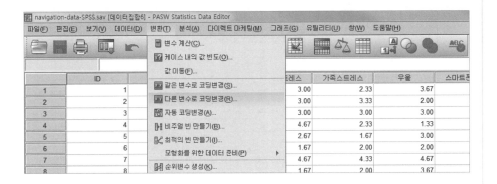

좌측의 '학년'을 [숫자변수 → 출력변수]로 이동시킨다.

우측의 [이름]에 'D학년.2'라고 입력한 후 [바꾸기]를 클릭한다.

[숫자변수 → 출력변수]의 내용이 다음과 같은지 확인하고 [기존값 및 새로운 값]을 클릭한다.

[기존값]에 '1'을, [새로운 값]에 '0'을 입력하고 [추가]를 클릭한다.

[기존값]에 '2'를, [새로운 값]에 '1'을 입력하고 [추가]를 클릭한다.

[기존값]에 '3'을, [새로운 값]에 '0'을 입력하고 [추가]를 클릭한다.

[기존값 → 새로운값]에 입력된 내용을 확인하고 [계속]과 [확인]을 클릭한다.

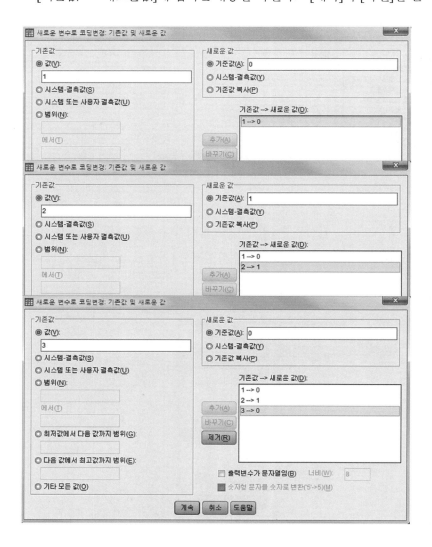

데이터 창의 뒷부분에 1학년=0, 2학년=1로 입력된 D학년.2 변수가 생성되었다.

같은 방법으로 3학년을 1로 만들면 다음과 같은 더미변수가 생성된다.

■ 분석 조건

다중회귀분석의 분석 조건과 동일하다.

❶ 척도

독립변수는 2개 이상이고, 종속변수는 1개이다. 종속변수 양적척도(등간/비율척도)로 측정되어야 하고, 독립변수의 경우에는 척도에 관계없이 사용할 수 있다. 단, 질적척도(명목/서열척도)로 측정된 변수는 더미변수로 변환하여 사용해야 한다.

② 문항 검증

양적척도로 측정된 변수가 복수문항으로 구성된 경우엔 문항 검증을 해야 한다. 예제에서는 더미변수를 제외한 독립변수 2개와 종속변수가 각각 3개 문항으로 측정되었기 때문에 요인분석과 신뢰도분석을 실시하여 타당성과 신뢰성을 검증한 후 정제된 문항을 평균화하였다.

③ 가정

- 독립변수(더미변수 제외)의 변화에 따른 종속변수의 변화가 일정해야 한다(선형성).
- 종속변수의 관측값과 예측값 간의 차이인 오차값이 일정한 분산을 갖는 정규분포를 이루어야 하고, 독립적이어야 한다(오차항의 정규성, 등분산성, 독립성).

척도	[독립변수] 양적척도, 질적척도(더미변수) [종속변수] 양적척도
문항 검증	단일문항 → 문항 검증 생략 복수문항 → 복수문항의 변수가 2개 이상일 경우, 요인분석 (p. 56) 　　　　　　① 신뢰도분석 (p. 70) 　　　　　　② 변수계산 (p. 76)
가정	– 선형성 – 오차항의 정규성, 등분산성, 독립성
분석 실행 ↓ 결과 해석	① 가정 확인 ② 다중공선성 확인 ③ 회귀식의 적합성 검정 ④ 설명력 확인 ⑤ 가설검정(유의확률) ⑥ 회귀계수와 방향성 확인

■ 분석 실행

파일(navigation-data-SPSS)을 열고 [분석] → [회귀분석] → [선형]을 선택한다.

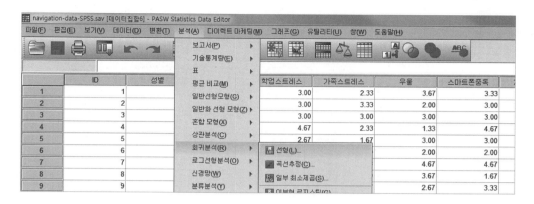

좌측의 스마트폰중독을 [종속변수]로 이동시킨다.

스크롤을 내려서 좌측의 'D.성별.남, D학년.2, D학년.3'을 [독립변수]로 이동시킨다.

좌측의 '학업스트레스'와 '가족스트레스'를 [독립변수]로 이동시킨다.

[통계량]을 선택해서 ☑추정값 ☑모형적합 ☑공선성진단 ☑Durbin Watson을 체크한다. [계속]과 [확인]을 클릭하면 분석 결과가 나타난다.

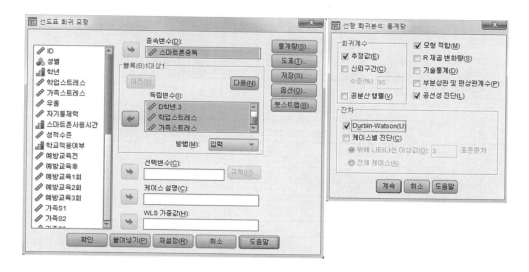

■ 분석 결과

진입/제거된 변수[b]

모형	진입된 변수	제거된 변수	방법
1	가족스트레스, D학년.2, D.성별.남, 학업스트레스, D학년.3[a]	.	입력

a. 요청된 모든 변수가 입력되었습니다.
b. 종속변수: 스마트폰중독

❷ 모형 요약[b]

모형	R	R 제곱	수정된 R 제곱	추정값의 표준오차	Durbin-Watson
1	.562[a]	.315	.300	.60402	2.040

a. 예측값: (상수), 가족스트레스, D학년.2, D.성별.남, 학업스트레스, D학년.3
b. 종속변수: 스마트폰중독

분산분석[b]

모형		제곱합	자유도	평균 제곱	F	유의확률	
1	회귀 모형	38.003	5	7.601	20.833	.000[a]	❶
	잔차	82.454	226	.365			
	합계	120.458	231				

a. 예측값: (상수), 가족스트레스, D학년.2, D.성별.남, 학업스트레스, D학년.3
b. 종속변수: 스마트폰중독

계수[a]

모형		비표준화 계수 B	비표준화 계수 표준오차	표준화 계수 베타	t	유의확률	공선성 통계량 공차	공선성 통계량 VIF
1	(상수)	1.365	.233		5.858	.000		
	D.성별.남	-.195	.081	-.134	-2.399	.017	.969	1.032
	D학년.2	-.043	.103	-.027	-.415	.678	.717	1.395
	D학년.3	.194	.096	.132	2.014	.045	.706	1.416
	학업스트레스	.289	.057	.291	5.106	.000	.931	1.074
	가족스트레스	.338	.058	.334	5.787	.000	.908	1.102

a. 종속변수: 스마트폰중독

❹

공선성 진단[a]

모형	차원	고유값	상태지수	분산비율 (상수)	D.성별.남	D학년.2	D학년.3	학업스트레스	가족스트레스
1	1	4.181	1.000	.00	.02	.01	.01	.00	.00
	2	1.005	2.040	.00	.00	.31	.16	.00	.00
	3	.518	2.840	.00	.89	.01	.05	.00	.00
	4	.238	4.193	.01	.02	.67	.77	.02	.02
	5	.038	10.487	.00	.00	.00	.01	.63	.60
	6	.020	14.413	.99	.07	.01	.00	.34	.38

a. 종속변수: 스마트폰중독

잔차 통계량[a]

	최소값	최대값	평균	표준편차	N
예측값	2.1343	4.2566	3.2902	.40561	232
잔차	-1.27462	2.33412	.00000	.59745	232
표준 오차 예측값	-2.850	2.382	.000	1.000	232
표준화 잔차	-2.110	3.864	.000	.989	232

a. 종속변수: 스마트폰중독

※ 분석 결과의 해석은 다중회귀분석과 동일하며, 더미변수에 대한 해석만 주의하면 된다.

❶ 회귀모형의 적합성

*F*의 유의확률 > .05 : 적합하지 않음 || 유의확률 < .05 : 적합함

회귀모형의 적합성을 검정하는 F=20.833에 대한 유의확률이 p=.000으로 나타나 회귀식이 종속변수를 설명하는데 적합한 것으로 평가되었다. 유의확률이 .05 이상이면(p>.05) 회귀모형이 부적합한 것이다.

❷ 설명력

R제곱(R^2)은 독립변수가 종속변수를 설명하는 비율을 나타내며 설명력을 의미한다. R제곱은 독립변수의 수가 많아지면 무조건 커지기 때문에 다중회귀분석에서의 설명력은 자유도를 반영한 수정된 R제곱($adjR^2$)으로 파악한다. 결과에 따르면 성별, 학년, 학업스트레스, 가족스트레스는 스마트폰중독을 30% 설명하고 있다.

❸ 가설검정

t 의 유의확률 > .05 : 대립가설 기각 || 유의확률 < .05 : 대립가설 채택

스마트폰중독에 영향을 미치는 독립변수들을 하나씩 살펴보자.

성별은 $t = -2.399$에 대한 유의확률이 $p = .017$로 나타나 유의수준 $\alpha = .05$에서 유의하므로 귀무가설은 기각되고 대립가설이 지지된다($p < .05$). 회귀계수는 $B = -.195$로 부(-)의 값을 가지고 있는데, 이는 더미변수를 남자=1과 여자=0으로 설정하였기 때문에 남자의 스마트폰중독 수준은 여자보다 .195만큼 낮다고 해석해야 한다. 남자=0과 여자=1로 설정되었다면 회귀계수는 $B = .195$로 나타난다.

학년은 레퍼런스를 1학년으로 설정하여 분석한 결과이다. D.학년.2의 유의확률은 $p = .678$로 나타나 유의수준 $\alpha = .05$에서 비유의적이다($p > .05$). 즉 2학년의 스마트폰중독은 1학년과 비교할 때 차이가 없다. 반면 D.학년.3의 유의확률은 $p = .045$로 유의수준 $\alpha = .05$에서 유의한 것으로 나타났다($p < .05$). 회귀계수가 $B = .194$의 양(+)의 방향이므로 3학년의 스마트폰중독은 1학년에 비해 .194만큼 높다고 해석할 수 있다. 따라서 대립가설은 부분적으로 지지된다.

학업스트레스는 $t = 5.106$에 대한 유의확률이 $p = .000$으로 나타나 유의수준 $\alpha = .001$에서 유의적이므로 귀무가설은 기각되고 대립가설이 지지된다($p < .001$). 또한 회귀계수는 $B = .289$로 양(+)의 값을 가지고 있어, 학업스트레스가 높아질수록 스마트폰중독 수준도 높아진다고 할 수 있다.

가족스트레스의 유의확률은 $p = .000$으로 가족스트레스가 스마트폰중독에 미치는 영향은 매우 유의적이므로 대립가설은 지지된다($p < .001$). 회귀계수는 $B = .338$로 양(+)의 값을 가짐에 따라 가족스트레스가 높아지면 스마트폰중독 수준도 높아진다고 볼 수 있다.

❹ 다중공선성

공차=.10 이상 || VIF=10 이하이면 다중공선성 없음

다중공선성(multi-collinearity)은 2개 이상의 독립변수 간 상관관계를 의미하며, 높은 상관계수는 설명력을 저해하므로 이에 대한 점검이 필요하다. 다중공선성은 공차(tolerance)와 분산팽창요인(variance inflation factor; VIF)으로 평가하는데, 두 평가 기준은 상관계수에 의해 산출된다. 즉 상관계수가 낮을수록 공차는 높고, 공차가 높을수록 VIF는 낮아지기

때문에 공차는 .10 이상, VIF는 10 이하일 때 다중공선성이 없는 것으로 판단한다.

결과에 제시된 성별, 학년, 학업스트레스, 가족스트레스의 공차(.706~.969)와 VIF(1.032~1.41 6)는 기준치를 충족하고 있어 다중공선성은 없다고 할 수 있다.

논문 제시 방법

중학생의 성별, 학년, 학업스트레스, 가족스트레스가 스마트폰중독에 미치는 영향을 검정하기 위해 다중회귀분석 중 더미회귀분석을 실시하였다. 분석 결과, 회귀모형은 적합한 것으로 판단되었다($F=20.833$, $p=.000$).

〈표 1〉에 제시한 가설검정 결과를 살펴보면, 성별($t=-2.399$, $p<.05$), 3학년($t=2.014$, $p<.05$), 학업스트레스($t=5.106$, $p<.001$), 가족스트레스($t=5.787$, $p<.001$)는 스마트폰중독에 유의한 영향을 미치는 것으로 나타났다. 성별은 남자가 여자보다 스마트폰중독이 낮으며, 학년은 3학년이 1학년에 비해 높으나 2학년과 1학년 간에는 유의한 차이가 없는 것으로 나타났다. 또한 학업스트레스가 높을수록, 가족스트레스가 높을수록 스마트폰중독 수준이 높게 나타났다. 이 가운데 스마트폰중독에 가장 큰 영향을 주는 변수는 가족스트레스이며, 그 다음은 학업스트레스로 파악되어 성별과 학년보다는 스트레스가 스마트폰중독 수준을 높이는 주요 요인인 것으로 해석된다.

〈표1〉 스마트폰중독의 다중회귀분석 결과

	비표준화 계수		표준화계수	t(Sig.)	공선성	
	B	SE	β		공차	VIF
(상수)	1.365	.233	–	5.858	–	–
성별(남자)	-.195	.081	-.134	-2.399*	.969	1.032
학년(2학년)	-.043	.103	-.027	-.415	.717	1.395
학년(3학년)	.194	.096	.132	2.014*	.706	1.416
학업스트레스	.289	.057	.291	5.106***	.931	1.074
가족스트레스	.338	.058	.334	5.787***	.908	1.102

$$R^2=.315,\ adjR^2=.300,\ F=20.833^{***},\ Durbin-Watson=2.040$$

*$p<.05$, **$p<.01$, ***$p<.001$

📖 본 분석이 적용된 논문

윤난희, 권순만 (2013). "비만이 의료이용과 의료비용에 미치는 영향". 보건경제와 정책연구, 19(2), 61-80.
윤명숙, 김남희, 박완경 (2014). "중학생의 인터넷게임중독에 미치는 게임 및 가족, 여가요인의 영향".
　　청소년학연구, 21(4), 309-337.
박경원, 김경신 (2015). "중학생의 스마트폰중독성 정도에 영향을 미치는 관련 변인 연구". 한국가족관계학회지,
　　20(1), 51-74.

5 위계적 회귀분석

연구자는 학업스트레스와 가족스트레스는 스마트폰중독에 영향을 미친다는 것을 다중회귀분석을 통해 확인하였다. 추가적으로 진행하는 연구에서 스마트폰중독과 관계가 있을 수 있는 변수들을 탐색한 결과, 성별과 학년 등의 개인적 특성들도 영향을 미칠 것이라고 판단하였다. 더 나아가 성별과 학년을 통제할 때 스마트폰중독에 대한 학업스트레스와 가족스트레스의 영향이 어떻게 변하는지도 알고자 한다. 연구자의 관심 내용을 정리하면 다음과 같다.

> ▶▶ 연구문제　학업스트레스와 가족스트레스는 스마트폰중독에 영향을 미친다. 여기에 성별과
> 　　　　　　　학년이 투입되어도 지속적으로 영향을 미칠까?
> 　　　　　　　성별과 학년은 스마트폰중독에 영향을 미칠까?

　　연구문제의 해결방법으로 앞서 실시한 더미회귀분석을 생각해보자. 성별, 학년, 학업스트레스, 가족스트레스의 전체 영향력은 더미회귀분석으로 가능하다. 그러나 성별과 학년을 통제한 상태에서 학업스트레스와 가족스트레스가 스마트폰중독에 영향을 미치는지를 알아보기 위해서는 위계적 회귀분석을 적용해야 한다. 위계적 회귀분석(hierarchical multiple regression analysis)은 성별과 학년의 제2의 독립변수가 종속변수에 미치는 영향을 분석하거나, 제2의 독립변수가 통제된 경우 제1의 독립변수가 종속변수에 영향을 미치는지를 파악하고자 할 때 유용한 분석기법이다.

'위계적'이라는 것은 독립변수들의 순서가 있다는 의미이다. 분석에 사용되는 독립변수들의 투입 순서에 따라 결과가 달라지기 때문에 올바른 분석 결과를 얻기 위해서는 독립변수들의 순서에 유의해야 한다. 순서의 결정은 선행 연구를 근거로 한다. 일반적으로 인구통계적 특성과 통제변수들을 먼저 투입하고, 궁극적인 변수를 최종 투입한다.

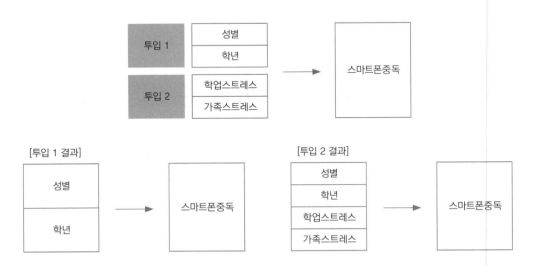

위의 그림과 같이 본 예제의 변수들을 위계적으로 투입하면, 1단계에서 성별과 학년에 대한 설명력과 영향력을 파악할 수 있다. 2단계에서는 학업스트레스와 가족스트레스를 추가로 투입했기 때문에 성별, 학년, 학업스트레스, 가족스트레스의 설명력과 영향력을 파악할 수 있다. 2단계의 분석 결과는 더미회귀분석 결과와 동일하게 나타난다. 위계적 회귀분석의 목적은 이와 더불어 1단계에 비해 2단계의 설명력이 얼마나 증가했는지, 증가된 설명력은 유의한지를 F변화량으로 파악함으로써 최종변수인 학업스트레스와 가족스트레스의 영향력을 도출하는 데 있다.

■ 분석 조건

❶ 척도

종속변수는 양적척도(등간/비율척도)로 측정되어야 하고, 통제변수와 독립변수는 척도에 관계없이 사용할 수 있다. 단, 질적척도(명목/서열척도)로 측정된 변수는 더미변수로 변환하여 사용한다.

❷ 문항 검증

양적척도로 측정된 변수가 복수문항으로 구성된 경우엔 문항 검증을 해야 한다. 예제에서는 더미변수를 제외한 독립변수 2개와 종속변수가 각각 3개 문항으로 측정되었기 때문에 요인분석과 신뢰도분석을 실시하여 타당성과 신뢰성을 검증한 후 정제된 문항을 평균화하였다.

❸ 가정

- 독립변수(더미변수 제외)의 변화에 따른 종속변수의 변화가 일정해야 한다(선형성).
- 종속변수의 관측값과 예측값 간의 차이인 오차값이 일정한 분산을 갖는 정규분포를 이루어야 하고, 독립적이어야 한다(오차항의 정규성, 등분산성, 독립성).

척도	[통제변수와 독립변수] 양적척도, 질적척도(더미변수) [종속변수] 양적척도
문항 검증	단일문항 → 문항 검증 생략 복수문항 → 복수문항의 변수가 2개 이상일 경우, 요인분석 (p.56) 　　　　　　① 신뢰도분석 (p.70) 　　　　　　② 변수계산 (p.76)
가정	−선형성 −오차항의 정규성, 등분산성, 독립성
분석 실행 ↓ 결과 해석	① 가정 확인 ② 다중공선성 확인 ③ 회귀식의 적합성 검정 ④ 모형별 설명력과 F변화량의 유의성 검정 ⑤ 가설검정(유의확률) ⑥ 회귀계수와 방향성 확인

■ 분석 실행

파일(navigation-data-SPSS)을 열고 [분석] → [회귀분석] → [선형]을 선택한다.

좌측의 '스마트폰중독'을 [종속변수]로 이동시킨다.

독립변수는 다음과 같이 2단계로 투입한다.

1단계: 스크롤을 내려서 좌측의 'D.성별.남, D학년.2, D학년.3'을 [독립변수]로 이동시키고 [다음]을 클릭한다.

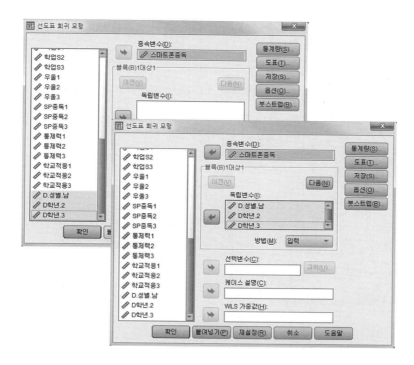

2단계: 좌측의 '학업스트레스'와 '가족스트레스'를 [독립변수]로 이동시킨다.

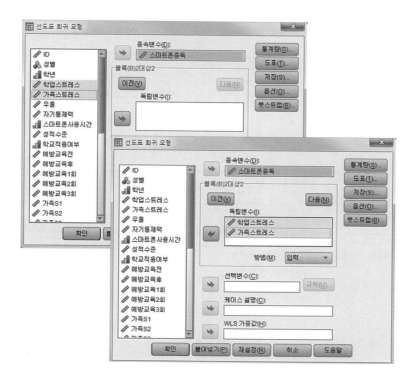

[통계량]을 선택해서 ☑추정값, ☑모형적합, ☑R제곱 변화량을 체크한다. [계속]과 [확인]을 클릭하면 분석 결과가 나타난다.

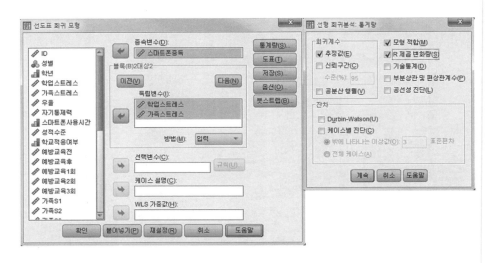

■ 분석 결과

진입/제거된 변수[b]

모형	진입된 변수	제거된 변수	방법
1	D학년.3, D.성별.남, D학년.2[a]	.	입력
2	학업스트레스, 가족스트레스[a]	.	입력

a. 요청된 모든 변수가 입력되었습니다.

b. 종속변수: 스마트폰중독

모형 요약 ❷

모형	R	R 제곱	수정된 R 제곱	추정값의 표준오차	R 제곱 변화량	F 변화량	df1	df2	유의확률 F 변화량
					통계량 변화량				
1	.284[a]	.081	.069	.69690	.081	6.674	3	228	.000
2	.562[b]	.315	.300	.60402	.235	38.755	2	226	.000

a. 예측값: (상수), D학년.3, D.성별.남, D학년.2

b. 예측값: (상수), D학년.3, D.성별.남, D학년.2, 학업스트레스, 가족스트레스

분산분석ᶜ

모형		제곱합	자유도	평균 제곱	F	유의확률
1	회귀 모형	9.724	3	3.241	6.674	.000ᵃ
	잔차	110.733	228	.486		
	합계	120.458	231			
2	회귀 모형	38.003	5	7.601	20.833	.000ᵇ
	잔차	82.454	226	.365		
	합계	120.458	231			

①

a. 예측값: (상수), D학년.3, D.성별.남, D학년.2

b. 예측값: (상수), D학년.3, D.성별.남, D학년.2, 학업스트레스, 가족스트레스

c. 종속변수: 스마트폰중독

계수ᵃ

모형		비표준화 계수		표준화 계수	t	유의확률
		B	표준오차	베타		
1	(상수)	3.290	.092		35.745	.000
	D.성별.남	-.308	.092	-.212	-3.337	.001
	D학년.2	.034	.119	.021	.287	.775
	D학년.3	.312	.110	.213	2.845	.005
2	(상수)	1.365	.233		5.858	.000
	D.성별.남	-.195	.081	-.134	-2.399	.017
	D학년.2	-.043	.103	-.027	-.415	.678
	D학년.3	.194	.096	.132	2.014	.045
	학업스트레스	.289	.057	.291	5.106	.000
	가족스트레스	.338	.058	.334	5.787	.000

③

a. 종속변수: 스마트폰중독

④

제외된 변수ᵇ

모형		베타 입력	t	유의확률	편상관계수	공선성 통계량
						공차
1	학업스트레스	.368ᵃ	6.206	.000	.381	.984
	가족스트레스	.403ᵃ	6.806	.000	.412	.960

a. 모형내의 예측값: (상수), D학년.3, D.성별.남, D학년.2

b. 종속변수: 스마트폰중독

※ 분석 결과의 해석은 다중회귀분석과 동일하며, 위계에 대한 내용만 검토하면 된다.

① 회귀모형의 적합성

F의 유의확률 > .05 : 적합하지 않음 || 유의확률 < .05 : 적합함

모형별로 회귀식의 적합성이 제시되어 있다. 모형1은 유의확률이 $p=.000$으로 나타나 종속변수에 유의한 영향을 미치는 독립변수가 있는 것으로 나타났으며, 모형2의 유의확률 또한 $p=.000$으로 회귀식이 종속변수를 설명하는 데 적합한 것으로 평가되었다.

② 모형별 설명력과 R^2 변화량의 유의성

모형1은 성별과 학년이 독립변수로 투입된 경우이다. 독립변수들이 종속변수인 스마트폰 중독을 8.1% 설명하고 있으며(R^2=.081), R^2변화량은 추가로 투입된 독립변수가 없기 때문에 R^2과 같다.

모형2는 모형1에 학업스트레스와 가족스트레스를 추가시킨 것으로 성별, 학년, 학업스트레스, 가족스트레스가 스마트폰중독을 설명하는 비율은 31.5%이다(R^2=.315). R^2변화량은 23.5%로 나타났는데, 이는 모형1에서 모형2가 추가되면서 증가된 설명력으로 [ΔR^2= 모형2R^2-모형1R^2]에 의해 산출된 값이다(ΔR^2=.235).

증가된 설명력 ΔR^2=.235는 통계적으로 유의할까? 이에 대한 평가는 모형의 투입단계에 따른 F변화량으로 검정한다. 모형2를 보면 F변화량 38.755에 대한 유의확률은 p=.000으로 모형2가 투입되면서 증가한 설명력은 통계적 유의성이 있음을 나타낸다. 즉 모형2에 투입된 독립변수들은 스마트폰중독에 영향을 미친다고 볼 수 있다.

③ 회귀계수의 유의성

t의 유의확률＞.05 : 대립가설 기각 ‖ 유의확률＜.05 : 대립가설 채택

모형별로 독립변수가 종속변수에 미치는 영향력과 유의성이 제시되어 있다.

모형1을 보면, 성별의 유의확률은 p=.001로 유의수준 α=.001에서 유의하게 나타났으며, 더미변수(여자=0)의 설정과 회귀계수(B=-.308)의 방향성에 따라 남자의 스마트폰중독 수준이 낮은 것으로 해석된다. 학년은 레퍼런스를 1학년으로 설정하여 분석한 결과이다. 2학년은 통계적으로 유의하지 않아(p=.775) 2학년과 1학년 간에 스마트폰중독 수준은 차이가 없었다. 3학년의 유의확률은 p=.005로 유의수준 α=.01에서 유의적이다. 회귀계수(B=.312)가 양수이므로 3학년의 스마트폰중독 수준은 1학년보다 .312만큼 높다고 볼수 있다.

모형2에서도 성별과 학년의 유의성 여부는 모형1과 같이 나타났다. 성별은 유의하게 나타났으며(p<.05), 학년에서 2학년과 1학년은 유의한 차이가 없었고(p>.05), 3학년과 1학년 간에는 유의한 차이가 나타나(p<.05) 3학년의 스마트폰중독 수준이 높은 것으로 해석되었다. 모형2에 투입된 학업스트레스와 가족스트레스는 모두 유의확률이 p=.000으로 유의수준 α=.001에서 유의하게 나타났다. 학업스트레스의 회귀계수(B=.289)와 가족스트

레스의 회귀계수(B=.338)는 학업과 가족의 스트레스가 높을수록 스마트폰중독 수준이 높아질 수 있음을 의미하며, 이 중 가족스트레스가 더 큰 영향을 미친다는 것을 알 수 있다. 모형2에 적용된 성별, 학년, 학업스트레스, 가족스트레스는 더미회귀분석에 투입된 독립변수들을 그대로 분석한 것이다. 따라서 더미회귀분석 결과와 동일하다.

❹ 독립변수의 상대적 영향력

유의한 변수들 가운데 어느 변수가 종속변수에 대한 영향력이 큰지를 살펴보자. 영향력은 최종모형을 기준으로 하며, 유의성이 입증된 독립변수들의 표준화계수(β)의 절대값으로 비교한다. 회귀식에 적용되는 회귀계수(B)는 독립변수들의 입력 단위를 그대로 반영하기 때문에 입력 단위에 따라 회귀계수가 달라질 수 있으므로 영향력을 비교하기에 부적절하다. 반면, 표준화계수는 입력 단위를 표준화시킨 것으로 독립변수의 상대적 영향력을 비교할 수 있다.

결과에 제시된 표준화계수(β)의 절대값을 보면, 스마트폰중독에 가장 큰 영향력을 가진 변수는 가족스트레스(β=.334)이며, 그 다음은 학업스트레스(β=.291), 성별(β=-.134)순이다.

중학생의 학업스트레스와 가족스트레스가 스마트폰중독에 미치는 영향을 알아보기 위해 성별과 학년을 통제변수로 하여 위계적 회귀분석을 실시하였다. 모델1에서는 인구통계적 특성인 성별과 학년을 투입하고, 모델2에서는 학업스트레스와 가족스트레스를 추가로 투입하여 분석한 결과는 다음과 같다.

모델1에서 성별과 학년이 스마트폰중독을 설명하는 비율은 8.1%로 분석되어 통제변수의 영향력은 낮은 것으로 나타났다. 모델2에서 학업스트레스와 가족스트레스의 설명력은 23.5%p($p<.001$)로 유의하게 증가하여 스마트폰중독에 스트레스 요인이 큰 영향을 주는 것으로 파악되었다.

모델2를 최종 모형으로 하여 분석 결과를 살펴보면, 성별($\beta=-.134$, $p<.05$)은 스마트폰중독에 유의한 영향을 미쳤으며 남학생이 여학생보다 낮게 나타났다. 학년의 경우 3학년 ($\beta=.132$, $p<.05$)의 스마트폰중독 수준은 1학년에 비해 높은 것으로 나타났다. 학업스트레스 ($\beta=.291$, $p<.001$)와 가족스트레스($\beta=.334$, $p<.001$)가 스마트폰중독에 미치는 영향은 매우 유의하게 나타나, 학업스트레스와 가족스트레스가 높을수록 스마트폰중독 수준이 높아지는 것으로 해석되었다. 이 가운데 스마트폰중독에 가장 큰 영향을 주는 변수는 가족스트레스이고, 그 다음은 학업스트레스인 것으로 나타났다.

	Model 1			Model 2		
	B	β	t(Sig.)	B	β	t(Sig.)
(상수)	3.290	–	35.745	1.365	–	5.858
성별(남자)	-.308	-.212	-3.337***	-.195	-.134	-2.399*
학년(2학년)	.034	.021	.287	-.043	-.027	-.415
학년(3학년)	.312	.213	2.845**	.194	.132	2.014*
학업스트레스				.289	.291	5.106***
가족스트레스				.338	.334	5.787***
	$R^2=.081$			$R^2=.315(\Delta R^2=.235^{**})$		
	$adjR^2=.069$			$adjR^2=.300$		
	$F=6.674^{***}$			$F=20.833^{***}$		

*$p<.05$, **$p<.01$, ***$p<.001$

📖 본 분석이 적용된 논문

이주연, 전종설 (2015). "청소년의 인터넷 중독이 학업적응에 미치는 영향: 정서조절의 매개효과를 중심으로".
    청소년복지연구, 17(1), 287-303.
윤명숙, 김남희, 박완경 (2014). "중학생의 인터넷게임중독에 미치는 게임 및 가족, 여가요인의 영향".
    청소년학연구, 21(4), 309-337.
전호선, 장승옥 (2014). "스트레스와 우울이 대학생 스마트폰중독에 미치는 영향: 성별 조절효과를 중심으로".
    청소년학연구, 21(8), 103-129.
백지영, 서수균 (2014). "스트레스와 안녕감의 관계에서 삶의 의미성의 조절효과". 한국심리학회지: 임상, 33(3),
    509-531.

6 매개회귀분석

▶▶연구문제 학업스트레스와 스마트폰중독의 관계에서 우울은 매개 역할을 할까?

학업스트레스가 스마트폰중독에 영향을 미친다는 것은 다수의 선행 연구와 단순회귀분석을 통해서 입증되었다. 두 변수 간의 관계는 진짜일까? 연구자는 변수 간의 관계를 보다 정확하게 이해하기 위해 선행 연구를 탐색한 결과, 학업스트레스는 우울과 관계가 있고, 우울할수록 스마트폰중독이 높아진다는 것을 알게 되었다. 그렇다면 학업스트레스가 스마트폰중독에 직접적으로 영향을 주는 것보다, 학업스트레스로 인해 우울이 심해질 때 스마트폰중독이 더 높지 않을까? 연구자는 문제 해결을 위해 다음과 같은 가설을 설정하였다.

| 귀무가설 | H_0 : 독립변수와 종속변수의 관계에서 매개변수는 영향이 없다. |
| 대립가설 | H_1 : 독립변수와 종속변수는 관계에서 매개변수는 영향이 있다. |

↓

| 귀무가설 | H_0 : 우울은 학업스트레스와 스마트폰중독의 관계를 매개하지 않을 것이다. |
| 대립가설 | H_1 : 우울은 학업스트레스와 스마트폰중독의 관계를 매개할 것이다. |

이와 같은 가설이 설정되기 위해서는 변수 간 관계에 대한 이론적 근거가 있어야 한다. 가설과 [그림 6-3]을 연결해서 살펴보자. 먼저, ❶ 학업스트레스는 스마트폰중독에 영향을 미친다는 결과를 찾아내고, ❷ 학업스트레스와 우울의 관계, ❸ 우울과 스마트폰중독의 관계의 근거를 선행 연구를 통해 찾아야 한다.

❶, ❷, ❸ 관계가 성립되면 학업스트레스, 우울, 스마트폰중독은 ❹의 형태가 된다. 즉 독립변수인 학업스트레스와 종속변수인 스마트폰중독의 관계에서 우울은 매개변수 (mediator variable)가 된다. 검증을 통해 우울이 매개 역할을 하는 것으로 밝혀지면 매개효과가 있다고 판단한다.

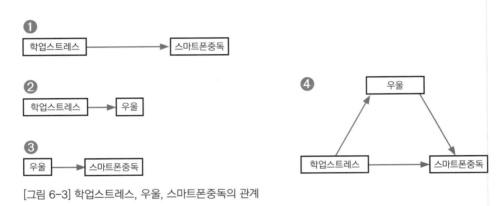

[그림 6-3] 학업스트레스, 우울, 스마트폰중독의 관계

매개효과 분석은 Baron & Kenny(1986)의 방법과 Sobel test가 많이 이용되는데, 두 방법은 분석목적에 차이가 있다. Baron & Kenny의 방법은 매개변수가 매개 역할을 하는지, 매개 역할을 한다면 어느 정도 하는지를 파악하는 것이며, Sobel test는 독립변수가 매개변수를 통해 종속변수에 미치는 효과, 즉 간접효과가 통계적으로 유의한 지를 검증하는 방법이다.

분석방법의 선택은 연구자에 따라 다르지만 Sobel test가 더 선호되며, 일부 연구에서는 Baron & Kenny의 방법을 통해 매개효과를 확인한 후 추가적으로 Sobel test를 실시하여 간접효과의 유의성을 검증하기도 한다. 본 예제에서는 먼저 Baron & Kenny의 방법으로 매개효과를 분석하고, 분석 결과를 적용해 Sobel test를 실시하였다.

1) 매개효과

Baron & Kenny의 매개효과 방법은 [표 6-1]과 같이, 3단계의 단계별 과정을 거쳐 이루어진다. 단계별 분석을 통해 조건이 성립하는지를 확인한 후, 매개효과를 확인한다.

[표 6-1] Baron & Kenny의 매개효과방법

단계	회귀식	조건
[1단계] $X{\rightarrow}M$	$M = b_0 + b_1 X$	b_1은 유의해야 함
[2단계] $X{\rightarrow}Y$	$Y = b_0 + b_2 X$	b_2는 유의해야 함
[3단계] $X,\ M{\rightarrow}Y$	$Y = b_0 + b_3 X + b_4 X$	b_4는 유의해야 함 $\vdots$ b_3이 유의하지 않으면 완전매개 b_3이 유의하고, b_2보다 작으면 부분매개

1단계: $X{\rightarrow}M$

독립변수(X)가 매개변수(M)에 미치는 영향은 통계적으로 유의함을 증명해야 한다. 제시된 가설을 적용해보면, 회귀분석을 실시하여 학업스트레스가 우울에 유의한 영향($p<.05$)을 미치는 것으로 나타나면, 즉 b_1의 비표준화계수가 유의하면 1단계의 조건은 성립한다.

2단계: $X{\rightarrow}Y$

독립변수(X)가 종속변수(Y)에 미치는 영향은 통계적으로 유의함을 증명해야 한다. 회귀분석을 통해 학업스트레스가 스마트폰중독에 유의한 영향($p<.05$)을 미치는 것으로 나타나면 2단계의 조건은 성립한다.

3단계: $X,\ M{\rightarrow}Y$

독립변수(X)와 매개변수(M)가 동시에 투입되었을 때 종속변수(Y)에 미치는 영향을 파악한다. 분석 결과에서 매개변수(M)가 종속변수(Y)에 미치는 영향은 유의함을 증명해야 한다. 다중회귀분석에서 학업스트레스와 우울을 독립변수로, 스마트폰중독을 종속변수로 투입하여 분석한 후, 우울이 스마트폰중독에 유의한 영향($p<.05$)을 미치면 매개효과의 조건은 성립한다.

단계별 과정을 [그림 6-4]와 [그림 6-5]의 모형에 연결해보면, 1단계의 $X \rightarrow M$은 a, 2단계의 $X \rightarrow Y$는 c, 3단계의 X, $M \rightarrow Y$는 b이다. 즉, a, b, c 경로가 모두 유의함이 증명되어야 매개효과를 분석할 수 있다.

매개효과는 3단계에서 분석한 $X \rightarrow Y$의 결과에 따라 완전매개(full mediation)와 부분매개(partial mediation)로 구분된다. [그림 6-4]는 완전매개를 설명하고 있는데, 독립변수(X)가 종속변수(Y)에 유의한 영향을 미치지 않으면 매개변수(M)는 독립변수(X)와 종속변수(Y)를 완전매개 한다고 할 수 있다. 모형에서는 c'에 해당하며, 점선은 유의하지 않음을 나타낸다.

		B	t(Sig.)
[1단계]	$X \rightarrow M$	.378	5.973***
[2단계]	$X \rightarrow Y$	.390	6.504***
[3단계]	$X \rightarrow Y$	.103	1.112
	$M \rightarrow Y$	.469	8.616***

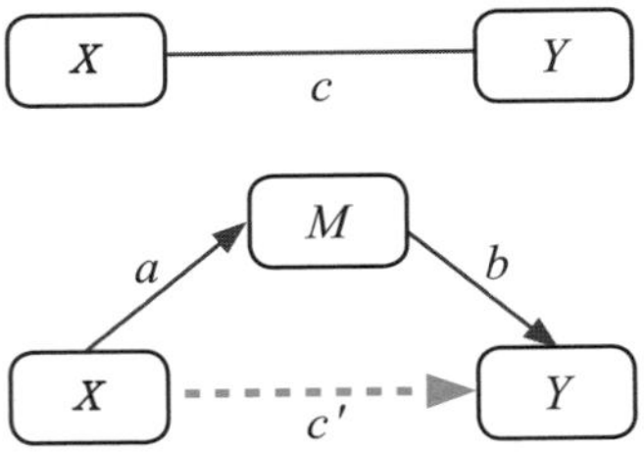

***$p < .001$

[그림 6-4] 완전매개

[그림 6-5]은 부분매개를 설명하고 있다. 부분매개는 2가지의 조건이 요구된다. 먼저, 3단계에서 독립변수(X)가 종속변수(Y)에 유의한 영향($p < .05$)을 미쳐야 한다. 모형에서는 c'에 해당하며, 실선은 유의함을 나타낸다. 그리고 3단계 $X \rightarrow Y$의 비표준화계수($B = .213$)가 2단계 $X \rightarrow Y$의 비표준화계수($B = .390$)보다 작아야 한다. 즉 $c' < c$이어야 한다. 두 조건이 충족되면 매개변수(M)는 독립변수(X)와 종속변수(Y)를 부분매개 한다고 할 수 있다.

		B	t(Sig.)
[1단계]	$X{\rightarrow}M$	.378	5.973***
[2단계]	$X{\rightarrow}Y$	.390	6.504***
[3단계]	$X{\rightarrow}Y$	.213	3.791***
	$M{\rightarrow}Y$	.469	8.616***

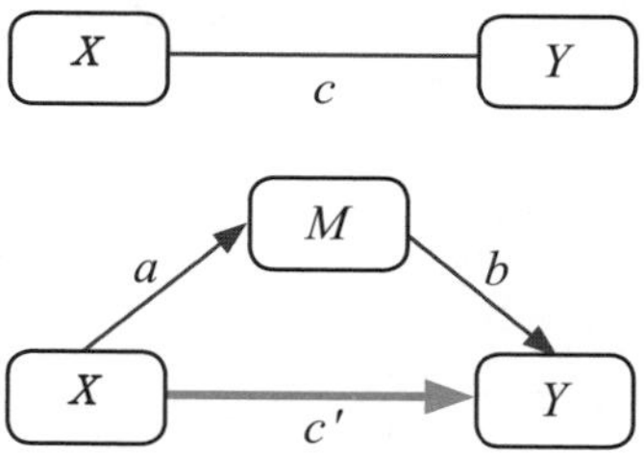

***p<.001

[그림 6-5] 부분매개

■ **분석 조건**

다중회귀분석의 분석 조건과 대부분 동일하며, 분석 실행에서 차이가 있다.

❶ 척도
모든 변수는 양적척도(등간/비율척도)를 사용한다.

❷ 문항 검증
복수문항으로 측정된 변수는 문항 검증을 해야 한다. 예제에서는 독립변수, 매개변수, 종속변수가 각각 3개 문항으로 측정되었기 때문에 요인분석과 신뢰도분석을 실시하여 타당성과 신뢰성을 검증한 후 정제된 문항을 평균화하였다.

❸ 가정
- 독립변수와 매개변수의 변화에 따른 종속변수의 변화가 일정해야 한다(선형성).
- 종속변수의 관측값과 예측값 간의 차이인 오차값이 일정한 분산을 갖는 정규분포를 이루어야 하고, 독립적이어야 한다(오차항의 정규성, 등분산성, 독립성).

척도	[독립변수, 매개변수, 종속변수] 양적척도
문항 검증	단일문항 → 문항 검증 생략 복수문항 → 복수문항의 변수가 2개 이상일 경우, 요인분석 (p. 56) 　　　　① 신뢰도분석 (p. 70) 　　　　② 변수계산 (p. 76)
가정	–선형성 –오차항의 정규성, 등분산성, 독립성
분석 실행	[분석 실행 1] $X \to M$ [분석 실행 2] $X \to Y$ 　　　　$X, M \to Y$

■ 분석 실행 1

1단계: $X \to M$: 독립변수(학업스트레스) → 매개변수(우울)

파일(navigation-data-SPSS)을 열고 [분석] → [회귀분석] → [선형]을 선택한다.

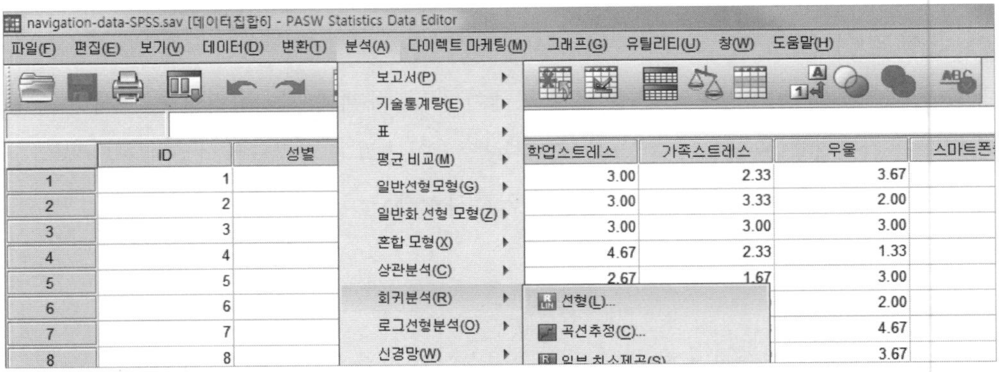

좌측의 '우울'을 [종속변수]로, '학업스트레스'를 [독립변수]로 이동시킨다. [확인]을 클릭하면 분석 결과가 나타난다.

■ 분석 결과

진입/제거된 변수[b]

모형	진입된 변수	제거된 변수	방법
1	학업스트레스[a]	.	입력

a. 요청된 모든 변수가 입력되었습니다.
b. 종속변수: 우울

모형 요약

모형	R	R 제곱	수정된 R 제곱	추정값의 표준오차
1	.366[a]	.134	.131	.70199

a. 예측값: (상수), 학업스트레스

분산분석[b]

모형		제곱합	자유도	평균 제곱	F	유의확률	
1	회귀 모형	17.579	1	17.579	35.673	.000[a]	❶
	잔차	113.341	230	.493			
	합계	130.920	231				

a. 예측값: (상수), 학업스트레스
b. 종속변수: 우울

계수ᵃ

모형		비표준화 계수		표준화 계수	t	유의확률
		B	표준오차	베타		
1	(상수)	1.955	.203		9.616	.000
	학업스트레스	.378	.063	.366	5.973	.000

a. 종속변수: 우울

❶ 1단계: X→M의 유의성

독립변수인 학업스트레스가 매개변수인 우울에 미치는 영향을 분석한 결과를 보면, 학업스트레스는 우울에 통계적으로 유의한 영향을 미치는 것으로 나타났다(p<.001). 따라서 1단계는 성립한다.

■ 분석 실행 2

2단계와 3단계는 위계적 회귀분석을 이용하면 한번에 분석할 수 있다.

2단계: X→Y : 독립변수(학업스트레스) → 종속변수(스마트폰중독)
3단계: X, M→Y : 독립변수(학업스트레스), 매개변수(우울) → 종속변수(스마트폰중독)

파일(navigation-data-SPSS)을 열고 [분석] → [회귀분석] → [선형]을 선택한다.

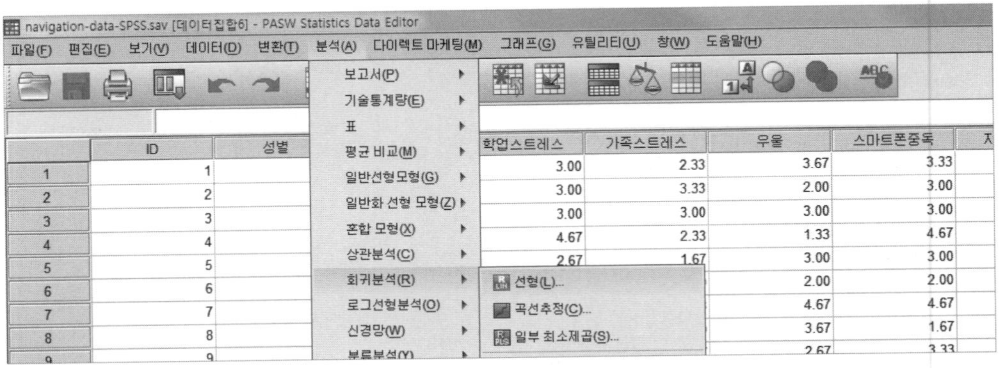

좌측의 '스마트폰중독'을 [종속변수]로 이동시킨다.

X 투입: 좌측의 '학업스트레스'를 [독립변수]로 이동시키고 [다음]을 클릭한다.

X, *M* 투입: 좌측의 '학업스트레스'와 '우울'을 [독립변수]로 이동시킨다. [확인]을 클릭하면 분석 결과가 나타난다.

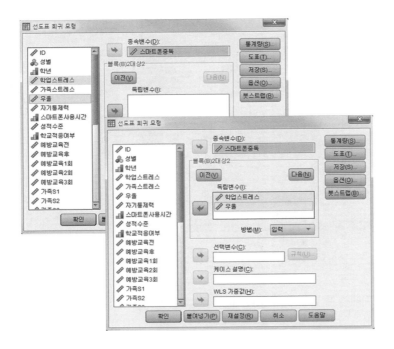

■ 분석 결과

진입/제거된 변수[b]

모형	진입된 변수	제거된 변수	방법
1	학업스트레스[a]	.	입력
2	우울[a]	.	입력

a. 요청된 모든 변수가 입력되었습니다.
b. 종속변수: 스마트폰중독

모형 요약

모형	R	R 제곱	수정된 R 제곱	추정값의 표준오차
1	.394[a]	.155	.152	.66511
2	.602[b]	.362	.357	.57926

a. 예측값: (상수), 학업스트레스
b. 예측값: (상수), 학업스트레스, 우울

분산분석[c]

모형		제곱합	자유도	평균 제곱	F	유의확률
1	회귀 모형	18.711	1	18.711	42.297	.000[a]
	잔차	101.747	230	.442		
	합계	120.458	231			
2	회귀 모형	43.618	2	21.809	64.997	.000[b]
	잔차	76.839	229	.336		
	합계	120.458	231			

a. 예측값: (상수), 학업스트레스

b. 예측값: (상수), 학업스트레스, 우울

c. 종속변수: 스마트폰중독

계수[a]

모형		비표준화 계수		표준화 계수	t	유의확률
		B	표준오차	베타		
1	(상수)	2.070	.193		10.745	.000
	학업스트레스	.390	.060	.394	6.504	.000 ❷
2	(상수)	1.153	.199		5.806	.000
	학업스트레스	.213	.056	.215	3.791	.000
	우울	.469	.054	.489	8.616	.000 ❸

a. 종속변수: 스마트폰중독

❹

제외된 변수[b]

모형		베타 입력	t	유의확률	편상관계수	공선성 통계량
						공차
1	우울	.489[a]	8.616	.000	.495	.866

a. 모형내의 예측값: (상수), 학업스트레스

b. 종속변수: 스마트폰중독

※ 분석 결과에서 모형1은 [2단계]에 해당하는 $X \rightarrow Y$이며, 모형2는 [3단계]의 $X, M \rightarrow Y$이다.

❷ 2단계: $X \rightarrow Y$의 유의성

독립변수인 학업스트레스가 종속변수인 스마트폰중독에 미치는 영향을 분석한 결과를 보면, 학업스트레스는 스마트폰중독에 유의한 영향을 미치는 것으로 나타나($p<.001$) 2단계는 성립한다.

❸ 3단계: $M \rightarrow Y$의 유의성

매개변수인 우울이 종속변수인 스마트폰중독에 미치는 영향을 분석한 결과, 우울은 스마트폰중독에 유의한 영향을 미치는 것으로 나타났다($p<.001$). 따라서 3단계는 성립한다.

❹ 매개효과 검증

1단계: $X \rightarrow M$, 2단계: $X \rightarrow Y$, 3단계: $M \rightarrow Y$의 조건이 모두 성립되었으므로 매개효과가 완전

매개인지, 부분매개인지를 검증해야 한다. 3단계의 $X{\rightarrow}Y$가 유의한 영향을 미치지 않으면 완전매개이다. 3단계의 $X{\rightarrow}Y$가 유의하고, 비표준화계수가 2단계의 $X{\rightarrow}Y$보다 작으면 부분매개이다 .

결과를 보면, 학업스트레스가 스마트폰중독에 미치는 영향은 유의하기 때문에 완전매개는 아니다($p<.001$). 또한 3단계의 $X{\rightarrow}Y$의 비표준화계수($B=.213$)가 2단계의 $X{\rightarrow}Y$의 비표준화계수($B=.390$)보다 작게 나타났다. 따라서 우울은 학업스트레스가 스마트폰중독에 미치는 영향을 부분매개한다고 할 수 있다.

논문 제시 방법

학업스트레스와 스마트폰중독의 관계에서 우울의 매개효과를 알아보기 위해 Baron & Kenny(1986)가 제안한 매개효과 방법을 적용하여 회귀분석을 실시하였다. 분석 결과, 1단계에서 독립변수인 학업스트레스가 매개변수인 우울에 미치는 영향은 통계적으로 유의하고 ($B=.378$, $p<.001$), 우울이 학업스트레스에 의해 설명되는 비율은 13.4%로 나타났다. 2단계에서 독립변수인 학업스트레스는 종속변수인 스마트폰중독에 유의한 영향을 미치는 것으로 확인되었다($B=.390$, $p<.001$). 학업스트레스는 스마트폰중독을 15.5% 설명한다.

3단계에서 매개변수인 우울이 종속변수인 스마트폰중독에 미치는 영향은 유의하였다 ($B=.469$, $p<.001$). 또한 학업스트레스가 스마트폰중독에 유의한 영향($B=.213$, $p<.001$)을 미치고, 2단계의 회귀계수($B=.390$)보다 작게 나타나 우울은 학업스트레스와 스마트폰중독의 관계에서 부분매개효과가 있는 것으로 확인되었다.

결과적으로, 학업스트레스가 스마트폰중독에 직접적으로 영향을 미치는 것보다는 학업스트레스가 우울에 영향을 미치고, 우울이 스마트폰중독에 영향을 미칠 때 스마트폰중독이 더욱 강해진다고 할 수 있다. 매개효과 분석은 〈표 1〉에 제시하였다.

〈표1〉 학업스트레스와 스마트폰중독의 관계에서 우울의 매개효과

		B	SE	t(Sig.)	R^2	F
1단계	학업스트레스 → 우울	.378	.063	5.973[***]	.134	35.673[***]
2단계	학업스트레스 → 스마트폰중독	.390	.060	6.504[***]	.155	42.297[***]
3단계	학업스트레스 → 스마트폰중독	.213	.056	3.791[***]	.362	64.997[***]
	우울 → 스마트폰중독	.469	.054	8.616[***]		

[*]$p<.05$, [**]$p<.01$, [***]$p<.001$

📖 본 분석이 적용된 논문

Baron, R. M., & Kenny, D. A. (1986). The Moderator-Mediator Variable Distinction in Social Psychological Research: Conceptual, Strategic, and Statistical Considerations. *Journal of Personality and Social Psychology*, 51(6), 1173-1182.

Bloemer, J., & De Ruyter, K. (1998). On the Relationship between Store Image, Store Satisfaction and Store Loyalty. *European Journal of Marketing*, 32(5/6), 499-513.

이주연, 전종설 (2015). "청소년의 인터넷 중독이 학업적응에 미치는 영향: 정서조절의 매개효과를 중심으로". 청소년복지연구, 17(1), 287-303.

2) Sobel test

앞서 살펴본 Baron & Kenny의 매개효과 방법으로 독립변수와 종속변수의 관계에서 매개변수가 매개 역할을 하는지, 매개 역할을 한다면 어느 정도 하는지를 파악할 수 있다. 분석 결과 매개효과가 있는 것으로 나타났을 때, 그 효과는 유의한 것일까?

Sobel test는 독립변수와 종속변수의 관계에서 매개변수가 매개할 때 간접효과가 통계적으로 유의한지를 검증하는 기법으로, 매개효과의 유의성 검증에 가장 많이 사용된다.

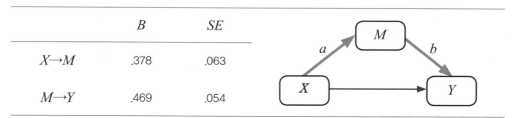

	B	SE
$X{\rightarrow}M$	.378	.063
$M{\rightarrow}Y$	.469	.054

[그림 6-6] Sobel test 검증방법

Sobel(1982)은 매개효과 검증 공식을 다음과 같이 제안하였다. 독립변수와 매개변수의 비표준화계수(a)와 표준오차(SE_a), 그리고 매개변수와 종속변수의 비표준화계수(b)와 표준오차(SE_b)에 의해 계산되며, z=±1.96 이상이면 유의수준 α=0.5에서 매개효과는 통계적으로 유의하다.

$$z = \frac{ab}{\sqrt{b^2 SE_a^2 + a^2 SE_b^2}} = \frac{(.378)(.469)}{\sqrt{(.469)^2(.063)^2 + (.378)^2(.054)^2}} = 4.936$$

a: $X{\rightarrow}Y$의 비표준화계수

b: $M{\rightarrow}Y$의 비표준화계수

SE_a : $X{\rightarrow}Y$의 표준오차

SE_b : $M{\rightarrow}Y$의 표준오차

Sobel test는 식에 대입하여 z-값을 계산할 수도 있지만, 웹에서 URL(http://danielsoper. com/statcalc3/calc.aspx?id=31)로 접속하여 수치만 입력하면 자동으로 계산된 z-값을 확인할 수 있다.

논문 제시 방법

※ Sobel test를 사용한 경우에도 독립변수, 매개변수, 종속변수 관계의 유의성을 먼저 검증한 후 매개효과를 확인해야 한다. 매개효과가 있는 것으로 나타났을 때 Sobel test를 이용해 매개효과의 유의성을 검증한다.

학업스트레스와 스마트폰중독의 관계에서 우울이 매개효과를 갖는지를 검증하기 위해 회귀분석을 실시하였고, Sobel test를 이용하여 매개효과의 유의성을 검증하였다. 분석 결과, 학업스트레스는 우울에 유의한 영향을 미치는 것으로 나타났고, 우울이 스마트폰중독에 미치는 영향은 통계적으로 유의하게 나타났다. 매개효과는 우울이 학업스트레스와 스마트폰중독을 부분매개하는 것으로 확인되었다.

　매개효과가 통계적으로 유의한지를 검증하기 위해 Sobel test를 실시하였다. 〈표 1〉에 제시한 바와 같이, 우울의 매개효과가 통계적으로 유의한 것으로 나타났다($z = 4.936$, $p < .001$). 이러한 결과는 우울이 중학생의 학업스트레스와 스마트폰중독의 관계를 유의하게 매개하고 있음을 설명한다.

〈표1〉 학업스트레스와 스마트폰중독의 관계에서 우울의 매개효과

	B	SE	$z(Sig.)$
학업스트레스 → 우울	.378	.063	4.936[***]
우울 → 스마트폰중독	.469	.054	

$^*p<.05$, $^{**}p<.01$, $^{***}p<.001$

📖 본 분석이 적용된 논문

Sobel, M. E. (1982). Asymptotic Confidence Intervals for Indirect Effects in Structural Equation Models. *Sociological Methodology*, 13, 290-312.

Baron, R. M., & Kenny, D. A. (1986). The Moderator-Mediator Variable Distinction in Social Psychological Research: Conceptual, Strategic, and Statistical Considerations. *Journal of Personality and Social Psychology*, 51(6), 1173-1182.

Preacher, K. J., & Hayes, A. F. (2004). SPSS and SAS Procedures for Estimating Indirect Effects in Simple Mediation Models. *Behavior Research Methods, Instruments, Computers*, 36(4), 717-731. [단순매개]

Preacher, K. J., & Hayes, A. F. (2008). Asymptotic and Resampling Strategies for Assessing and Comparing Indirect Effects in Multiple Mediator Models. *Behavior Research Methods*, 40(3), 879-891. [다중매개]

7 조절회귀분석

▶▶연구문제 학업스트레스와 스마트폰중독의 관계에서 자기통제력은 조절 역할을 할까?

학업스트레스가 스마트폰중독에 미치는 영향이 자기통제력 정도에 따라 달라지는지를 파악하는 문제이다. 이 경우 연구자는 학업스트레스와 스마트폰중독의 관계를 자기통제력이 변화시킨다고 가정하고 다음과 같은 가설을 설정할 수 있다.

귀무가설	H_0 : 독립변수와 종속변수의 관계에서 조절변수는 효과가 없다.
대립가설	H_1 : 독립변수와 종속변수의 관계에서 조절변수는 효과가 있다.

↓

귀무가설	H_0 : 자기통제력은 학업스트레스가 스마트폰중독에 미치는 영향을 조절하지 않을 것이다.
대립가설	H_1 : 학업스트레스가 스마트폰중독에 미치는 영향은 자기통제력에 따라 차이가 있을 것이다.

가설에서 학업스트레스와 스마트폰중독의 관계를 변화시키는 자기통제력을 조절변수라고 한다. 가설을 도식화한 아래 왼쪽의 조절변수 그림을 보면 조절변수는 종속변수에 영향을 주는 제3의 독립변수임을 알 수 있다. 따라서 가설에 사용되는 조절변수는 독립변수와는 관계가 없으면서 종속변수에 영향을 주는 변수에 대해 조절효과가 있는지를 분석해야 한다.

아래 오른쪽의 조절회귀분석(moderated regression analysis) 그림은 가설의 분석 형태를 나타내는데, 실제 분석에서는 독립변수(X), 조절변수(Z), 독립변수와 조절변수의 상호작용항(X*Z)을 순차적으로 투입한다. 분석 결과에서 종속변수인 스마트폰중독을 설명하는 비율이 유의하게 증가하고, 조절변수에 대한 영향력이 유의한지를 파악함으로써 조절효과를 검증한다. 지금까지의 내용을 실제로 분석해보자.

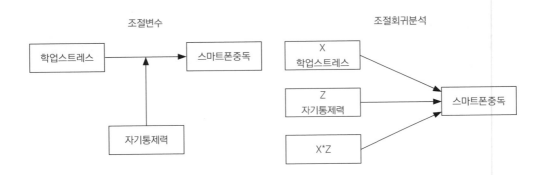

■ 분석 조건

❶ 척도

양적척도(등간/비율척도)를 원칙으로 하고 있으나, 독립변수와 조절변수의 경우에는 질적척도(명목/서열척도)로 측정된 변수를 더미변수로 변환하여 사용할 수 있다.

❷ 문항 검증

양적척도로 측정된 변수가 복수문항으로 구성된 경우엔 문항 검증을 해야 한다. 예제에서는 더미변수를 제외한 독립변수 2개와 종속변수가 각각 3개 문항으로 측정되었기 때문에 요인분석과 신뢰도분석을 실시하여 타당성과 신뢰성을 검증한 후 정제된 문항을 평균화하였다.

❸ 가정

- 독립변수(더미변수 제외)의 변화에 따른 종속변수의 변화가 일정해야 한다(선형성).
- 종속변수의 관측값과 예측값 간의 차이인 오차값이 일정한 분산을 갖는 정규분포를 이루어야 하고, 독립적이어야 한다(오차항의 정규성, 등분산성, 독립성).

척도	[독립변수] 양적척도, 질적척도(더미변수) [조절변수] 양적척도, 질적척도(더미변수) [종속변수] 양적척도
문항 검증	단일문항 → 문항 검증 생략 복수문항 → 복수문항의 변수가 2개 이상일 경우, 요인분석 (p.56) 　　　　　　　① 신뢰도분석 (p.70) 　　　　　　　② 변수계산 (p.76)
가정	– 선형성 – 오차항의 정규성, 등분산성, 독립성
분석 실행	[분석 실행 1] 평균중심화 생성 [분석 실행 2] (1) 독립변수 → 종속변수 　　　　　　　(2) 독립변수, 조절변수 → 종속변수 　　　　　　　(3) 독립변수, 조절변수, 상호작용항 → 종속변수

■ **분석 실행**

분석을 위한 첫 단계는 독립변수(X),와 조절변수(Z)의 상호작용항(X*Z)을 만드는 것이다. 상호작용항은 두 변수의 곱으로 표현되지만, 실제로 두 변수값을 곱하면 변수 간 관계가 높아져 다음과 같이 다중공선성이 발생한다.

계수[a]

모형		비표준화 계수 B	비표준화 계수 표준오차	표준화 계수 베타	t	유의확률	공선성 통계량 공차	공선성 통계량 VIF
1	(상수)	2.070	.193		10.745	.000		
	학업스트레스	.390	.060	.394	6.504	.000	1.000	1.000
2	(상수)	3.264	.240		13.622	.000		
	학업스트레스	.387	.054	.390	7.128	.000	1.000	1.000
	자기통제력	-.446	.062	-.397	-7.252	.000	1.000	1.000
3	(상수)	5.106	.585		8.729	.000		
	학업스트레스	-.243	.191	-.246	-1.275	.203	.077	12.953
	자기통제력	-1.206	.229	-1.073	-5.267	.000	.069	14.489
	학업스트레스x자기통제력	.258	.075	.942	3.438	.001	.038	26.204

a. 종속변수: 스마트폰중독

이러한 문제를 해결하기 위해서는 평균중심화(mean centering)가 필요하다. 평균중심화란 개별값에서 평균값을 뺀 수치이다. 평균중심화를 통한 상호작용항 생성 과정은 다음과 같다.

■ 분석 실행 1: 평균중심화 만들기

평균중심화는 분석 메뉴를 이용하거나 명령문을 실행하여 만들 수 있다.

방법1: 분석 메뉴로 평균중심화 만들기

파일(navigation-data-SPSS)을 열고 [분석] → [기술통계량] → [기술통계]를 선택한다.

좌측의 '학업스트레스'와 '자기통제력'을 [변수]로 이동시킨다. [확인]을 클릭하면 분석 결과가 나타난다.

분석 결과에 나타난 학업스트레스 평균은 3.1250, 자기통제력 평균은 2.6480이다.

기술통계량

	N	최소값	최대값	평균	표준편차
학업스트레스	232	1.00	5.00	3.1250	.72884
자기통제력	232	1.00	5.00	2.6480	.64252
유효수 (목록별)	232				

❶ 독립변수(X)의 평균중심화

X라는 변수를 생성하여 학업스트레스의 개별값에서 평균값인 3.1250을 뺀 값을 저장한다.

　[변환] → [변수계산]을 선택한다.

***navigation-data-SPSS.sav [데이터집합1] - PASW Statistics Data Editor						
파일(F) 편집(E) 보기(V) 데이터(D) 변환(T) 분석(A) 다이렉트 마케팅(M) 그래프(G) 유틸리티(U) 창(W) 도움말(H)						

				변수 계산(C)...		
				케이스 내의 값 빈도(O)...		
				값 이동...		
	ID			같은 변수로 코딩변경(S)...	레스	가족스트레스	우울	스마트폰중독

	ID		레스	가족스트레스	우울	스마트폰중독
1	1	같은 변수로 코딩변경(S)...	3.00	2.33	3.67	3.33
2	2	다른 변수로 코딩변경(R)...	3.00	3.33	2.00	3.00
3	3	자동 코딩변경(A)...	3.00	3.00	3.00	3.00
4	4	비주얼 빈 만들기(B)...	4.67	2.33	1.33	4.67
5	5	최적의 빈 만들기(I)...	2.67	1.67	3.00	3.00
6	6	모형화를 위한 데이터 준비(P) ▶	1.67	2.00	2.00	2.00
7	7	순위변수 생성(K)...	4.67	4.33	4.67	4.67
8	8	날짜 및 시간 마법사(D)...	1.67	2.00	3.67	1.67
9	9		3.67	2.67	2.67	3.33

[대상변수]에 'X'를 입력, [숫자표현식]에 '학업스트레스−3.1250'을 입력한 후 [확인]을 클릭한다.

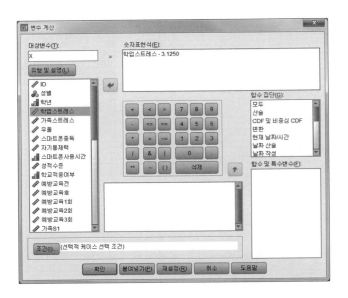

❷ 조절변수(Z)의 평균중심화

Z라는 변수를 생성하여 자기통제력의 개별값에서 평균값인 2.6480을 뺀 값을 저장한다.

　[변환] → [변수계산]을 선택한다.

	ID		트레스	가족스트레스	우울	스마트폰중독
1	1		3.00	2.33	3.67	3.
2	2		3.00	3.33	2.00	3.
3	3		3.00	3.00	3.00	3.
4	4		4.67	2.33	1.33	4.
5	5		2.67	1.67	3.00	3.
6	6		1.67	2.00	2.00	2.
7	7		4.67	4.33	4.67	4.
8	8		1.67	2.00	3.67	1.

[대상변수]에 'Z'를 입력, [숫자표현식]에 '자기통제력-2.6480'을 입력한 후 [확인]을 클릭한다.

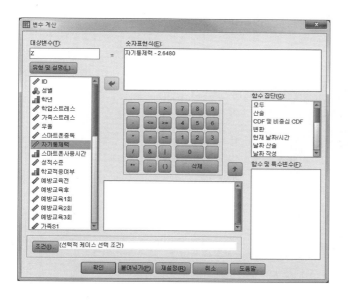

❸ 상호작용항(XZ)의 평균중심화

XZ라는 변수를 생성하여 학업스트레스의 평균중심화와 자기통제력의 평균중심화를 곱한 값을 저장한다.

[변환] → [변수계산]을 선택한다.

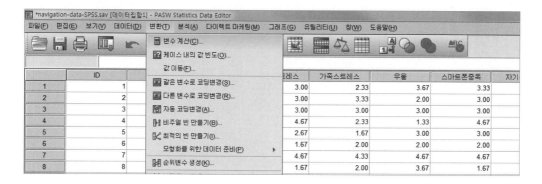

[대상변수]에 'XZ'를 입력, [숫자표현식]에 'X*Z'를 입력한 후 [확인]을 클릭한다.

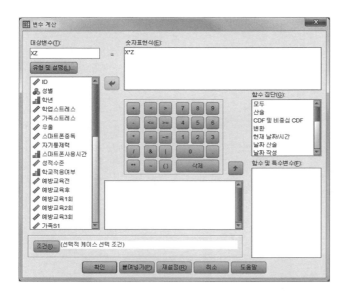

데이터 창을 보면 독립변수(X)의 평균중심화, 조절변수(Z)의 평균중심화, 상호작용항(XZ)의 평균중심화 변수가 생성되었다.

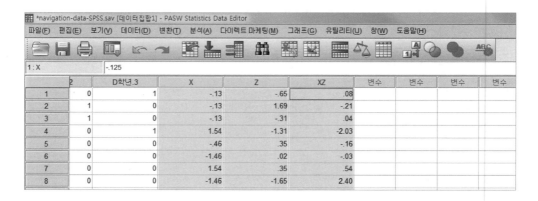

방법2: 명령문으로 평균중심화 만들기

파일(navigation-data-SPSS)을 열고 [파일] → [새 파일] → [명령문]을 선택하면 창이 생성된다.

명령문 화면에서 다음과 같이 입력하고 ▶버튼을 클릭하면 명령문이 실행된다.

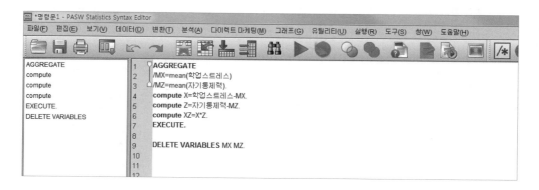

입력된 명령문의 의미는 다음과 같다.

첫째, 독립변수와 조절변수의 평균을 계산한다. 학업스트레스 평균값을 MX 변수에 저장하고, 자기통제력 평균값을 MZ 변수에 저장하는 것이다. 명령문 끝에 마침표(.)를 입력해야 실행된다.

둘째, 독립변수와 조절변수, 상호작용항의 평균중심화를 계산한다. 학업스트레스의 개별값에서 평균값(MX)을 뺀 값을 X 변수에 저장하고, 자기통제력의 개별값에서 평균값(MZ)을 뺀 값을 Z 변수에 저장하는 것이다. 그리고 학업스트레스의 평균중심화 변수 X와 자기통제력의 평균중심화 변수 Z를 곱하여 상호작용항 XZ 변수에 저장한다.

셋째, 독립변수와 조절변수의 평균을 계산한 변수를 삭제한다. 학업스트레스 평균값인 MX 변수와 자기통제력의 평균값인 MZ 변수는 평균중심화를 계산하기 위해 생성한 변수였는데, 평균중심화 변수를 만든 후에는 필요 없기 때문에 MX와 MZ 변수를 삭제하는 것이다. 삭제하지 않으면 데이터 창에 변수가 나타난다.

AGGREGATE	데이터 통합
/MX=mean(학업스트레스)	학업스트레스 평균값을 MX 변수에 저장
/MZ=mean(자기통제력).	자기통제력 평균값을 MX 변수에 저장
compute X=학업스트레스-MX.	학업스트레스 개별값과 평균값의 차이값을 X 변수에 저장
compute Z=자기통제력-MZ.	자기통제력 개별값과 평균값의 차이값을 Z 변수에 저장
compute XZ=X*Z.	X와 Z 값을 곱해서 MZ 변수에 저장
EXECUTE.	실행
DELETE VARIABLES MX MZ.	MX와 MZ 변수 삭제

데이터 창을 보면 독립변수(X)의 평균중심화, 조절변수(Z)의 평균중심화, 상호작용항(XZ)의 평균중심화 변수가 생성되었다.

■ 분석 실행 2

① 독립변수(X) → 종속변수

② 독립변수(X), 조절변수(Z) → 종속변수

③ 독립변수(X), 조절변수(Z), 상호작용항(XZ) → 종속변수

　　평균중심화 변수인 X(학업스트레스), Z(자기통제력), XZ(학업스트레스×자기통제력)를 이용하여 회귀분석을 실시한다. 종속변수가 동일하므로 위계적 회귀분석으로 한번에 분석할 수 있다.

　　파일(navigation-data-SPSS)을 열고 [분석] → [회귀분석] → [선형]을 선택한다.

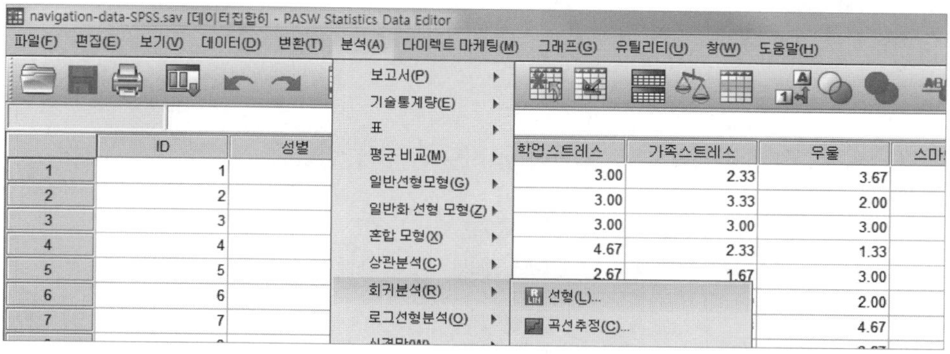

　　좌측의 '스마트폰중독'을 [종속변수]로 이동시킨다.

독립변수는 다음과 같이 3단계로 투입한다.

1단계: 스크롤을 내려서 좌측의 X를 [독립변수]로 이동시키고 [다음]을 클릭한다.

2단계: 좌측의 X, Z를 [독립변수]로 이동시키고 [다음]을 클릭한다.

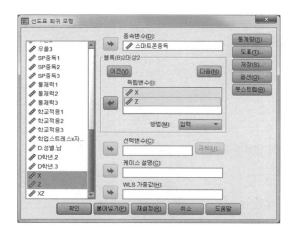

3단계: 좌측의 X, Z, XZ를 [독립변수]로 이동시킨다. [통계량]을 선택해서 ☑추정값, ☑모형적합, ☑R제곱 변화량을 체크한다. [계속]과 [확인]을 클릭하면 분석 결과가 나타난다.

■ 분석 결과

모형 요약

모형	R	R 제곱	수정된 R 제곱	추정값의 표준오차	통계량 변화량				
					R 제곱 변화량	F 변화량	df1	df2	유의확률 F 변화량
1	.394[a]	.155	.152	.66511	.155	42.297	1	230	.000
2	.560[b]	.313	.307	.60110	.158	52.594	1	229	.000
3	.589[c]	.347	.338	.58739	.034	11.817	1	228	.001

a. 예측값: (상수), X
b. 예측값: (상수), X, Z
c. 예측값: (상수), X, Z, XZ

분산분석[d]

모형		제곱합	자유도	평균 제곱	F	유의확률
1	회귀 모형	18.711	1	18.711	42.297	.000[a]
	잔차	101.747	230	.442		
	합계	120.458	231			
2	회귀 모형	37.715	2	18.857	52.190	.000[b]
	잔차	82.743	229	.361		
	합계	120.458	231			
3	회귀 모형	41.792	3	13.931	40.375	.000[c]
	잔차	78.666	228	.345		
	합계	120.458	231			

a. 예측값: (상수), X
b. 예측값: (상수), X, Z
c. 예측값: (상수), X, Z, XZ
d. 종속변수: 스마트폰중독

계수³

모형		비표준화 계수		표준화 계수	t	유의확률
		B	표준오차	베타		
1	(상수)	3.290	.044		75.348	.000
	X	.390	.060	.394	6.504	.000
2	(상수)	3.290	.039		83.372	.000
	X	.387	.054	.390	7.128	.000
	Z	-.446	.062	-.397	-7.252	.000
3	(상수)	3.291	.039		85.345	.000
	X	.441	.055	.445	7.971	.000
	Z	-.398	.062	-.354	-6.446	.000
	XZ	.258	.075	.197	3.438	.001

❸

a. 종속변수: 스마트폰중독

제외된 변수ᶜ

모형		베타 입력	t	유의확률	편상관계수	공선성 통계량
						공차
1	Z	-.397ᵃ	-7.252	.000	-.432	1.000
	XZ	.280ᵃ	4.641	.000	.293	.924
2	XZ	.197ᵇ	3.438	.001	.222	.876

a. 모형내의 예측값: (상수), X

b. 모형내의 예측값: (상수), X, Z

c. 종속변수: 스마트폰중독

❶ 회귀모형의 적합성

*F*의 유의확률 > .05 : 적합하지 않음 ‖ 유의확률 < .05 : 적합함

모형별로 회귀식의 적합성이 제시되어 있다. 독립변수인 학업스트레스가 투입된 모형1, 조절변수인 자기통제력이 투입된 모형2, 상호작용항이 투입된 모형3의 유의확률이 모두 $p = .000$으로 나타나 회귀식이 종속변수를 설명하는 데 적합한 것으로 판단할 수 있다.

❷ 모형별 설명력과 *F*변화량의 유의성

모형1은 독립변수(학업스트레스), 모형2는 조절변수(자기통제력), 모형3은 독립변수와 조절변수의 상호작용항이 투입된 것이다. 따라서 조절효과는 독립변수, 조절변수, 그리고 상호작용항이 투입된 모형3의 결과로 검정한다.

　모형1은 독립변수들인 학업스트레스가 종속변수인 스마트폰중독을 15.5% 설명하고 있으며($R^2 = .155$), R^2변화량은 추가로 투입된 독립변수가 없기 때문에 R^2과 같다.

　모형2는 모형1에 조절변수인 자기통제력을 추가시킨 것으로 스마트폰중독은 학업스트레스와 자기통제력에 의해 31.3% 설명된다($R^2 = .313$). R^2변화량은 15.8%로 나타났는데, 이

는 모형1에서 모형2가 추가되면서 증가된 설명력으로서 'ΔR^2=모형2R^2－모형1R^2'에 의해 산출된 값이다(ΔR^2=.158).

모형3은 모형2에 독립변수와 조절변수의 상호작용항을 추가시킨 것으로 설명력은 34.7%로 나타났다(R^2=.347). 즉, 모형2에 비해 R^2변화량은 3.4%로 유의(p<.001)하게 증가하였으므로 조절변수인 자기통제력은 학업스트레스가 스마트폰중독에 미치는 영향을 조절한다고 할 수 있다.

③ 회귀계수의 유의성

t 의 유의확률＞.05 : 대립가설 기각 || 유의확률＜.05 : 대립가설 채택

모형별로 종속변수에 미치는 영향력과 유의성이 제시되어 있다.

모형1을 보면, 독립변수인 학업스트레스(X)의 유의확률은 p=.000으로 유의수준 α=.001에서 유의하며, 회귀계수는 B=.390으로 나타나, 학업스트레스는 스마트폰중독에 정(+)의 영향을 미치는 것으로 분석되었다.

모형2에서 학업스트레스(X)의 유의확률(p=.000)이 유의수준(α=.001)보다 작고, 회귀계수는 B=.387로 나타났다. 조절변수인 자기통제력(Z)의 경우에는 유의확률(p=.000)이 유의수준(α=.001)보다 작고, 회귀계수는 B=－.446으로 나타나, 학업스트레스는 스마트폰중독에 정(+)의 영향을, 자기통제력은 부(−)의 영향을 주고 있다.

모형3에서 학업스트레스(X)는 스마트폰중독에 정(+)의 영향을 주고(B=.441, p<.001), 자기통제력(Z)은 부(−)의 영향을 주는 것으로 나타났다(B=－.398, p<.001). 그리고 학업스트레스와 자기통제력의 상호작용항(XZ)은 유의확률(p=.000)이 유의수준(α=.001)보다 작고, 회귀계수는 B=.258로 유의하게 나타났다. 따라서 자기통제력은 학업스트레스와 스마트폰중독의 관계를 조절하며, 자기통제력이 유의하게 나타남에 따라 조절변수라고 할 수 있다.

논문 제시 방법

중학생의 학업스트레스가 스마트폰중독에 미치는 영향과 자기통제력의 조절효과를 알아보기기 위해 조절회귀분석을 실시하였다. 모델1에서는 독립변수인 학업스트레스를 투입하였고, 모델2에서는 조절변수인 자기통제력을 추가로 투입하였으며, 모델3에서는 학업스트레스와 자기통제력의 상호작용항을 추가로 투입하여 조절효과를 검증하였다.

분석 결과, 모델1에서는 학업스트레스(β=.390, p<.001)가 스마트폰중독에 유의한 영향을 미치는 것으로 파악되었으며, 모델의 설명력은 15.5%로 나타났다. 모델2에서는 학업스트레스(β=.390, p<.001)는 스마트폰중독에 정(+)의 영향을, 자기통제력(β=−.397, p<.001)은 스마트폰중독에 부(−)의 영향을 미치는 것으로 분석되었다. 이 모델은 자기통제력이 투입되면서 설명력이 15.8%p(p<.001) 증가하여 전체 설명력은 31.3%이다.

모델3에서는 자기통제력의 조절효과를 검정하였다. 자기통제력과 학업스트레스의 상호작용항이 투입되면서 설명력은 3.4%p(p<.001) 증가하였으며, 전체 설명력은 34.7%로 나타났다. 따라서 중학생의 학업스트레스와 스마트폰중독 관계에서 자기통제력은 조절효과가 있음을 알 수 있다.

〈표 1〉 조절효과 검증 결과

	Model 1		Model 2		Model 3	
	β	t(Sig.)	β	t(Sig.)	β	t(Sig.)
학업스트레스	− .390	75.348*** 6.504***	− .390	83.372*** 7.128***	− .445	85.345*** 7.971***
자기통제력			−.397	−7.252***	−.354	−6.446***
학업스트레스˚자기통제력					.197	3.348***
R^2	.155		.313		.347	
$adjR^2$	.152		.307		338	
ΔR^2			.158***		.034***	

*p<.05, **p<.01, ***p<.001

📖 본 분석이 적용된 논문

김재엽, 이동은, 정윤경 (2013). "학업스트레스가 청소년 비행 행동에 미치는 영향과 우울의 매개효과". 한국아동복지학, 41, 101-123.

이서원, 장용언 (2011). "학업스트레스가 청소년의 자살생각에 미치는 영향: 가족응집성의 조절효과". 한국청소년학회, 청소년학연구, 18(11), 111-136.

8 로지스틱 회귀분석

▶▶연구문제
성별, 학업스트레스, 가족스트레스, 우울, 스마트폰중독에 따라
학교생활 적응 여부(적응/부적응)는 달라질까?

학교생활에 잘 적응하는 중학생 집단과 적응하지 못하는 중학생 집단을 스트레스, 우울, 스마트폰중독 등으로 구분하는 문제이다. 연구자의 관심은 제시된 변수들에 의해 학교생활 적응 여부를 분류할 수 있다는 것이므로 다음과 같이 가설을 설정한다.

귀무가설	H_0 : 독립변수와 종속변수는 관계가 없다.
대립가설	H_1 : 독립변수와 종속변수는 관계가 있다.

↓

귀무가설	H_0 : 성별, 학업스트레스, 가족스트레스, 우울, 스마트폰중독은 학교생활 적응 여부에 영향을 미치지 않을 것이다.
대립가설	H_1 : 성별, 학업스트레스, 가족스트레스, 우울, 스마트폰중독은 학교생활 적응 여부에 영향을 미칠 것이다.

앞에서 설명한 모든 회귀분석들은 종속변수가 양적척도(등간/비율척도)로 측정되었으나, 본 가설에서는 명목척도로 측정된 이분형변수가 종속변수로 사용되었다. 이러한 조건에서는 로지스틱 회귀분석을 적용한다. 로지스틱 회귀분석(logistic regression analysis)은 '예/아니오, 좋음/나쁨, 정상/비만'과 같이 둘 이상의 집단으로 나누어진 경우에 연구대상의 특성이 어떤 집단에 속하는가를 분석하고 예측하는 분석방법이다. 예를 들어, 주량과 흡연 유무, 신장, 체중이 특정한 질병에 영향을 미치는지를 분석하고, 개별 관측치들이 질병 발생 유/무 가운데 어느 집단으로 분류되는지를 파악할 수 있다.

이때, 종속변수값을 나타내는 확률은 0과 1 사이의 값을 가지며 .5보다 크면 사건이 발생하고 .5보다 작으면 사건이 발생하지 않는다고 예측한다. 즉, 개별 관측치가 특정한 종속변수값을 가질 확률을 예측하는 것이다. 가설의 경우, 독립변수들에 의해 학교 적응/부적응이 발생할 확률을 예측할 수 있다.

■ 분석 조건

❶ 척도

독립변수의 수는 제한이 없고, 양적척도(등간/비율척도)와 질적척도(명목/서열척도)로 측정된 모든 변수를 사용할 수 있다. 양적변수는 정규분포의 가정으로부터 자유로우며, 질적척도는 더미변수로 변환하여 사용할 수 있다. 종속변수는 1개이며, 질적척도로 측정되어야 한다.

❷ 문항 검증

양적척도로 측정된 독립변수가 복수문항으로 구성된 경우엔 문항 검증을 해야 한다. 예제에서는 성별을 제외한 4개의 독립변수가 각각 3개 문항으로 측정되었기 때문에 요인분석과 신뢰도분석을 실시하여 타당성과 신뢰성을 검증한 후 정제된 문항을 평균화하였다.

척도	[독립변수] 양적척도, 질적척도(더미변수) [종속변수] 명목척도(이분형)
문항 검증	단일문항 → 문항 검증 생략 복수문항 → 복수문항의 변수가 2개 이상일 경우, 요인분석 (p.56) 　　　　　① 신뢰도분석 (p.70) 　　　　　② 변수계산 (p.76)

■ 분석 실행

파일(navigation-data1)을 열고 [분석] → [회귀분석] → [이분형 로지스틱]을 선택한다.

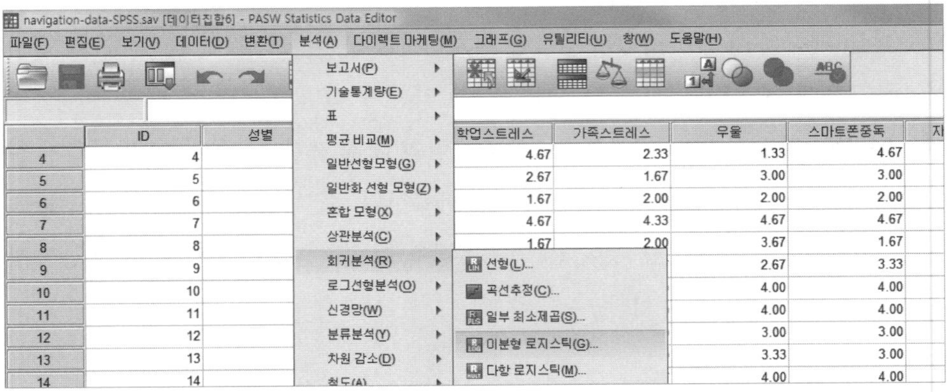

좌측의 '학교적응여부'를 [종속변수]로 이동시킨다.

좌측의 '성별, 학업스트레스, 가족스트레스, 우울, 스마트폰중독'을 [공변량]으로 이동
시킨다. [공변량]에 투입된 변수 중에 범주형 변수가 없으면 [확인]을 클릭하여 분석 결과
를 확인한다. 범주형 변수가 있으면 범주형으로 지정해주어야 한다. 본 분석에서는 '성별'
이 명목척도이므로 [범주형]을 클릭한다.

범주형 창이 나타나면 좌측의 '성별'을 [범주형 공변량]으로 이동시킨다. [계속]과 [확인]을 클릭하면 분석 결과가 나타난다.

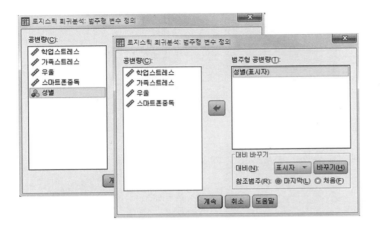

■ 분석 결과 1

케이스 처리 요약

가중되지 않은 케이스[a]		N	퍼센트
선택 케이스	분석에 포함	232	100.0
	결측 케이스	0	.0
	합계	232	100.0
비선택 케이스		0	.0
합계		232	100.0

a. 가중값를 사용하는 경우에는 전체 케이스 수의
분류표를 참조하십시오.

종속변수 코딩

원래 값	내부 값	
적응	0	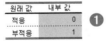
부적응	1	

범주형 변수 코딩

		빈도	파라미터 코딩
			(1)
성별	남자	102	1.000
	여자	130	.000

블록 0: 시작 블록

분류표[a,b]

감시됨			예측		
			학교적응여부		분류정확 %
			적응	부적응	
0 단계	학교적응여부	적응	0	98	.0
		부적응	0	134	100.0
	전체 퍼센트				57.8

a. 모형에 상수항이 있습니다.

b. 절단값은 .500입니다.

방정식에 포함된 변수

		B	S.E.	Wals	자유도	유의확률	Exp(B)
0 단계	상수항	.313	.133	5.541	1	.019	1.367

방정식에 포함되지 않은 변수

			점수	자유도	유의확률
0 단계	변수	성별(1)	5.698	1	.017
		학업스트레스	1.756	1	.185
		가족스트레스	14.265	1	.000
		우울	16.827	1	.000
		스마트폰중독	55.653	1	.000
	전체 통계량		60.115	5	.000

■ 분석 결과 2

블록 1: 방법 = 진입

모형 계수 전체 테스트

		카이제곱	자유도	유의확률
1 단계	단계	70.733	5	.000
	블록	70.733	5	.000
	모형	70.733	5	.000

모형 요약

단계	-2 Log 우도	Cox와 Snell의 R-제곱	Nagelkerke R-제곱
1	245.279ᵃ	.263	.353

a. 모수 추정값이 .001보다 작게 변경되어
계산반복수 5에서 추정을 종료하였습니다.

❷

분류표ᵃ

		예측		
감시됨		학교적응여부		분류정확 %
		적응	부적응	
1 단계	학교적응여부 적응	66	32	67.3
	부적응	30	104	77.6
	전체 퍼센트			73.3

a. 절단값은 .500입니다.

❸

방정식에 포함된 변수

		B	S.E.	Wals	자유도	유의확률	Exp(B)
1 단계ᵃ	성별(1)	-.238	.320	.556	1	.456	.788
	학업스트레스	-.760	.306	6.193	1	.013	.467
	가족스트레스	.238	.258	.852	1	.356	1.269
	우울	-.040	.296	.018	1	.894	.961
	스마트폰중독	2.080	.374	31.012	1	.000	8.006
	상수항	-4.489	1.054	18.133	1	.000	.011

❹

a. 변수가 1: 단계에 진입했습니다. 성별, 학업스트레스, 가족스트레스, 우울, 스마트폰중독. 성별,
학업스트레스, 가족스트레스, 우울, 스마트폰중독.

❶ 종속변수의 입력값이 분석에 용이하게 내부값으로 코딩되어 제시되어 있다. 원래값
(1=적응, 2=부적응)은 내부값(0=적응, 1=부적응)으로 처리되었다.

② 모형의 적합성

–2 Log 우도(–2 Log Likelihood, –2LL)는 모형의 적합성을 평가하는 통계량이다. –2LL은 낮을수록 적합도가 높으며, –2LL＝0이면 데이터와 모형의 적합도가 완벽함을 나타낸다.

③ 모형별 설명력과 F변화량의 유의성

집단별로 분류된 사례 수와 정확도가 제시되어 있다. 적응 집단에 소속된 98명(66+32) 가운데 66명이 제대로 분류되었고, 부적응 집단에 소속된 134명(30+104) 가운데 104명이 제대로 분류되었음을 알 수 있다. 전체의 분류 정확도는 73.3%이다.

④ 회귀계수의 유의성

t의 유의확률＞.05 : 대립가설 기각 ‖ 유의확률＜.05 : 대립가설 채택

독립변수로 투입된 5개의 변수 중에 학업스트레스와 스마트폰중독이 유의하게 나타났다. 학업스트레스는 Wals＝6.193에 대한 유의확률이 p＝.013으로 유의수준 α＝.05에서 유의하게 나타났으며, 스마트폰중독은 Wals＝31.012에 대한 유의확률이 p＝.000으로 유의수준 α＝.001에서 매우 유의적이다.

　Exp(B)는 각 변수가 1수준 증가할 때 내부값=0에 속할 확률보다 내부값=1에 속할 확률을 나타내고, B값의 부호에 따라 확률이 증감된다. 스마트폰중독은 B=2.080이고, Exp(B)=8.006으로 분석되었으므로 스마트폰중독 수준이 1 증가하면 학교 부적응 집단 (내부값=1)에 속할 확률이 8.006배 커지며, 학업스트레스는 B=–.760, Exp(B)=.467이므로 학업스트레스가 1단위 증가하면 학교 부적응 집단에 속할 확률은 .467배 낮아진다고 할 수 있다.

📖 **본 분석이 적용된 논문**

윤난희, 권순만 (2013). "비만이 의료이용과 의료비용에 미치는 영향". 보건경제와 정책연구, 19(2), 61–80.

임경춘, 김선호 (2012). "노인의 연령별 우울정도와 영향 요인: 전기노인과 후기노인의 비교". 정신간호학회지, 21(1), 1–10.

Part 3. AMOS 모형 분석

Ch 7. 개요

1) 동시 추정

구조방정식모형 분석은 다수의 독립변수와 다수의 종속변수를 동시에 분석할 수 있고, 종속변수의 인과관계 또한 동시에 추정할 수 있다. 아래의 연구모형에서 변수들 간의 관계를 회귀분석을 이용하여 검증한다고 가정해보자. 먼저 독립변수인 학업스트레스와 가족스트레스가 우울에 미치는 영향을 분석하고, 다시 학업스트레스와 가족스트레스, 우울이 스마트폰중독에 미치는 영향을 파악해야 하므로 두 번의 회귀분석을 실시해야 한다. 그러나 구조방정식모형 분석에서는 한 번의 분석으로 변수들 간의 인과관계를 파악할 수 있다.

2) 오차의 추정

독립변수와 종속변수 간의 관계를 입증하기 위해 대부분의 연구에서는 선행 연구 이론에서 검증된 측정도구를 사용하여 설문조사를 통해 분석자료를 수집한다. 본 교재에 사용한 측정도구(학업스트레스, 가족스트레스, 우울, 스마트폰중독) 또한 선행 연구에서 검증받은 것이다. 하지만 잘 개발된 측정도구를 사용한다고 해서 측정하고자 하는 개념을 완벽하게 측정할 수 있을까? 사실상 수많은 사회현상 속에서 하나의 개념을 완벽하게 측정하기란 어렵기 때문에 측정하지 못하는 부분, 즉 측정오차가 발생하기 마련이다.

변수 간 관계분석에 많이 쓰이는 회귀분석의 경우, 다항목으로 측정이 되었더라도 요인분석이나 신뢰도분석을 거쳐 단일변수로 사용하게 되어 측정오차가 무시된다. 그러나 구조방정식모형에서는 측정 문항들이 설명하지 못하는 부분이 측정오차에 의해 산출되기 때문에 회귀분석보다 좀 더 정확하게 변수 간 관계를 설명할 수 있다.

3) 간접효과의 추정

변수들 간의 인과관계를 동시에 추정할 수 있다는 특성으로, 변수 간의 직접 관계는 물론이고 간접적인 효과도 추정이 가능하다. 연구모형에서는 가족스트레스가 우울을 거쳐 스마트폰중독에 미치는 간접효과까지 추정할 수 있다.

2 주요 용어

1) 변수명

AMOS에서 사용되는 변수들과 각 변수의 의미를 아래의 모형을 통해 살펴보자.

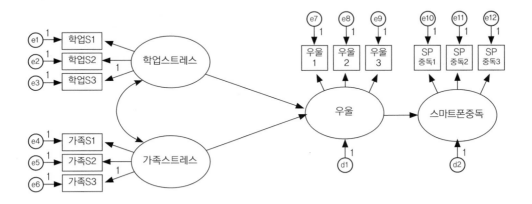

(1) 외생변수

외생변수(exogenous variable)는 '독립변수가 종속변수에 미치는 영향'에서 독립변수에 해당한다. 즉, 다른 변수에 영향을 주는 변수이다. 그림에서 학업스트레스와 가족스트레스는 우울에 영향을 주기 때문에 외생변수이다. 우울의 경우에는 스마트폰중독에 영향을 주기 때문에 외생변수로 생각할 수 있으나, 학업스트레스와 가족스트레스로부터 영향을 받으므로 다음에 설명할 내생변수에 해당한다.

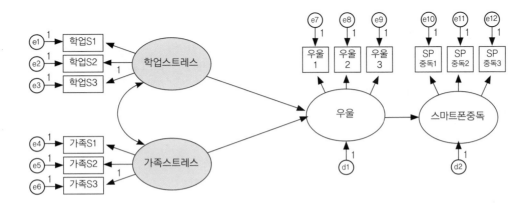

(2) 내생변수

종속변수에 해당하는 내생변수(endogenous variable)는 외생변수로부터 직/간접적으로 영향을 받는 변수이다. 그림을 보면 우울은 학업스트레스와 가족스트레스로부터, 스마트폰중독은 우울로부터 영향을 받는다. 따라서 내생변수는 우울과 스마트폰중독이 된다.

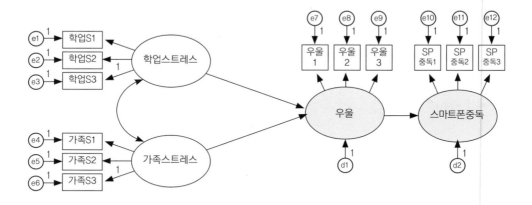

(3) 관측변수

관측변수(observed variable)[같은 의미로 측정변수(measured variable), 명시변수(manifest variable)라고도 한다.]는 설문지 등을 통해 직접적으로 측정한 변수로, 사각형으로 표현한다. 그림에서 관측변수는 학업S1~3, 가족S1~3, 우울1~3, SP중독1~3이며, 이 변수들은 설문지의 응답값이다.

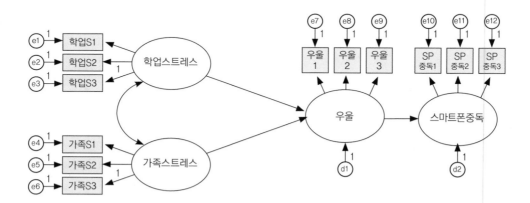

(4) 잠재변수

관측변수에 의해 간접적으로 측정되는 잠재변수(latent variable)[같은 의미로 구성개념 (construct), 요인(factor)이라고도 한다.]는 설문지 등의 자료에 없는 변수이다. 스트레스와 우울 같은 추상적인 개념들은 직접적으로 측정하기 어렵기 때문에 다수의 관측변수를 이용하여 간접적으로 측정한다. 잠재변수는 원형으로 표현하며, 그림에서는 학업스트레스와 가족스트레스, 우울, 스마트폰중독이 이에 해당한다. 구조방정식모형에서 잠재변수는 가설에 설정된 변수로, 구조방정식모형을 분석한다는 것은 잠재변수 간의 관계를 분석한다는 의미다.

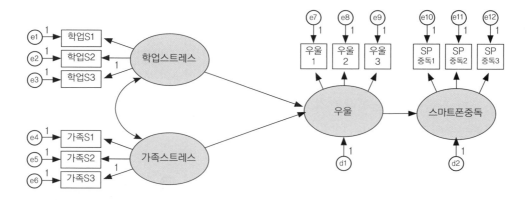

(5) 구조오차변수

구조오차(structural error)[같은 의미로 교란(disturbance), 잔차(residual)라고도 한다.]는 영향을 받는 변수가 영향을 주는 변수로부터 설명되고 남은 부분이다. 그림에서 우울은 학업스트레스와 가족스트레스에 의해 설명되는 구조인데, 우울이 두 변수로부터 설명되지 못하는 부분은 구조오차 d1이 영향을 미친다. 스마트폰중독이 우울에 의해 설명되지 못하는 부분은 구조오차 d2의 영향을 받는다. 따라서 구조오차는 영향을 주는 변수에는 없고, 영향을 받는 내생변수에서만 존재한다. 그림에서 내생변수는 우울과 스마트폰중독이며, 각각의 구조오차가 원형으로 표현되어 있다.

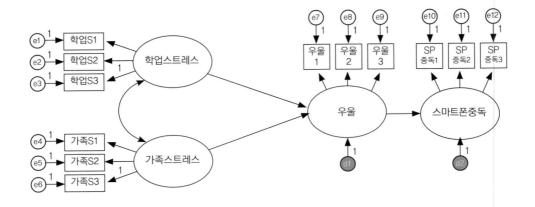

(6) 측정오차변수

관측변수가 잠재변수를 설명하지 못하는 부분이 측정오차(measurement error)이다. 예를 들어, 관측변수인 학업S1이 잠재변수인 학업스트레스를 설명하지 못하는 부분은 측정오차 e1이 된다. 관측변수에는 항상 측정오차가 존재하며, 원형으로 표현된다. 그림에서는 12개의 관측변수에 측정오차 e1~e12가 나타나 있다.

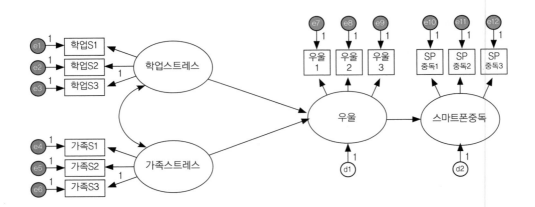

Amos의 기본 구조와 분석에 필요한 기능들을 살펴보자. 먼저, 설치된 Amos 프로그램 메뉴에서 [Amos Graphics]를 실행하면 다음과 같이 초기화면이 나타난다. 메뉴바에는 프로그램에서 제공하는 모든 기능들이 있으며, 좌측의 도구상자에는 메뉴바의 주요 기능들이 나열되어 있다. 작업창에 모형을 그리고, 분석을 설정하고, 분석 결과를 확인하는 데 필요한 기능들을 화면 구성별로 알아보자.

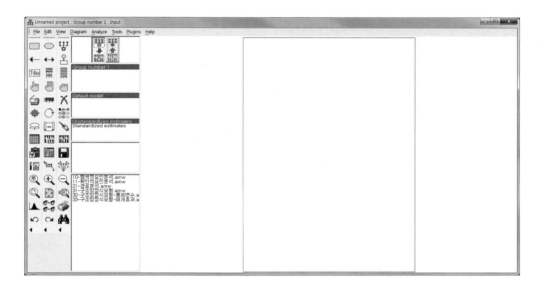

1) 메뉴바

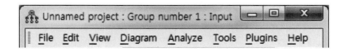

메뉴바에는 File, Edit, View, Diagram, Analyze, Tools, Plugins, Help가 있으며, 각 메뉴의 하위메뉴에서 다양한 기능들을 찾을 수 있다. 수많은 기능 가운데 일반적으로 자주 사용하는 기능은 정해져 있고, 주요 기능들은 도구상자로 제공된다. 구체적인 사용법은 도구상자의 아이콘을 이용하는 게 편리하므로 각 기능의 역할은 아이콘과 함께 설명하도록 한다. 여기에서는 각 메뉴에 대해 개략적으로 살펴보자.

[File]

모형 파일과 데이터 파일에 관련된 메뉴이다. 파일 만들기(New), 기존 파일 열기(Open), 파일 저장하기(Save), 다른 이름으로 저장하기(Save As), 모형에 사용할 데이터 파일 불러오기(Data Files), 작업창 프린트(Print), 프로그램 종료하기(Exit)로 구성되어 있다.

[Edit]

작업창에 그린 모형을 편집하는 기능들이 있다. 작성 중인 모형을 전 단계로 되돌리기(Undo), 다시 복구하기(Redo), 모형 복사하기(Copy), 모형에서 원하는 부분만 선택하기(Select), 전체 선택하기(Select All), 전체 해제하기(Deselect All), 이동하기(Move), 복사하기(Duplicate), 지우기(Erase), 모수 위치 이동하기(Move Parameter), 도형 크기 조정하기(Shape of Object), 모형의 화살표들을 알맞게 위치시키기(Touch Up)로 구성되어 있다. 편집 기능은 여러 기능을 함께 사용할 때가 많기 때문에 열거한 기능들은 알아두는 게 편리하다.

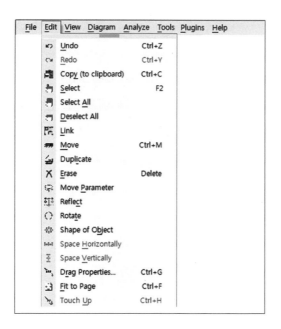

[View]

다양한 속성들을 설정하는 메뉴이다. [Interface Properties]는 모형을 그리는 작업창의 형태를 지정하거나 모형에 나타나는 속성들을 설정할 때 유용하게 쓰인다. 분석 결과에 필요한 속성을 설정하는 [Analysis Properties]와 변수와 모수의 속성을 설정하는 [Object Properties]는 모든 분석에서 필수적으로 쓰이는 도구이다.

File	Edit	View	Diagram	Analyze	Tools	Plugins	Help

	Interface Properties...	Ctrl+I
	Analysis Properties...	Ctrl+A
	Object Properties...	Ctrl+O
	Variables in Model...	Ctrl+Shift+M
	Variables in Dataset...	Ctrl+Shift+D
	Parameters...	Ctrl+Shift+P
	Matrix Representation...	Ctrl+Shift+R
	Text Output	F10
	Full Screen	F11

[Diagram]

모형을 그리는 데 필요한 메뉴와 작업창 조정 메뉴들이 있다. 그리기 기능인 관측변수(Draw Observed), 잠재변수(Draw Unobserved), 경로(Draw Path), 공분산(Draw Covariance), 잠재변수&관측변수&측정오차 set 한번에 그리기(Draw Indicator Variable)를 이용해 모형을 만들 수 있다. Zoom 관련 기능들은 모형이 크거나 복잡할 때 주로 사용한다.

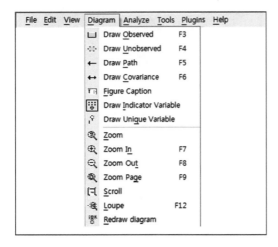

[Analyze]

분석에 필요한 메뉴이다. 모형 분석하기(Calculate Estimates)와 분석 멈추기(Stop Calculating Estimates), 관측변수와 잠재변수 도형을 서로 바꾸기(Toggle Observed/Unobserved), 다중집단 분석(Multiple-Group Analysis) 기능 등이 있다.

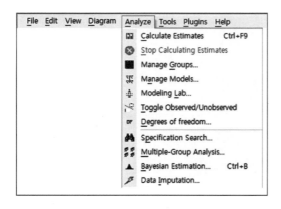

[Tools]

각종 도구 관리에 관련된 메뉴이며, 사용성은 높지 않다. [Customize]는 도구상자에 대한 다양한 옵션을 선택해서 구성할 수 있는 기능을 제공한다.

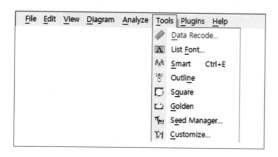

2) 도구상자

AMOS 도구상자는 메뉴바의 주요 기능들을 이용하기 편리하게 모아놓은 공간이다. 모형을 그리고, 분석하고, 결과를 확인하기 위해 꼭 알아야 할 아이콘들을 살펴보자. 사용 빈도가 낮은 아이콘들은 모형 그리기 과정에서 숙지하는 것이 효율적이다.

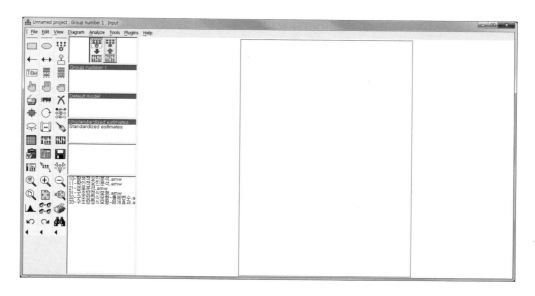

	Draw Indicator Variable	관측변수를 그리는 도구이다.
	Draw Unobserved	잠재변수를 그리는 도구이다.
	Draw Indicator Variable	잠재변수, 관측변수, 측정오차를 set로 그릴 수 있는 도구이다. 확인적 요인분석과 구조방정식모형을 그릴 때 유용하다.
	Draw Path	변수 간 경로를 만드는 도구이며, 구조방정식모형과 경로분석에서 사용된다.
	Draw Covariance	변수 간 공분산/상관관계를 만드는 도구이다.
	Draw Unique Variable	측정오차변수 또는 구조오차변수를 만들거나, 만들어진 변수의 위치를 회전하는 도구이다.
	Variables in Dataset	데이터 파일을 불러온 후, 이 도구를 선택하면 변수 목록이 나타난다. 변수명을 드래그해서 관측변수 도형에 넣으면 변수명과 Label이 연결된다.
	Select	모형 중에 일부를 선택하는 도구이다. 여러 개를 선택할 때는 [Ctrl]을 누른 채 원하는 대상을 클릭한다. 선택된 대상은 파란색으로 표시된다.
	Select All	모형 전체를 선택하는 도구이다. 모형 전체가 파란색으로 표시된다.
	Deselect All	선택된 모형들을 모두 해제하는 도구이다. 모형 전체가 기본색인 검정으로 표시된다.
	Duplicate	모형의 변수들을 복사하는 도구이다. 변수 1개를 여러 개 복사하거나, 여러 변수들을 선택하여 한번에 복사할 수 있다.
	Move	모형을 이동시키는 도구이다. 일부 또는 전체를 선택하여 원하는 위치로 이동시킬 수 있다.
	Erase	그려진 모형을 삭제하는 도구이다. 전체 삭제는 불가능하고, 원하는 대상을 하나씩 클릭하여 삭제해야 한다.
	Shape of Object	변수들을 확대하거나 축소하는 도구이다. 일부 또는 전체를 선택하여 모양을 조정할 수 있다.
	Rotate	잠재변수 set의 위치를 회전하는 도구이다. 잠재변수를 클릭할 때마다 동서남북으로 위치가 변경된다.

	Move Parameter	모수를 이동시키는 도구이다. 경로에 해당하는 모수를 구분하기 어려울 때 사용하면 좋다.
	Touch Up	모형에 화살표를 그리면 모양이 제각각이 되는데, 이 도구를 활용하면 보기 좋게 정리된다. 원하는 변수에 클릭하면 변수에 연결된 화살표가 정리되고, 전체 선택을 한 후에 클릭하면 모형에 있는 모든 화살표가 정리된다.
	Data Files	모형에 데이터를 연결하는 도구이다. 클릭하면 데이터 불러오기 창이 나타나고, 원하는 데이터를 선택하면 연결된다. SPSS 데이터 파일만 사용할 수 있다.
	Analysis Properties	분석 실행에 관련된 옵션들을 설정하는 도구이다. 선택한 옵션들은 분석 결과에 나타난다.
	Calculate Estimates	모형을 분석하는 도구이다. 모형이 비정상적이면 오류메시지가 나타나는데, 이때는 오류를 해결하고 다시 분석을 실행한다.
	Copy (clipboard)	모형을 복사하여 한글이나 파워포인트에 붙여넣을 때 필요한 도구이다. 아이콘을 클릭한 후 원하는 프로그램에 붙여넣기를 하면 전체 모형이 복사된다. 모형의 일부만을 선택해서 붙여넣기도 가능하다.
	Text Output	분석 결과를 확인할 수 있는 도구이다. 클릭하면 결과창이 생성되면서 다양한 결과가 제공된다.
	Save	파일을 저장하는 도구이다. 일반 프로그램의 저장 기능과 같다.
	Zoom In	작업창을 확대하는 도구이며, 클릭할 때마다 점점 커진다.
	Zoom Out	작업창을 축소하는 도구이며, 클릭할 때마다 점점 작아진다. 화면에 보이지 않는 변수들을 찾을 때 유용하게 사용된다.
	Zoom Page	작업창을 원래 상태로 복구할 때 사용하는 도구이다.
	Multiple-Group Analysis	집단분석을 할 때 사용한다.
	Undo	모형을 그릴 때 현재의 상태를 취소하고 이전 상태로 돌리는 도구이다. 4단계 전까지 돌아갈 수 있다.
	Redo	이전 단계를 다시 현재 상태로 복구하는 도구이다.

3) 관리창

도구상자 우측에 있는 관리창은 모형과 분석의 전반적인 상태를 제공한다. 각 기능을 살펴보자.

❶ 하향 화살표는 분석 전 모형을 화면에 나타내고, 상향 화살표는 분석 결과를 모형에 반영해서 나타낸다. 분석이 완료되면 상향 화살표가 빨간색으로 바뀌는데, 이때 클릭하면 모형에 분석 결과가 제시된다.

❷ 모형에 설정한 집단을 나타낸다.

❸ 분석 모형을 나타낸다.

❹ 분석을 실행하고 ❶의 빨간 화살표를 선택하면 모형에 분석 결과가 나타나는데, 비표준화계수(Unstandardized estimates)와 표준화계수(Standardized estimates)를 선택해서 볼 수 있다.

❺ 분석 실행 과정과 결과 상태를 나타낸다.

❻ 현재 모형의 폴더에 있는 파일들을 나타낸다. 더블클릭하면 선택 파일이 열린다.

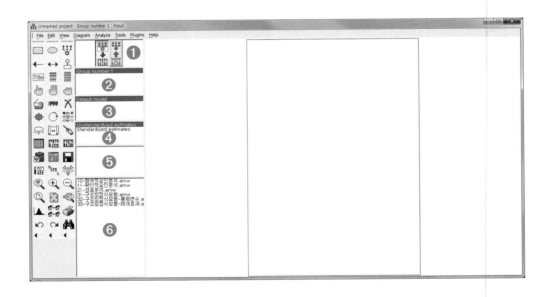

Ch 8. 측정모형

연구모형 분석에 앞서, 분석에 사용할 자료들의 자격을 평가해야 한다. 학업스트레스, 가족스트레스, 우울, 스마트폰중독과 같은 잠재변수들은 다수의 문항에 의해 간접적으로 측정되기 때문에 측정문항들의 평가가 무엇보다 중요하다. 예를 들어, 학업스트레스는 3개의 문항으로 구성되어 있는데 1번과 2번 문항은 학업스트레스를 잘 설명하고 있는 반면 3번 문항은 중요도가 낮다면, 3번 문항을 제거하고 1번과 2번 문항으로 학업스트레스를 측정하는 게 타당할 것이다. 그리고 학업스트레스, 가족스트레스, 우울, 스마트폰중독의 관계를 평가해야 한다.

이러한 자료의 타당성은 확인적 요인분석(confirmatory factor analysis; CFA)으로 검증할 수 있다. 확인적 요인분석의 주요 목적은 구성개념(요인)과 이에 소속된 측정문항들의 관계를 분석하여 자격 미달인 문항들은 제거하고, 구성개념과 관계가 높은 문항들을 선별하는 것이다. 다시 말하면, 확인적 요인분석은 선행 연구에서 이론적으로 정립된 구성개념과 측정문항의 구조를 본 연구에 적용할 수 있는지를 확인하는 과정이다.

아래 그림을 참조하여 SPSS 통계분석에서 설명했던 탐색적 요인분석과 비교해보자. 탐색적 요인분석은 이론적 근거가 없거나 미흡한 상태에서 측정문항들의 공통성을 바탕으로 요인을 탐색하는 데 유용한 분석방법이다. 요인과 측정문항들의 구조가 이론화되어 있지 않기 때문에 어떤 문항이 어느 요인에 속해야 한다는 전제가 없다. 분석을 통해 관계가 높은 측정문항들을 요인으로 만드는 것이다. 이와 달리 확인적 요인분석은 이론에 근거하기 때문에 요인과 측정문항들의 관계가 지정되어 있다. 즉, 선행 연구에 의해 정립된 학업스트레스와 3개 문항(학업S1, 학업S2, 학업S3)의 관계를 확인하는 것이다.

연구모형에 대한 타당성은 주로 확인적 요인분석을 이용하지만, 탐색적 요인분석을 실시한 후 확인적 요인분석을 통해 재검증한다면 보다 타당한 결과를 도출할 수 있다.

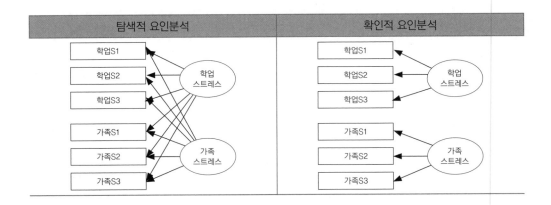

확인적 요인분석을 실시해서 타당성을 검증해보자. 연구모형에 대한 확인적 요인분석 모형은 다음과 같다. 아래의 모형을 함께 그린 후 분석해보자.

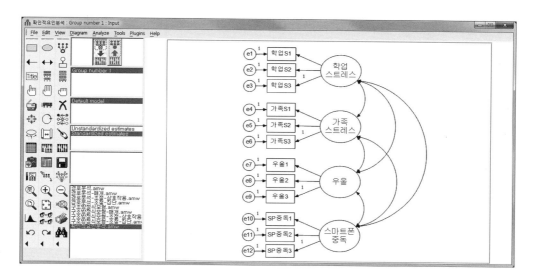

■ 분석 실행

[AMOS Graphics]를 실행하면 다음과 같이 워크시트가 생성된다.

●를 선택한 후 작업창의 원하는 위치에 드래그해서 잠재변수를 나타내는 타원을 그린다. 타원의 크기와 형태에 따라 이후에 그려지는 변수들의 크기와 형태가 달라지므로 변수가 많을 때에는 작게 그리는 게 좋다.

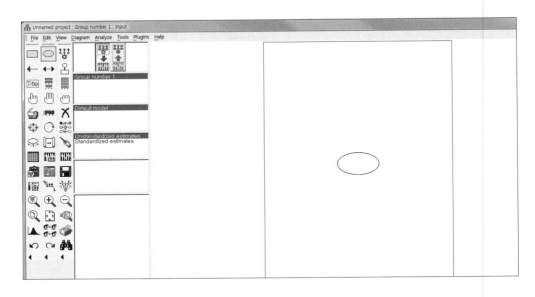

👥를 선택한 후 타원 안에 3회 반복 클릭한다. 한 번 클릭할 때마다 관측변수와 측정오차변수가 1set씩 생성된다.

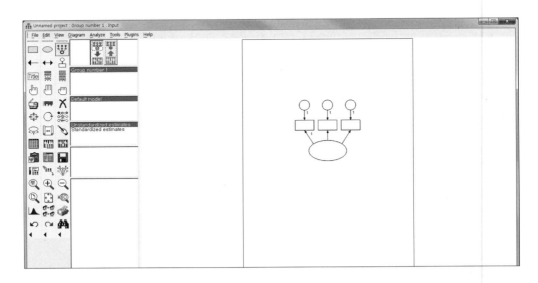

를 선택해서 타원을 3회 클릭하면 다음과 같은 모형이 만들어진다. 한 번 클릭할 때마다 시계방향으로 90도씩 회전한다.

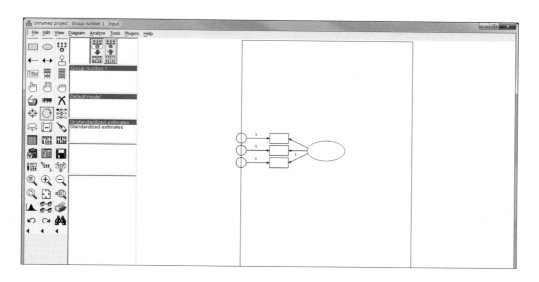

를 선택하면 모형이 파란색으로 활성화된다. 전체 선택되면 를 선택해서 모형을 누른 상태로 작업창 안에 알맞게 이동시킨다.

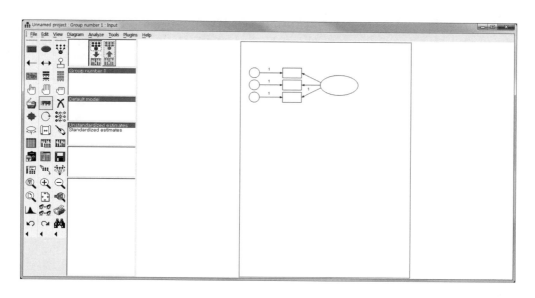

전체 선택(🖑)된 상태에서 🖑를 선택해 모형을 누른 상태로 작업창 아래쪽으로 드래그한 후 마우스를 떼면 모형이 복사된다. 같은 방법으로 2회 반복하여 다음과 같은 모형을 만든다.

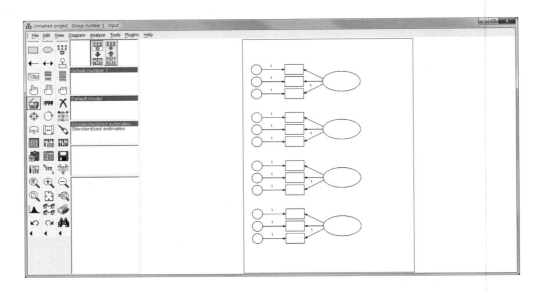

↔를 선택해서 첫 번째 잠재변수를 누른 상태로 두 번째 잠재변수로 드래그한 후 마우스를 떼면 잠재변수 간 양방향이 설정된다. 같은 방법으로 잠재변수 간에 양방향을 모두 설정해준다. 하나라도 설정이 되지 않으면 분석 시 경고창이 나타나며, 분석이 실행되지 않는다.

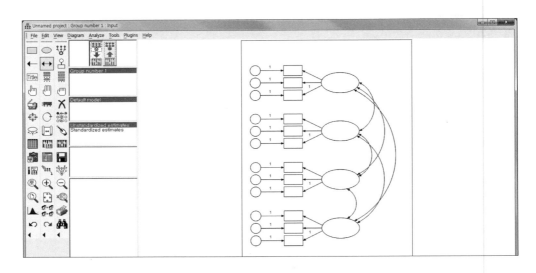

양방향 화살표 모양을 보기 좋게 정렬하려면 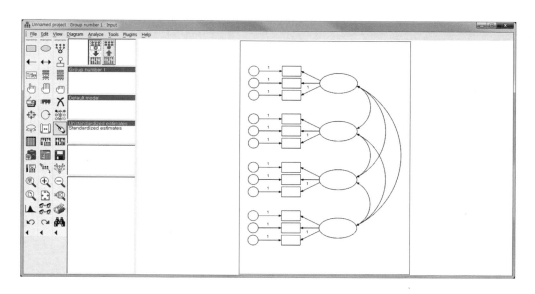를 선택해서 전체 선택한 후, 를 선택해서 모형의 한 곳에 클릭하면 다음과 같이 알맞게 조정된다.

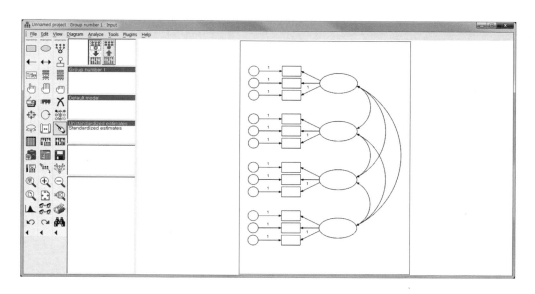

모형 그리기는 완성되었으니 이제 잠재변수와 측정오차변수에 변수명을 입력하고, 데이터 파일을 불러와서 관측변수를 넣어보자. 잠재변수명을 입력하기 위해 맨 위의 타원에 포인터를 대고 마우스 오른쪽을 클릭해서 [Object Properties]를 선택한다.

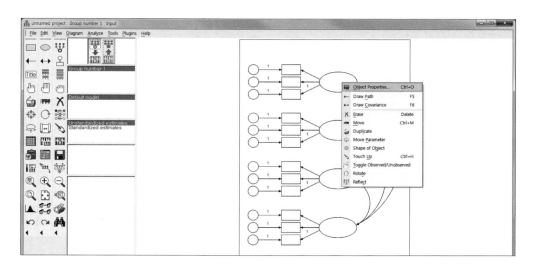

[Variable name]에 '학업스트레스'라고 입력한다. 변수명은 데이터 파일에 있는 변수명과 달라야 한다.

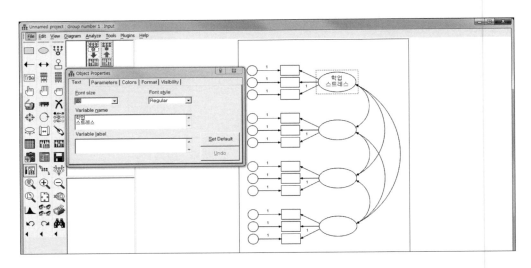

입력창이 열린 상태에서 각 타원을 선택해서 나머지 잠재변수들도 다음과 같이 입력한다.

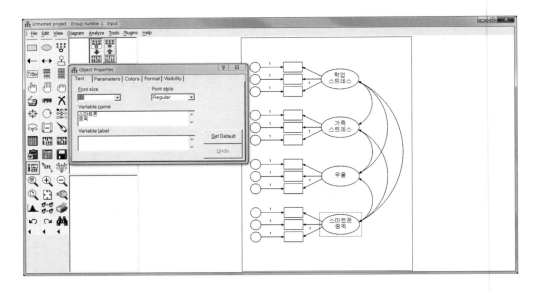

이제는 측정오차명을 입력하자. 측정오차명은 e1부터 e12까지 순서대로 입력한다. 측정오차명 또한 데이터 파일의 변수명과 같으면 분석이 실행되지 않는다. 입력이 끝나면 입력창을 닫는다.

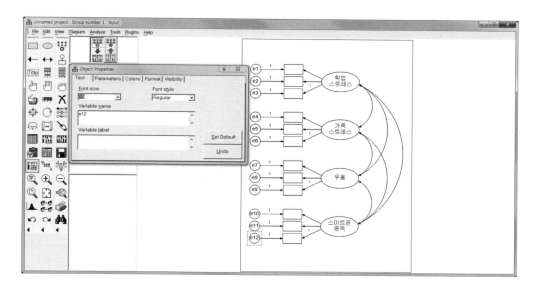

사각형에 관측변수를 넣기 위해 데이터 파일을 불러오자. ▦를 선택하면 데이터 창이 생성된다. [File Name]을 누르고 해당 파일(navigation-data-확인적요인분석)을 선택한 후 [OK]를 누르면 데이터가 모형에 적용된다.

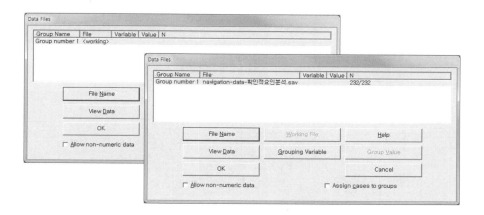

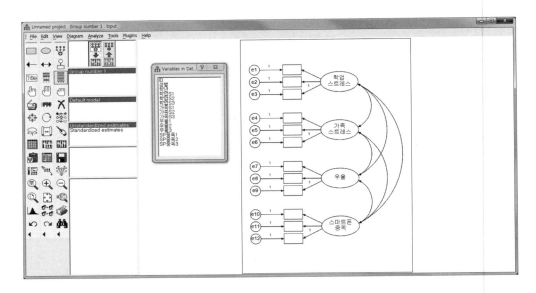를 선택하면 데이터 파일에 있는 변수 목록이 나타난다. 변수 목록이 나타나지 않으면 파일이 연결되지 않은 것이므로 데이터 파일을 다시 불러온다.

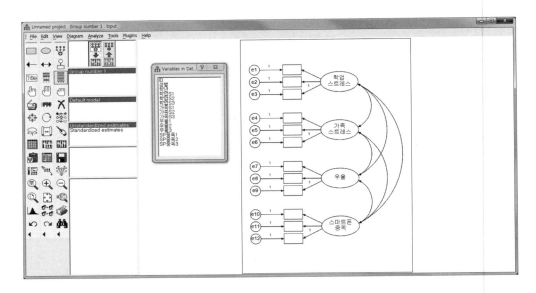

변수 목록의 '학업S1'을 드래그해서 첫 번째 사각형에 넣는다. 같은 방법으로 'SP중독3'까지 모두 투입한 후 변수 목록 창을 닫는다.

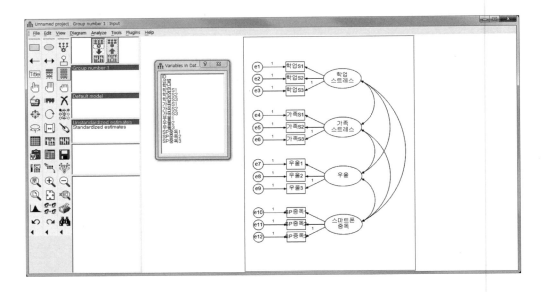

관측변수명이 길어서 사각형 밖으로 나와 있다. 분석에는 문제가 없으나 보기에 불편하므로 사각형 안으로 넣어보자. ✋를 선택하고 키보드의 [Ctrl]을 누른 상태에서 사각형들을 선택한다.

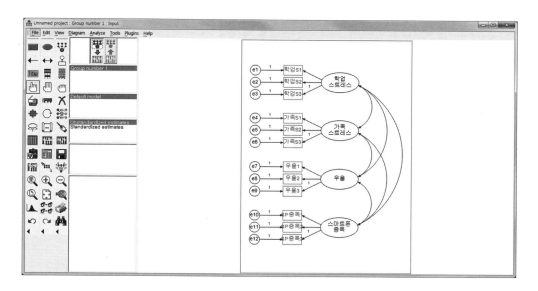

✢를 선택해서 어느 사각형이든 상관없이 가로로 늘려주면 선택된 변수들의 크기가 동일하게 조정된다. 원하는 크기로 조정한 후 ✋를 눌러 전체 해제하면 모두 비활성화된다.

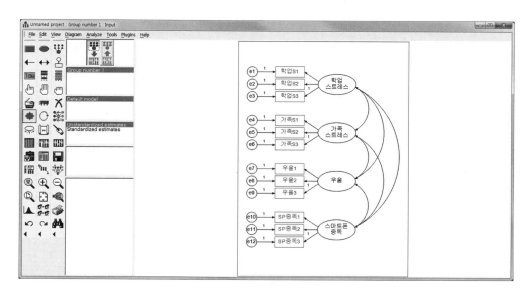

위치를 조정하고자 할 때는 원하는 변수들을 선택한 후 ![icon] 를 이용해서 이동시킨다. 위의 모형에서 사각형과 타원, 즉 관측변수와 잠재변수의 간격을 넓히려면 사각형들이 선택된 상태에서 ![icon] 를 선택한 후 좌측으로 이동시키면 다음과 같이 조정된다.

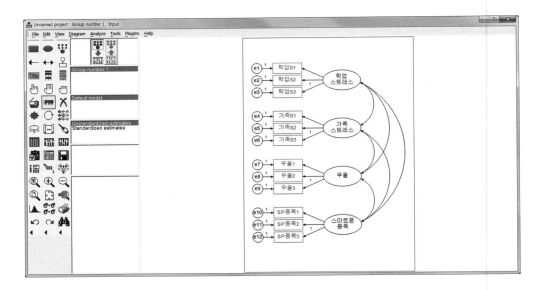

모든 입력이 완료되었다. 이제 모형을 저장하고, 분석을 실시해보자.

![icon] 를 선택하여 창이 생성되면 원하는 폴더를 지정한 후 파일명을 입력하고 저장을 누른다. 본 예제에서는 '확인적요인분석'이라고 입력하였다.

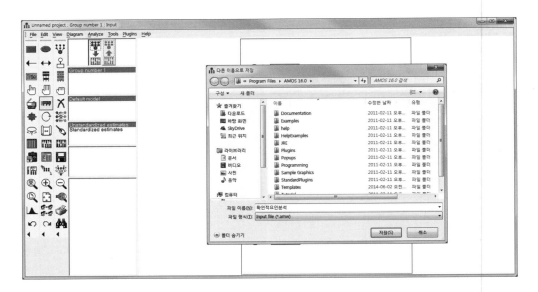

분석에 필요한 설정을 위해 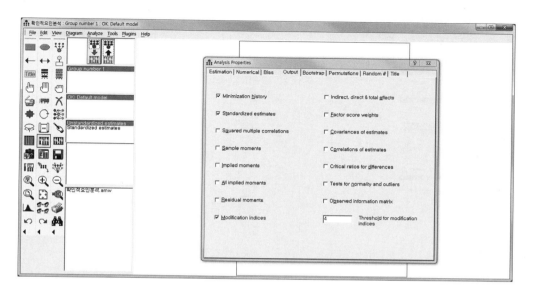를 선택한다. 생성된 창에서 상단의 [Output]을 클릭하고 다음과 같이 체크한 후 창을 닫는다.

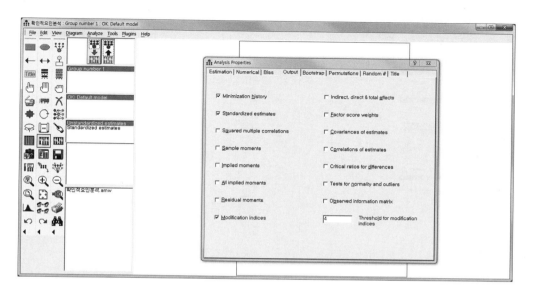

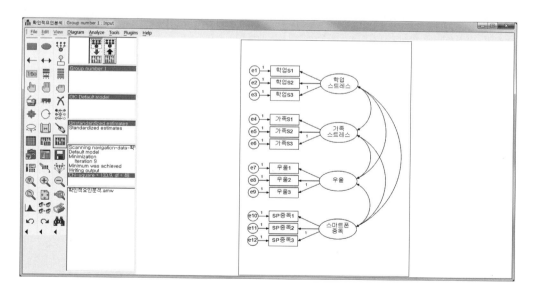를 선택하면 분석이 진행된다. 분석이 정상적으로 실시되면 상향 화살표가 빨간색으로 표시되고, 중간 박스에 분석이 실행된 상황이 나타난다.

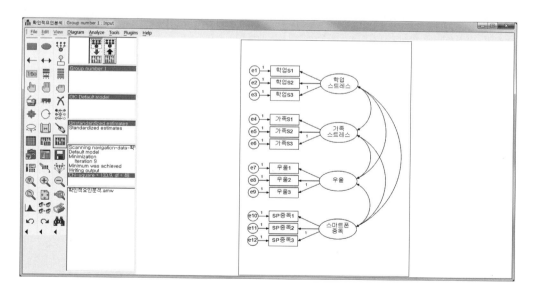

상향 화살표를 누르고 [Standardized estimates]를 선택하면 다음과 같이 분석 결과가
모형에 나타난다.

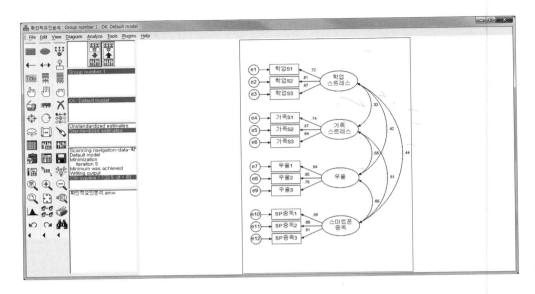

■ 결과 해석

를 선택하면 분석 결과창이 생성되는데, 가장 먼저 확인할 내용은 모형적합도이다.
[Model Fit]을 선택하면 적합도 지수가 나타난다.

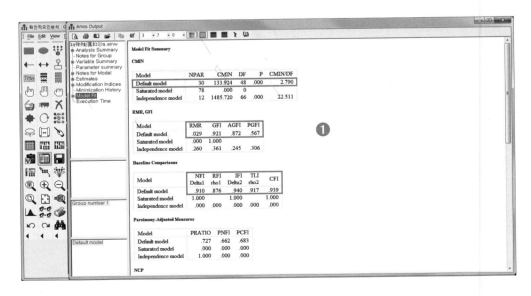

1 모형적합도

모형적합도 평가 기준과 분석 결과에 나타난 적합도 지수를 정리하면 다음과 같다.

먼저, CMIN(χ^2)의 유의확률이 유의수준보다 커서($p<.05$) 모형은 데이터에 적합하지 않은 것으로 나타났다. AGFI와 RFI 또한 기준값보다 낮게 나타났다. 그 외의 적합도들은 기준치를 충족하였다.

이러한 경우에는 어떻게 평가해야 할까? 모든 적합지수들이 기준에 부합해야 모형이 적합하다고 해석하는 것은 무리가 있다. 다양한 적합지수들을 고려하여 연구자가 모형의 사용 여부를 결정해야 한다. 본 예제에서는 CMIN을 제외하면 기준치를 상회하거나 기준치에 근접하고 있는 것으로 보여 모형이 데이터에 적합하다고 판단하였다.

[표 8-1] 모형적합도 결과

적합도	기준값	분석 결과	적합성 판단
CMIN(χ^2)	$p>.05$	$p=.000$	X
RMR	.05 이하	.029	O
GFI	.9 이상	.921	O
AGFI	.9 이상	.872	X
NFI	.9 이상	.910	O
RFI	.9 이상	.876	X
IFI	.9 이상	.940	O
TLI	.9 이상	.917	O
CFI	.9 이상	.939	O
RMSEA	.1 이하: 보통 .08 이하: 양호 .05 이하: 좋음	.088	X

[Estimates]를 선택하면 주요 분석 결과가 나타난다. 결과 내용이 많으므로 스크롤을 내리면서 순서대로 살펴보자.

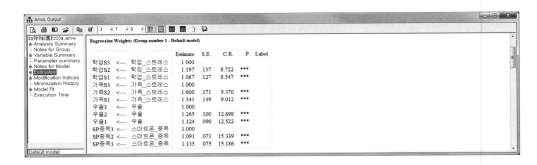

❷ 통계적 유의성

[Regression Weights]에는 잠재변수와 관측변수의 비표준화계수(Estimate)와 표준오차 (S.E.), 검정통계량(C.R.), 유의확률(p)이 나타나 있다. 비표준화계수를 표준오차로 나눈 값이 t-통계량이며, 유의확률은 t-통계량의 유의성을 나타낸다.

결과를 보면 잠재변수와 관측변수의 관계는 모두 ***으로 표시되어 있다. ***은 α=.001 유의수준에서 유의함을 의미한다(p<.001). 학업S3과 학업스트레스, 가족S3과 가족스트레스, 우울3과 우울, SP중독3과 스마트폰중독은 결과가 없는데, 이는 모형을 그릴 때 식별을 위해 1로 자동 설정되어 Estimate에 1.000으로 나타나기 때문이다.

Regression Weights: (Group number 1 - Default model)

			Estimate	S.E.	C.R.	P	Label
학업S3	<---	학업_스트레스	1.000				
학업S2	<---	학업_스트레스	1.197	.137	8.722	***	
학업S1	<---	학업_스트레스	1.087	.127	8.547	***	
가족S3	<---	가족_스트레스	1.000				
가족S2	<---	가족_스트레스	1.600	.171	9.370	***	
가족S1	<---	가족_스트레스	1.341	.149	9.012	***	
우울3	<---	우울	1.000				
우울2	<---	우울	1.265	.100	12.698	***	
우울1	<---	우울	1.124	.090	12.522	***	
SP중독3	<---	스마트폰_중독	1.000				
SP중독2	<---	스마트폰_중독	1.091	.071	15.339	***	
SP중독1	<---	스마트폰_중독	1.135	.075	15.186	***	

③ 요인부하량

[Standardized Regression Weights]에는 표준화계수가 제시되어 있다. 표준화계수는 요인부하량(λ)에 해당하는데, 기준치는 λ=.50~95이다. 결과에서 학업S3과 학업스트레스의 요인부하량은 .665로 나타났고, 다른 요인부하량들도 .643~.891로 나타나 기준치를 충족하는 것을 알 수 있다.

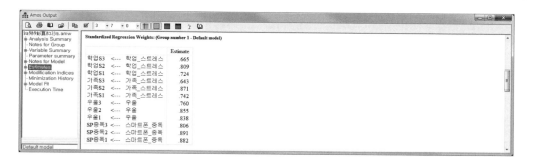

본 예제와 같이 분석 결과가 양호하게 나타나면 다음 단계인 구조방정식모형을 분석하면 된다. 그러나 통계적 유의성이 입증되지 않거나 표준화계수가 .50 미만인 변수가 있을 때에는 해당 관측변수를 제거하고 확인적 요인분석을 재실시해야 한다.

논문 제시 방법

요인과 측정문항 간의 관계를 평가하기 위해 확인적 요인분석(confirmatory factor analysis)을 실시하였다. 분석 결과의 해석에 앞서 측정모형의 적합도(model fit)를 확인한 결과, CMIN/DF=133.924/48, RMR=.029, GFI=.921, AGFI=.872, TLI=.917, CFI=.939, RMSEA=.088로, 일부 적합도 지수가 기준치를 충족하지 못하는 것으로 나타났으나 기준치에 근접해 있고, 다른 주요 지수들이 양호하기 때문에 측정모형은 적합하다고 판단하였다.

분석 결과를 살펴보면, 학업스트레스와 측정문항 간의 요인부하량은 λ=.665~.809, 가족스트레스를 측정하는 문항들에 대한 요인부하량은 λ=.643~.871, 우울과 측정문항의 요인부하량은 λ=.760~.855, 스마트폰중독의 요인부하량은 λ=.806~.891로 나타났고, 모든 문항들이 통계적으로 유의함이 확인되었다(p<.001).

〈표1〉 표본의 특성

경로			표준화 계수	표준 오차	$t(Sig.)$
학업스트레스	→	학업S3	.665	–	–
	→	학업S2	.809	.137	8.722***
	→	학업S1	.724	.127	8.547***
가족스트레스	→	가족S3	.643	–	
	→	가족S2	.871	.171	9.37***
	→	가족S1	.742	.149	9.012***
우울	→	우울3	.760	–	
	→	우울2	.855	.100	12.698***
	→	우울1	.838	.090	12.522***
스마트폰중독	→	SP중독3	.806	–	
	→	SP중독2	.891	.071	15.339***
	→	SP중독1	.882	.075	15.186***

CMIN/DF=133.924/48(p<.001), RMR=.029, GFI=.921, AGFI=.872,
NFI=.910, RFI=.876, IFI=.940, TLI=.917, CFI=.939, RMSEA=.088

***p<.001

※ 학위논문에서는 확인적 요인분석 모형을 분석 결과와 함께 제시하며, 소논문에서는 대부분 분석 결과만 제시한다. 모형 게재 방법은 Ch 9. 구조방정식모형 분석의 '논문 제시 방법'(p.306)에 설명되어 있다.

Ch 9. **연구모형**

확인적 요인분석을 통해 타당성을 검증하였으니 연구모형을 분석해보자. 본 예제의 연구모형은 3개의 가설을 표현하고 있다(예제파일명: 구조방정식모형). 학업스트레스와 가족스트레스가 우울에 영향을 미치고, 우울이 스마트폰중독에 영향을 미치는 형태다. 그리고 모형의 형태가 타원인 것은 잠재변수임을 나타낸다.

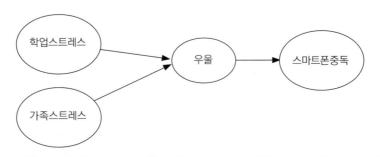

H1: 학업스트레스는 우울에 영향을 미칠 것이다.
H2: 가족스트레스는 우울에 영향을 미칠 것이다.
H3: 우울은 스마트폰중독에 영향을 미칠 것이다.

가설과 함께 제시하는 연구모형은 간단하게 나타내지만, 분석을 하기 위해서는 다음과 같은 연구모형을 그려야 한다. 모형을 그리고 분석하는 일련의 과정은 복잡하고 어려울 수 있다. 그러나 하나라도 조건이 맞지 않으면 분석을 진행할 수 없으니 차근차근 따라해보자.

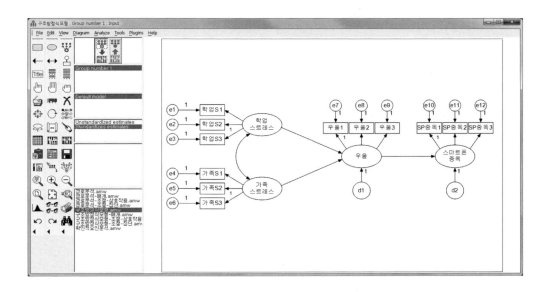

■ 분석 실행

[AMOS Graphics]를 실행하면 다음과 같이 워크시트가 생성된다. 세로 형태인 워크시트를 가로로 전환하려면 메뉴의 [View → Interface Properties]를 선택한다.

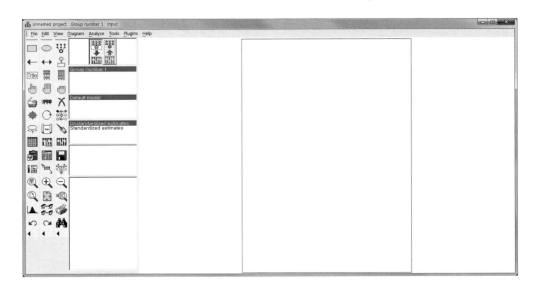

우측 하단의 [Orientation]에서 워크시트의 형태를 선택할 수 있다. Portrait는 가로, Landscape는 세로를 나타내므로 ⊙Landscape를 선택한 후 [Apply]를 누르고 창을 닫는다.

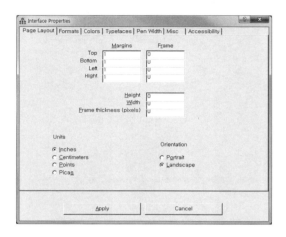

워크시트가 변경되었으면 모형을 그려보자. 먼저 ⬭를 선택한 후 작업창의 원하는 위치에 드래그해서 잠재변수를 나타내는 타원을 그린다. 타원의 모양에 따라 이후에 그려지는 관측변수와 오차변수들의 크기와 형태가 달라지므로 이를 감안하여 적당히 그린다.

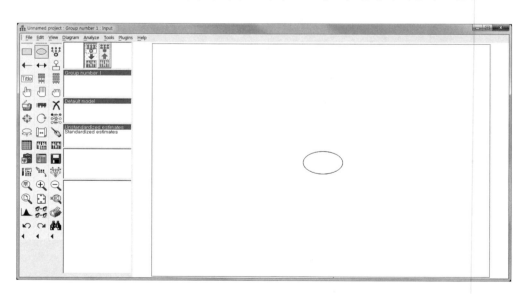

를 선택한 후 타원 안에 3회 반복 클릭한다. 한 번 클릭할 때마다 관측변수와 측정오차변수가 1set씩 생성된다.

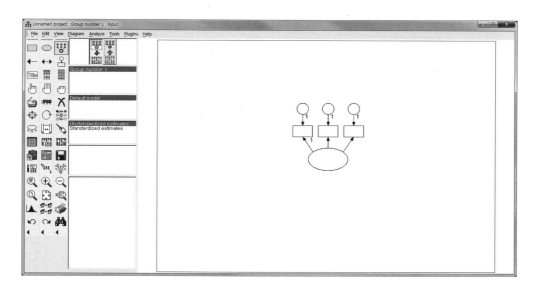

를 선택해서 타원을 3회 클릭하면 다음과 같은 모형이 만들어진다. 한 번 클릭할 때마다 시계방향으로 90도씩 회전한다.

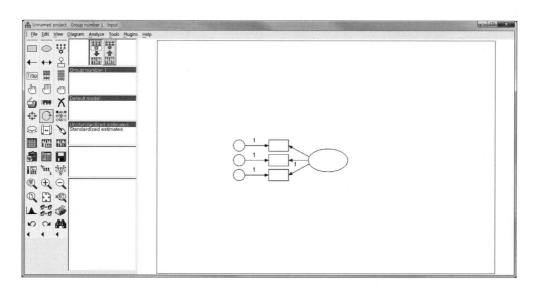

를 선택하면 모형이 파란색으로 활성화된다. 전체 선택되면 를 선택해서 모형을 누른 상태로 작업창 안에 알맞게 이동시킨다.

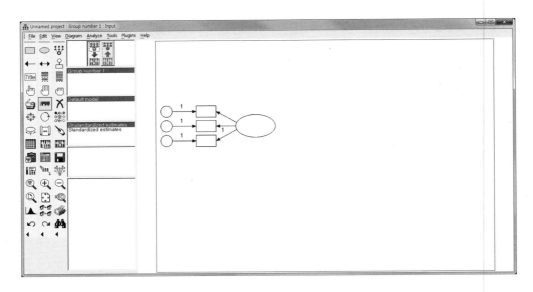

전체 선택된 상태에서 를 택해 모형을 누른 상태로 작업창 아래쪽으로 드래그한 후 마우스를 떼면 모형이 복사된다.

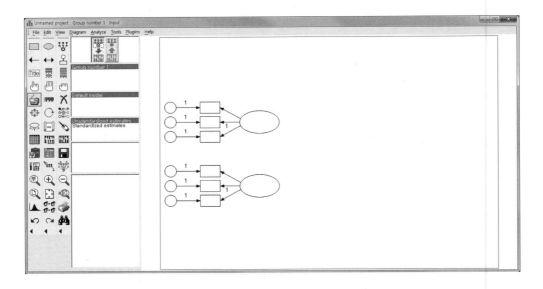

이와 같이 하면 복사된 아래 모형이 선택될 것이다. 아래의 모형을 누른 상태로 작업창 중앙으로 드래그한 후 마우스를 떼면 다음과 같이 모형이 복사된다.

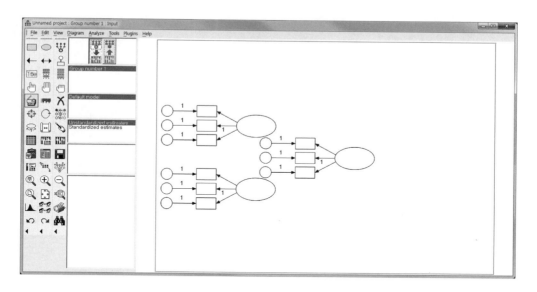

○를 선택해서 타원을 1회 클릭하면 다음과 같은 모형이 만들어진다.

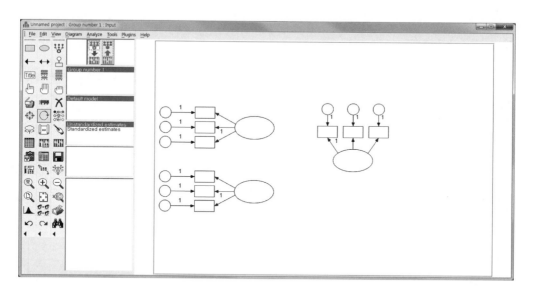

이와 같이 하면 오른쪽 모형이 선택되어 있을 것이다. ✋를 택해 모형을 누른 상태로 오른쪽으로 드래그한 후 마우스를 떼면 모형이 복사된다.

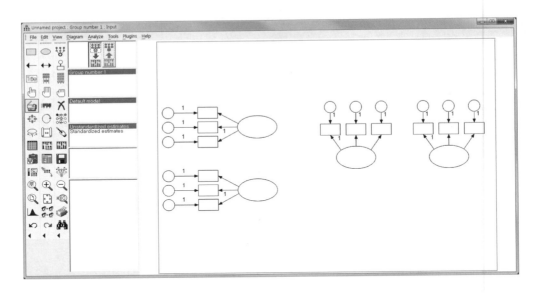

이제 잠재변수(타원) 간의 관계를 화살표로 연결해보자. ←를 선택해서 왼쪽 상단의 잠재변수를 누른 상태로 중앙의 잠재변수로 드래그한 후 마우스를 떼면, 잠재변수 간 일방향이 설정된다.

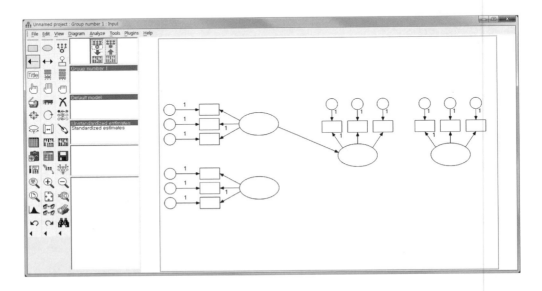

같은 방법으로 가설에 해당되는 잠재변수 간 연결을 다음과 같이 그린다.

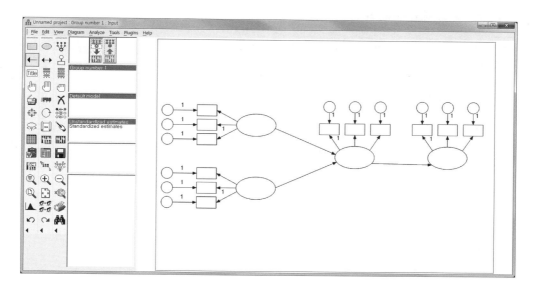

왼쪽에 있는 2개의 모형은 외생변수(독립변수)이므로 일방향이 아닌 양방향으로 연결한다. ↔를 선택해서 아래쪽의 잠재변수(타원)를 누른 상태로 위쪽 잠재변수로 드래그한 후 마우스를 떼면 잠재변수 간 양방향이 설정된다.

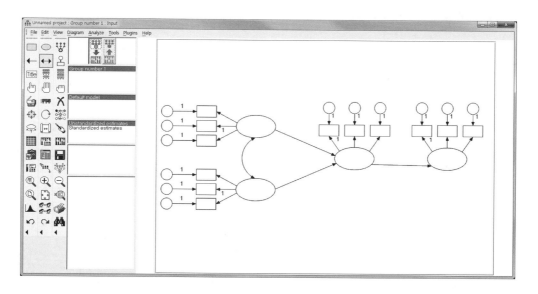

화살표 모양을 보기 좋게 정렬하려면 ▦를 택해 전체 선택한 후, ✎를 택해서 모형의 한 곳을 클릭하면 다음과 같이 알맞게 조정된다.

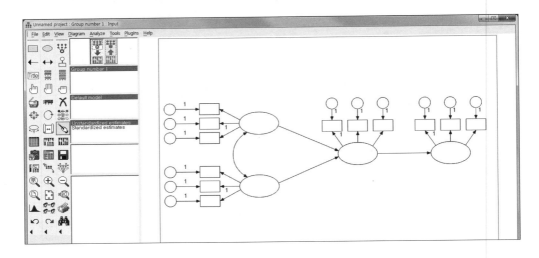

모형 그리기의 마지막 단계는 구조오차변수를 만드는 것이다. 구조오차는 영향을 받는 변수에만 존재하므로 모형에서는 중앙과 오른쪽 잠재변수(타원)에 그려주면 된다. 옴를 선택해서 중앙의 잠재변수에 4회 클릭한다. 1회 클릭하면 위쪽에 구조오차변수가 생성되고, 2회 클릭부터는 시계방향으로 45도씩 회전한다.

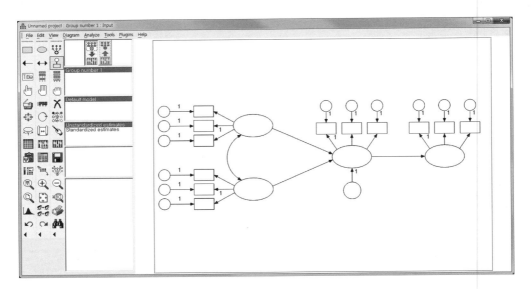

같은 방법으로 오른쪽 잠재변수에도 구조오차변수를 만든다.

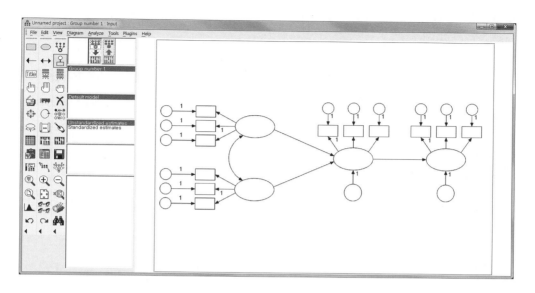

모형 그리기는 완성되었으니 이제 잠재변수와 오차변수에 변수명을 입력하자. 잠재변수명을 입력하기 위해 좌측 상단의 타원에 포인터를 대고 마우스 오른쪽을 클릭해서 [Object Properties]를 선택한다.

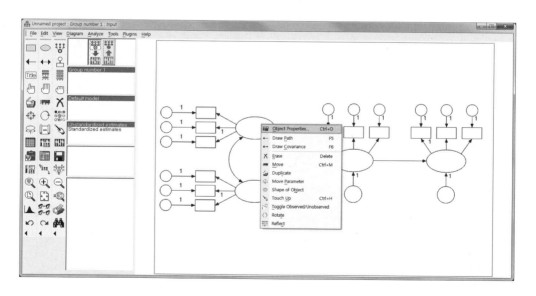

[Variable name]에 '학업스트레스'라고 입력한다. 입력한 변수명은 데이터 파일에 있는 변수명과 달라야 한다. 폰트 크기는 18pt로 제공되는데 크다고 생각되면 [Font size]를 선택해서 조정한다. 모형에서는 14pt로 조정하였다.

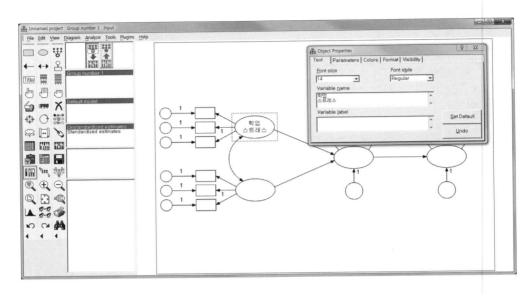

나머지 잠재변수들도 하나씩 선택하여 다음과 같이 변수명을 입력하고 폰트 크기를 조정한다.

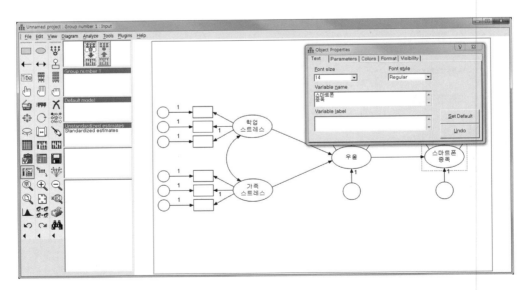

변수 입력창이 열린 상태에서 구조오차변수를 선택하여 우울의 구조오차에는 'd1'을;
스마트폰중독의 구조오차에는 'd2'를 입력하고 폰트 크기를 조정한다.

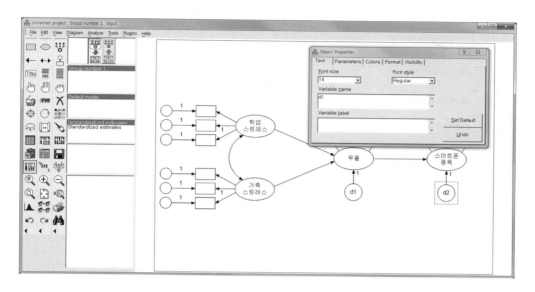

다음은 측정오차변수명을 입력할 차례다. 입력창을 아래로 이동시킨 후 왼쪽 상단부터
e1~e12까지 순서대로 입력하면서 폰트 크기를 조정한다. 측정오차명 또한 데이터 파일의
변수명과 같으면 분석이 되지 않는다. 입력이 끝나면 입력창을 닫는다.

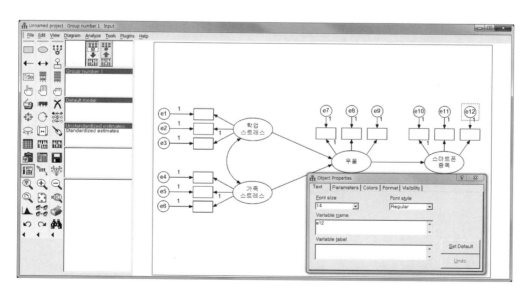

입력창을 닫으면 다음과 같은 모형이 될 것이다. 이제 사각형에 변수를 넣어야 하는데, 사각형은 관측변수이므로 데이터 파일을 불러와서 해당 변수를 넣어야 한다.

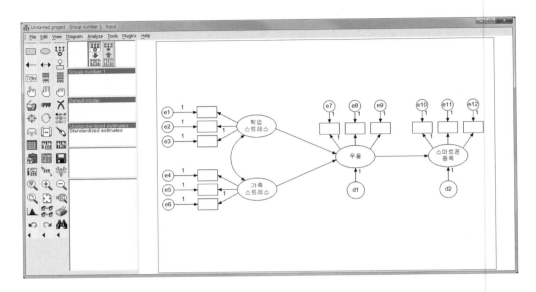

관측변수를 넣기 위해 데이터 파일을 불러오자. ▦를 선택하면 데이터 창이 생성된다. [File Name]을 누르고 해당 파일(navigation-data-구조방정식모형)을 선택한 후 [OK]를 누르면 데이터가 모형에 적용된다.

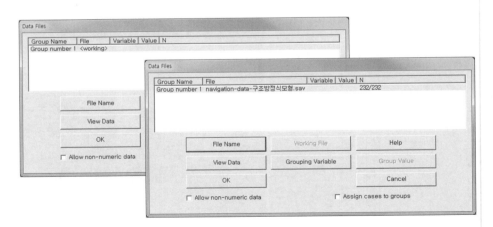

를 선택하면 데이터 파일에 있는 변수 목록이 나타난다. 변수 목록이 나타나지 않으면 파일이 연결되지 않은 것이므로 데이터 파일을 다시 불러온다.

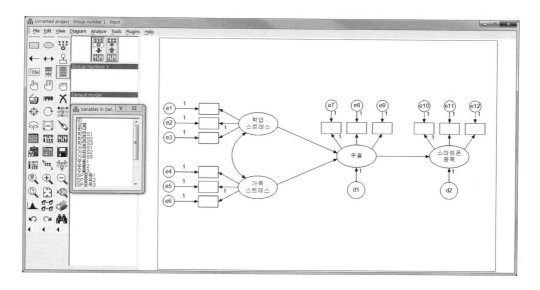

변수 목록의 '학업S1'을 드래그해서 첫 번째 관측변수(사각형)에 넣는다. 폰트 크기는 모두 투입한 후 조정하면 되므로 우선 변수를 투입하기로 하자.

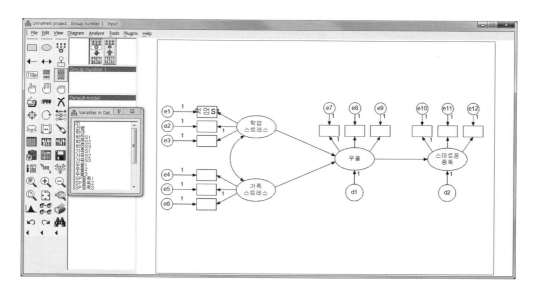

학업스트레스에는 '학업S1~학업S3'을, 가족스트레스에는 '가족S1~가족S3'을, 우울에는 '우울1~우울3'을, 스마트폰중독에는 'SP중독1~SP중독3'을 순서대로 투입한다. 다음과 같이 모형이 그려졌으면 입력창을 닫는다.

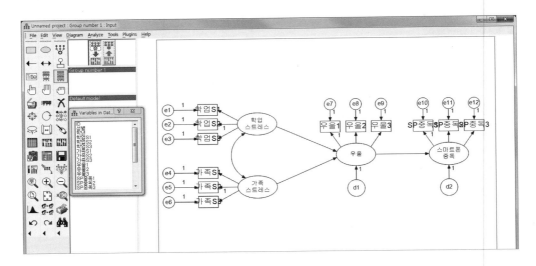

관측변수명이 길어서 사각형 밖으로 나와 있는데, 보기에 불편하므로 폰트 크기와 사각형을 조정해보자. 먼저 폰트 크기를 줄이기 위해 첫 번째 관측변수(사각형)에 포인터를 대고 마우스 오른쪽을 클릭해서 [Object Properties]를 선택한다.

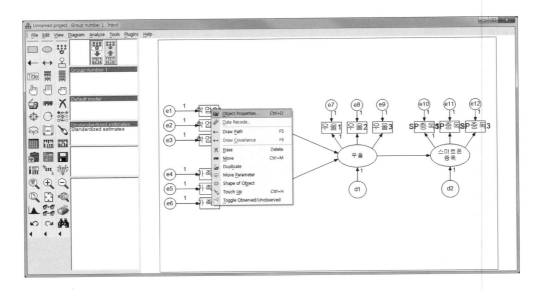

폰트 크기를 18pt에서 14pt로 조정한다.

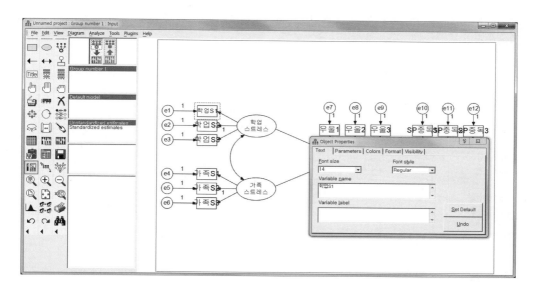

나머지 관측변수들도 선택해서 폰트 크기를 14pt로 조정한 후 폰트창을 닫으면 다음과
같이 된다.

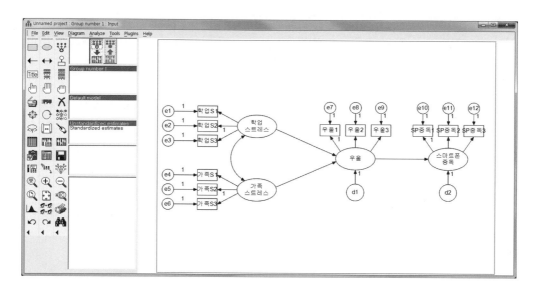

폰트 크기를 줄였는데도 변수명이 사각형 밖으로 나와 있는 상태라면 사각형 크기를 키워보자. ⬜를 선택하고 키보드의 [Ctrl]을 누른 상태에서 사각형들을 하나씩 클릭하면 아래와 같이 선택된다.

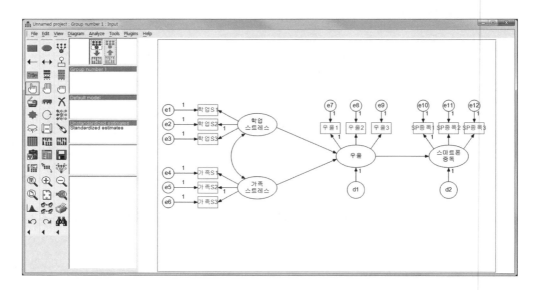

⬜를 선택해서 어느 사각형이든 상관없이 가로로 늘려주면 선택된 변수들의 크기가 동일하게 조정된다. 원하는 크기로 조정한 후 ⬜를 눌러 전체 해제하면 모두 비활성화된다. 드디어 모형 그리기가 끝났다!

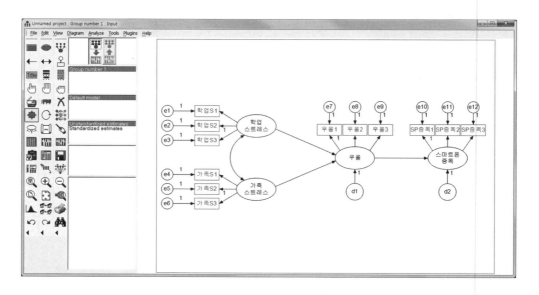

이제 모형을 저장하고, 분석을 실시해보자. 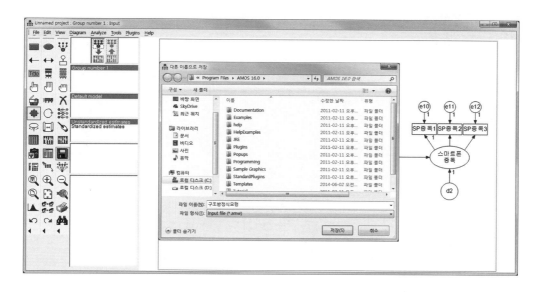를 선택하여 창이 나타나면 원하는 폴더를 지정한 후 파일명을 입력하고 저장을 누른다. 본 예제에서는 '구조방정식모형'이라고 입력하였다.

분석에 필요한 설정을 위해 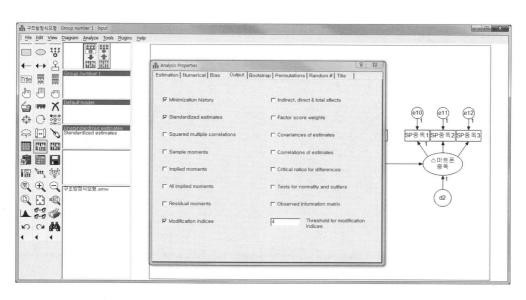를 선택한다. 생성된 창에서 상단의 [Output]을 클릭하고 다음과 같이 체크한 후 창을 닫는다.

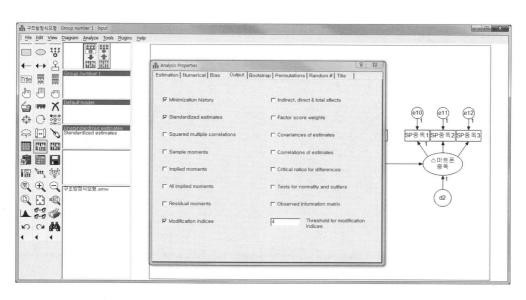

를 선택하면 분석이 진행된다. 분석이 정상적으로 실시되면 상향 화살표가 빨간색으로 표시되고, 중간 박스에 분석 상황이 나타난다.

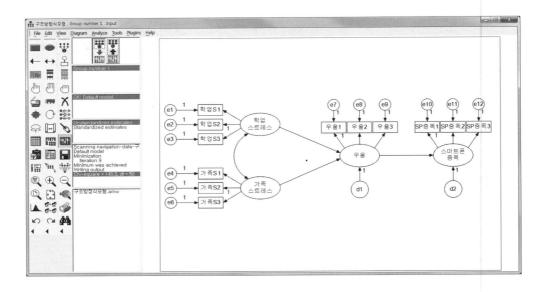

상향 화살표를 누르고 [Standardized estimates]를 선택하면 다음과 같이 분석 결과가 모형에 나타난다.

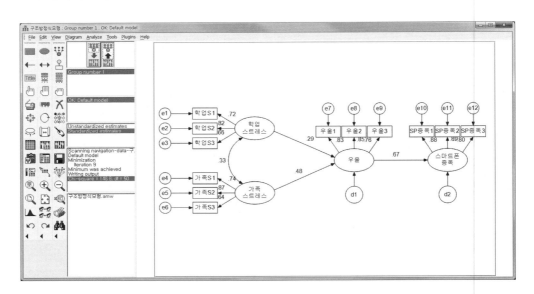

■ 분석 결과

를 선택하면 분석 결과가 제시된다. 먼저 모형적합도를 확인해야 한다. [Model Fit]을 선택하면 적합도 지수가 나타난다.

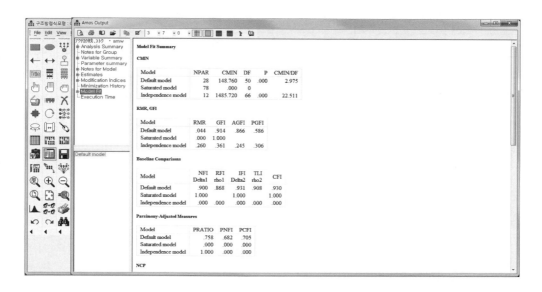

① 모형적합도

다음 표는 모형적합도 평가 기준과 분석 결과에 나타난 적합도 지수를 비교한 것이다.

CMIN(χ^2)의 유의확률이 유의수준보다 큰 것으로 나타나($p<.05$) 모형은 데이터에 적합하지 않으며, AGFI, RFI, RMSEA 또한 기준치를 충족하지 못하고 있다. 그 외 RMR, GFI, NFI, IFI, TLI, CFI 지수들은 기준치를 충족하고 있다.

확인적 요인분석 결과에서도 설명하였듯이, 모든 적합지수들이 양호하면 좋겠지만, 그렇지 않을 때에는 적합지수들을 전체적으로 고려하여 연구자가 판단하면 된다. 본 예제에서는 CMIN을 제외하면 기준치를 상회하거나 기준치에 근접하고 있다고 판단하고, 다음 단계인 분석 결과를 살펴보았다.

적합지수	기준값	분석 결과	적합성 판단
CMIN(p)	.05 이상	.000	X
RMR	.05 이하	.044	O
GFI	.9 이상	.914	O
AGFI	.9 이상	.866	X
NFI	.9 이상	.900	O
RFI	.9 이상	.868	X
IFI	.9 이상	.931	O
TLI	.9 이상	.908	O
CFI	.9 이상	.930	O
RMSEA	.1 이하: 보통 .08 이하: 양호 .05 이하: 좋음	.092	X

[Estimates]를 선택하면 주요 분석 결과가 나타난다. 연구모형 분석은 가설의 검정이므로 가설의 유의성과 영향력만 확인하자.

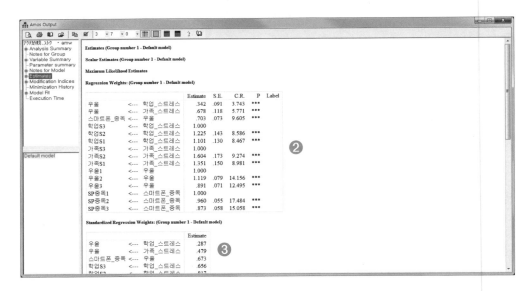

❷ 가설검정

[Regression Weights]에는 비표준화계수(Estimate)와 표준오차(S.E.), 검정통계량(C.R.), 유의확률(p)이 나타나 있다. 비표준화계수를 표준오차로 나눈 값이 t−통계량이며, 유의확률은 t−통계량의 유의성을 나타낸다.

가설검정은 검정통계량(C.R.)에 대한 유의확률(p)로 평가한다. 결과를 보면, 학업스트레스와 우울, 가족스트레스와 우울, 우울과 스마트폰중독의 관계는 모두 ***으로 표시되어 있다. ***은 α=.001 유의수준에서 유의함을 의미한다(p<.001).

구체적으로 살펴보면, 학업스트레스는 우울에 유의한 영향을 미치며(t=3.743, p<.001), 가족스트레스가 우울에 미치는 영향도 유의하게 나타났다(t=5.771, p<.001). 또한 우울은 스마트폰중독에 유의한 영향(t=9.605, p<.001)을 미치는 것으로 나타나 가설 1, 2, 3은 지지되었다.

❸ 영향력

[Standardized Regression Weights]에는 표준계수가 제시되어 있는데, 가설에서 경로계수를 의미한다. 학업스트레스가 우울에 미치는 영향력은 .287이고, 가족스트레스가 우울에 미치는 영향력은 .479, 우울이 스마트폰중독에 미치는 영향력은 .673으로 분석되었다. 결과를 통해 우울이 스마트폰중독에 미치는 영향이 매우 크고, 학업스트레스보다는 가족스트레스가 우울에 더 큰 영향을 주고 있음을 알 수 있다.

학업스트레스와 가족스트레스, 우울, 스마트폰중독의 관계를 검증하기 위해 구조방정식모형을 분석하였다. 연구모형의 적합도는 χ^2=2.975(p<.000), GFI=.914, AGFI=.866, CFI=.930, IFI=.931, TLI=.908, RMR=.044, RMSEA=.092로 나타났다. 일부 지수들이 기준치보다 약간 낮게 나타났으나, 주요 지수들이 좋은 수치를 나타내어 모형적합도가 양호하다고 판단하고 가설을 검정하였다.

학업스트레스가 우울에 미치는 영향(경로계수=.287, t-value=3.743, p<.001)은 통계적으로 유의하게 나타나 가설1이 지지되었다. 결과에 따라 학업스트레스가 높아질수록 우울 수준도 높아짐을 알 수 있다.

가족스트레스는 우울에 유의한 영향(경로계수=.479, t-value=5.771, p<.001)을 미치는 것으로 분석되어 가설2가 지지되었다. 가족스트레스가 높아질수록 우울 수준도 높아진다고 해석할 수 있다.

우울이 스마트폰중독에 미치는 영향(경로계수=.673, t-value=9.605, p<.001)도 유의성이 입증되었다. 이는 우울한 중학생들은 스마트폰중독 수준도 높아진다는 것을 의미한다.

가설검정 결과, 학업스트레스와 가족스트레스는 우울에 정(+)의 영향을 미치고, 특히 가족으로 인한 스트레스가 심할 때 우울의 정도가 상대적으로 높다고 해석되며, 우울할수록 스마트폰중독 수준이 강해지는 것으로 해석된다.

〈표 1〉 가설검정 결과

경로			표준화 계수	표준 오차	t(Sig.)
학업스트레스	→	우울	.287	.091	3.743***
가족스트레스	→	우울	.479	.118	5.771***
우울	→	스마트폰중독	.673	.073	9.605***
CMIN/DF=148.760/50(p<.001), RMR=.044, GFI=.914, AGFI=.866, NFI=.900, RFI=.868, IFI=.931, TLI=.908, CFI=.930, RMSEA=.092					

***p<.001

학위논문에서는 연구모형 결과를 분석 결과와 함께 제시하며, 소논문에서는 대부분 결과만 제시한다. 연구모형을 제시하는 방법은 다음과 같다.

분석을 실행한 후, 상향 화살표를 누르고 [Standardized estimates]를 선택하면 다음과 같이 분석 결과가 모형에 나타난다.

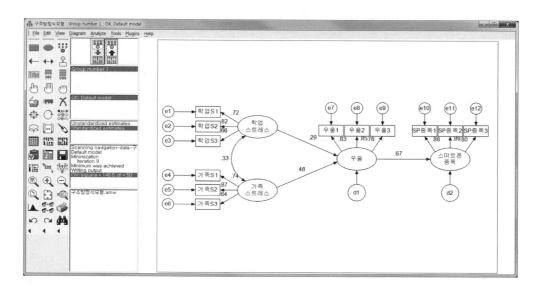

논문에 결과가 반영된 연구모형을 게재할 때에는 위의 모형을 복사해서 사용해야 하는데, 분석값의 폰트가 크고 수치가 정렬되어 있지 않다. 폰트 크기는 앞에서 실습한 대로 숫자에 해당하는 화살표에 포인터를 대고 마우스 오른쪽을 클릭해서 [Object Properties]를 선택해 조정한다. 숫자의 위치를 바꾸려면 ⚲를 선택해서 원하는 숫자를 조정한다. 다음 모형은 폰트 크기를 12pt로 줄이고, 위치를 조정한 것이다.

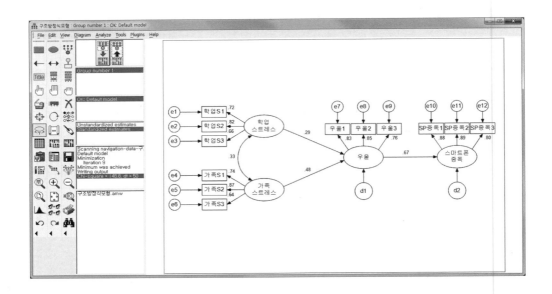

모형 전체를 제시할 때

를 클릭하면 모형 전체가 복사된다. 논문 파일에 붙여넣기 하거나, 파워포인트에 복사하여 사용하면 된다.

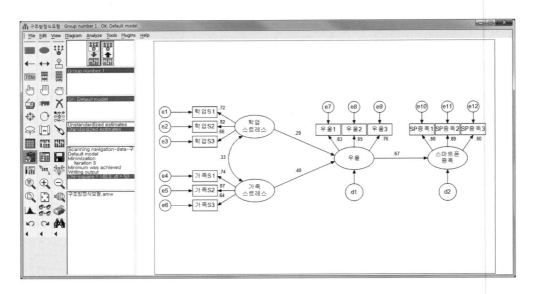

논문에 붙여넣기 하면 다음과 같이 나타난다.

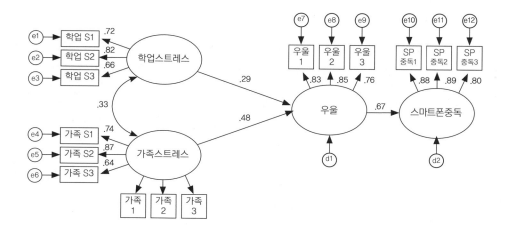

모형 일부를 제시할 때

가설검정 결과 모형만 선택해서 제시해보자. 먼저 ✋를 선택하고 키보드의 [Ctrl]을 누른 상태에서 잠재변수(타원)와 가설을 나타내는 일방향 화살표를 하나씩 클릭하면 아래와 같이 선택된다. 이 상태에서 ▦를 클릭하면 선택된 것만 복사된다.

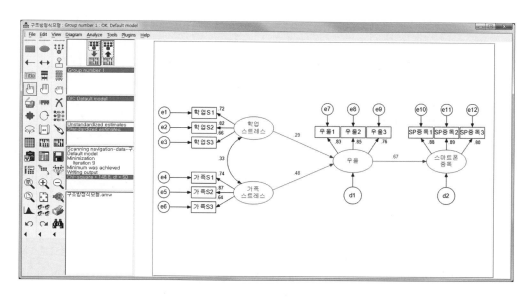

앞에서 구조방정식모형을 실습했다면 이번에 배울 경로분석은 쉽게 습득할 수 있을 것이다. 경로분석은 말 그대로 가설에 해당하는 변수와 변수 간의 관계(경로)를 분석하는 방법이다. 아래의 연구모형을 보면 구조방정식모형의 타원형과 달리 직사각형으로 표현되어 있는데, 직사각형은 관측변수를 나타내며 설문지에 의해 직접적으로 측정된 값이나 평균화된 값이 사용된다. 즉 경로분석은 잠재변수가 없으며 관측변수를 이용하여 분석한다.

경로분석을 회귀분석과 비교해보면, 분석에 사용하는 변수는 같다. 그러나 회귀분석은 학업스트레스와 가족스트레스를 독립변수로 하고 우울을 종속변수로 하여 다중회귀분석을 한 번 실시하고, 우울을 독립변수로 하고 스마트폰중독을 종속변수로 하여 단순회귀분석을 다시 한 번 실시해야 한다. 경로분석은 이러한 변수들의 관계를 한번에 분석할 수 있다.

다음 연구모형에 대해 가설을 설정하고 경로분석을 실시해보자. 가설은 구조방정식모형 분석의 내용과 같다.

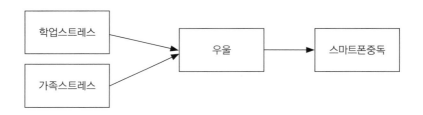

H1: 학업스트레스는 우울에 영향을 미칠 것이다.
H2: 가족스트레스는 우울에 영향을 미칠 것이다.
H3: 우울은 스마트폰중독에 영향을 미칠 것이다.

연구모형을 분석하기 위해서는 다음과 같은 모형을 그려야 한다(예제파일명: 경로분석). 관측변수인 학업스트레스, 가족스트레스, 우울, 스마트폰중독은 확인적 요인분석을 통해 타당성과 신뢰성을 검증받은 문항들을 평균화한 값이다. 평균계산 방법은 Ch 3의 변수계산(p. 76)에 설명되어 있다.

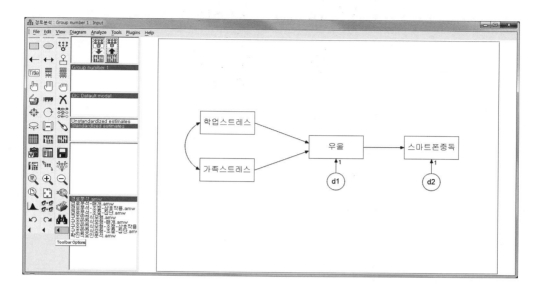

■ 분석 실행

[AMOS Graphics]를 실행하면 다음과 같이 워크시트가 생성된다. 세로로 되어 있는 워크시트를 가로로 전환하려면 메뉴의 [View] → [Interface Properties]를 선택한다.

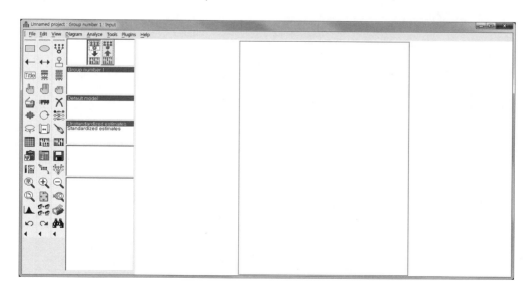

우측 하단의 [Orientation]에서 워크시트의 형태를 선택할 수 있다. Portrait는 가로, Landscape는 세로를 나타내므로 ⦿Landscape를 선택한 후 [Apply]를 누르고 창을 닫는다.

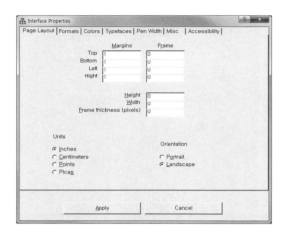

워크시트가 변경되었으면 모형을 그려보자. 먼저 ■를 선택한 후 작업창의 원하는 위치에 드래그해서 사각형을 그린다.

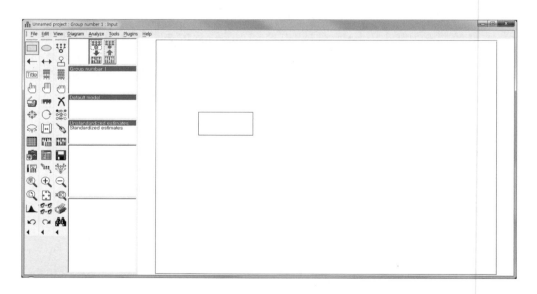

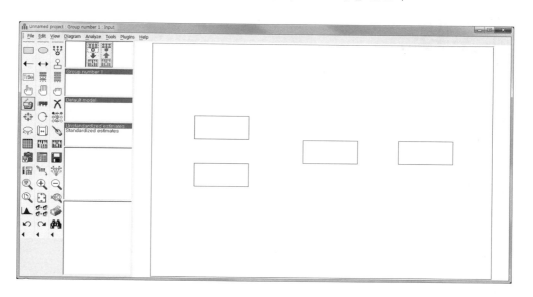를 선택해서 모형을 누른 상태로 작업창의 아래쪽으로 드래그한 후 마우스를 떼면 모형이 복사된다. 같은 방법으로 복사하여 다음과 같은 모형을 만든다.

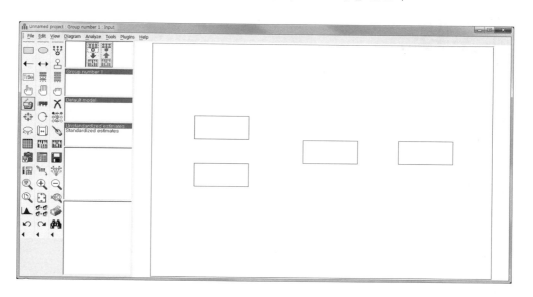

이제 관측변수 간에 경로를 화살표로 연결해보자. 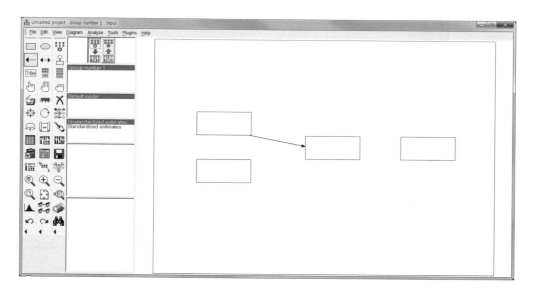를 선택해서 왼쪽 상단의 관측변수를 누른 상태로 중앙의 관측변수로 드래그한 후 마우스를 떼면 관측변수 간 일방향이 설정된다.

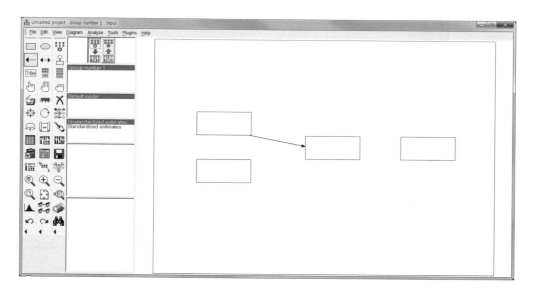

같은 방법으로 가설에 해당되는 관측변수 간의 경로를 다음과 같이 그린다.

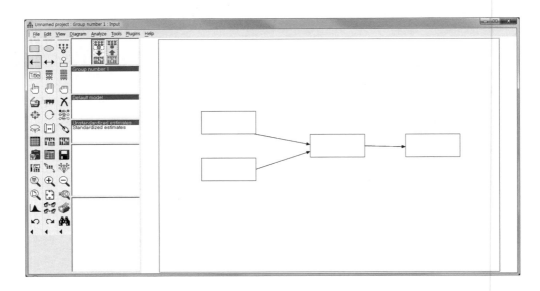

왼쪽에 있는 2개의 관측변수는 외생변수(독립변수)이므로 일방향이 아닌 양방향으로 연결한다. ↔를 선택해서 아래쪽 관측변수를 누른 상태로 위의 관측변수로 드래그한 후 마우스를 떼면 관측변수 간 양방향이 설정된다.

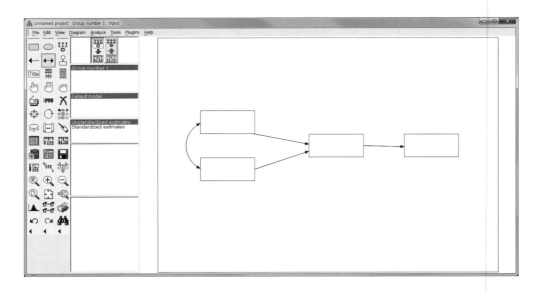

화살표 모양을 보기 좋게 정렬하려면 로 전체 선택한 후, 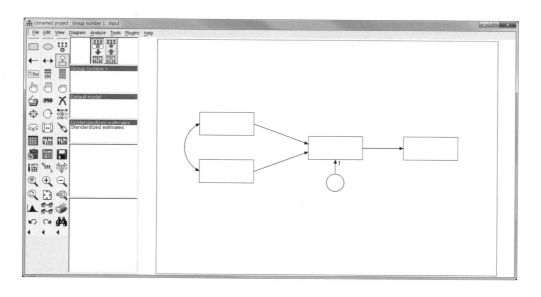를 선택해서 모형의 한 곳을 클릭한다. 다음과 같이 알맞게 조정된다.

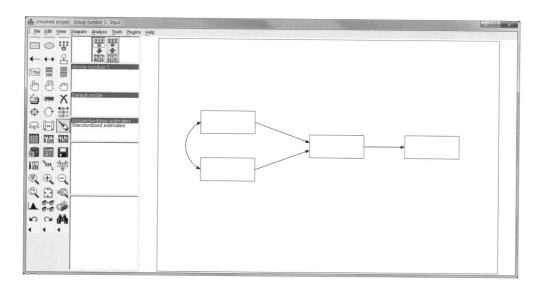

모형 그리기의 마지막 단계는 구조오차변수를 만드는 것이다. 구조오차변수는 영향을 받는 변수에만 존재하므로 모형에서는 중앙과 오른쪽 관측변수에 그려주면 된다. 음를 선택해서 중앙의 관측변수에 5회 클릭한다. 1회 클릭하면 위쪽에 구조오차변수가 생성되고, 2회 클릭부터는 시계방향으로 45도씩 회전한다.

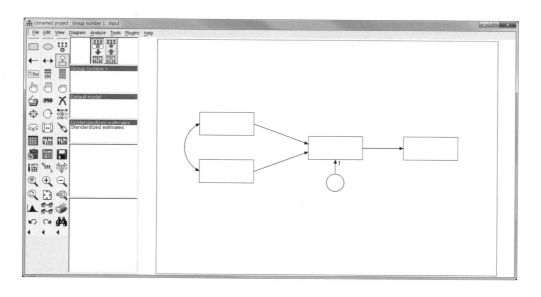

같은 방법으로 오른쪽 관측변수에도 구조오차변수를 만든다.

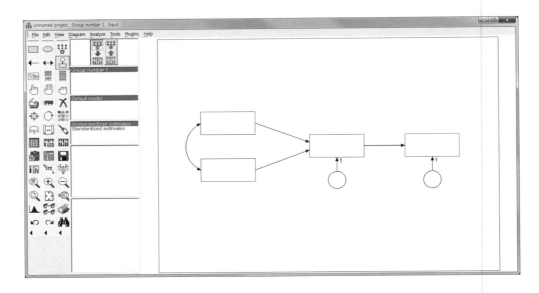

모형 그리기는 완성되었으니 이제 변수명을 입력하자.

관측변수는 데이터 파일에 있는 변수를 투입해야 하니 데이터 파일을 불러온다. ▦를 선택하면 데이터 창이 생성된다. [File Name]을 누르고 해당 파일(navigation-data-경로분석)을 선택한 후 [OK]를 누르면 데이터가 모형에 적용된다.

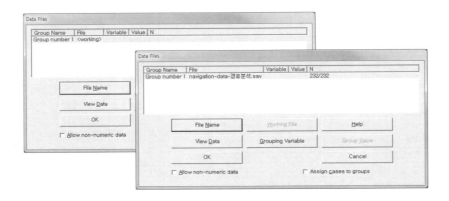

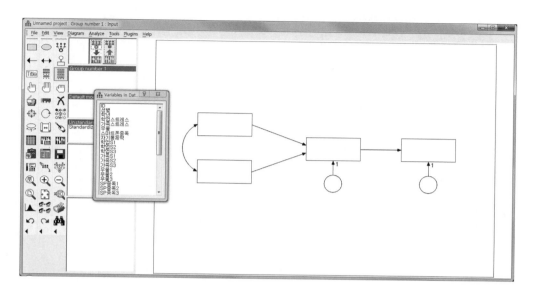를 선택하면 데이터 파일에 있는 변수 목록이 나타난다. 변수 목록이 나타나지 않으면 파일이 연결되지 않은 것이므로 데이터 파일을 다시 불러온다.

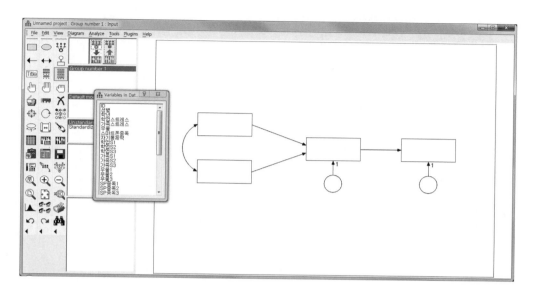

변수 목록의 '학업스트레스'를 드래그해서 첫 번째 관측변수(사각형)에 넣는다.

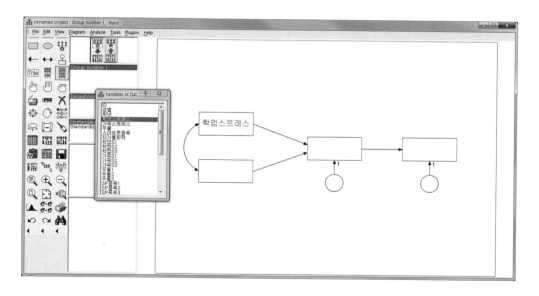

같은 방법으로 가족스트레스, 우울, 스마트폰중독을 순서대로 투입한다. 다음과 같이 모형이 그려졌으면 변수 목록 창을 닫는다.

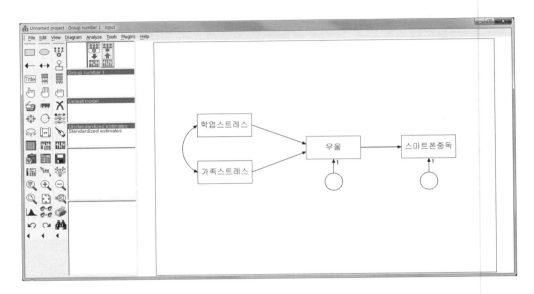

구조오차변수명을 입력하기 위해 중앙의 원에 포인터를 대고 마우스 오른쪽을 클릭해서 [Object Properties]를 선택한다.

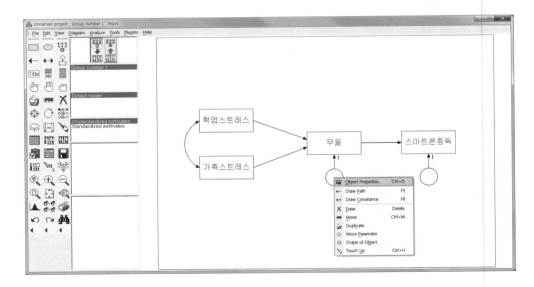

[Variable name]에 'd1'이라고 입력한다.

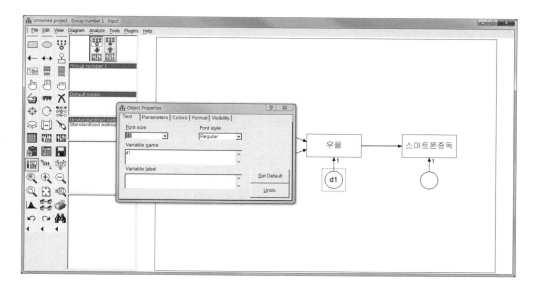

변수입력창이 열린 상태에서 스마트폰중독의 구조오차변수를 클릭하여 'd2'를 입력하고 변수입력창을 닫는다.

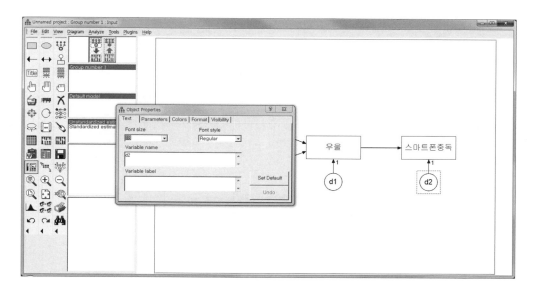

다음과 같이 모형 그리기가 완료되었다.

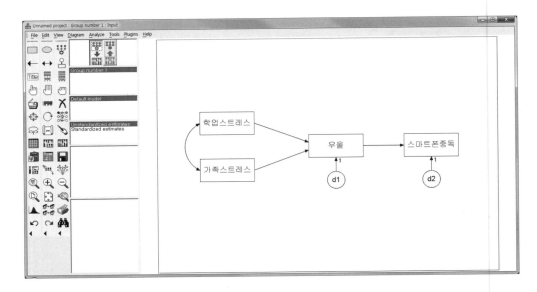

모형을 저장하고, 분석을 실행해보자. 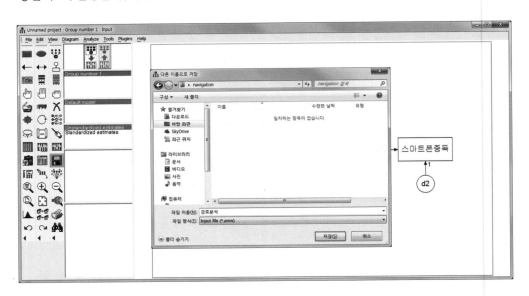를 선택하여 창이 나타나면 원하는 폴더를 지정한 후 파일명을 입력하고 저장을 누른다. 본 예제에서는 '경로분석'이라고 입력하였다.

분석에 필요한 설정을 위해 ▦를 선택한다. 생성된 창에서 상단의 [Output]을 클릭하고 다음과 같이 체크한 후 창을 닫는다.

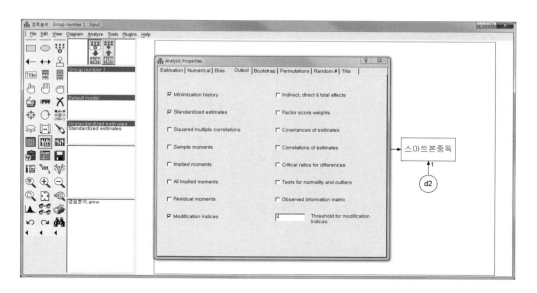

▦를 선택하면 분석이 진행된다. 분석이 정상적으로 실시되면 상향 화살표가 빨간색으로 표시되고, 중간 박스에 분석 상황이 나타난다.

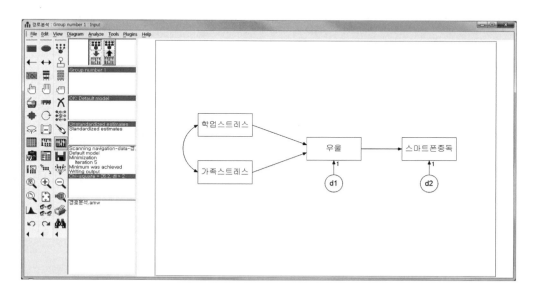

상향 화살표를 누르고 [Standardized estimates]를 선택하면 다음과 같이 분석 결과가 모형에 나타난다.

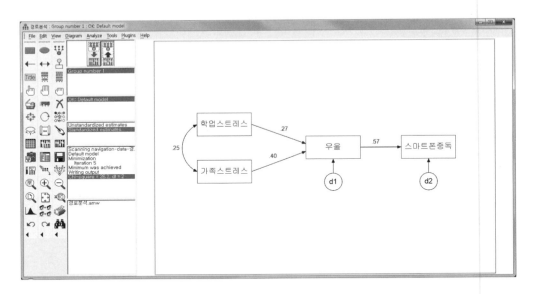

■ 분석 결과

圖를 선택하면 분석 결과가 제시된다. 먼저 모형적합도를 확인해보자. [Model Fit]을 선택하면 적합도 지수가 나타난다.

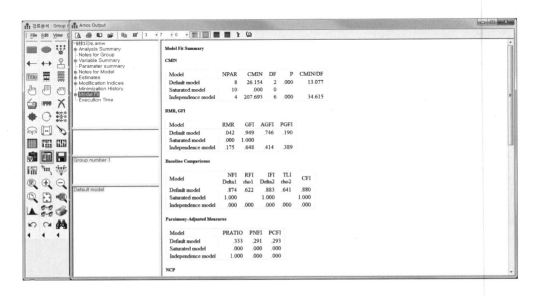

❶ 모형적합도

다음 표는 모형적합도 평가 기준과 분석 결과에 나타난 적합도 지수를 비교한 것이다.

　　CMIN(χ^2)의 유의확률이 유의수준보다 큰 것으로 나타나($p<.05$) 모형은 데이터에 적합하지 않으며, RMR과 GFI를 제외한 모든 지수들이 기준치를 충족하지 못하고 있다.

적합지수	기준값	❶ 분석 결과	적합성 판단
CMIN(p)	.05 이상	.000	X
RMR	.05 이하	.042	O
GFI	.9 이상	.949	O
AGFI	.9 이상	.746	X
NFI	.9 이상	.874	X
RFI	.9 이상	.622	X
IFI	.9 이상	.883	X
TLI	.9 이상	.641	X
CFI	.9 이상	.880	X
RMSEA	.1 이하: 보통 .08 이하: 양호 .05 이하: 좋음	.229	X

　　실제로 분석을 하다보면 예제와 같이 모형적합도가 양호하지 않은 경우가 있다. 이럴 때는 어떻게 해야 할까? 적합도를 향상시키는 방법으로 수정지수(Modification Indices; M.I.)를 이용할 수 있다.

　　결과표의 [Modification Indices]를 선택하면 다음과 같이 나타난다. [Covariances]는 변수 간 상관관계를, [Regression Weights]는 변수 간 인과관계를 설정할 때 M.I.에 의해 적합도가 개선됨을 의미한다. d2 ↔ d1의 경우에는 두 변수 간에 상관관계를 설정해주면 6.817의 수정지수가 적용되어 적합도가 향상된다. 가족스트레스 → 스마트폰중독 간에 인과관계를 설정하면 10.576의 수정지수가 적합도 향상에 반영된다.

　　그렇다면 결과표에 나타난 변수 간 관계를 모두 설정해주면 어떻게 될까? 단, 관계 설정 시 조건이 있다. 독립변수와 독립변수, 종속변수와 종속변수, 구조오차변수와 구조오차변수 간에만 상관관계를 설정해야 하며, 독립변수와 종속변수 간에는 인과관계를 설정할 수 있다.

조건에 따르면, 결과에서 설정할 수 있는 관계는 가족스트레스 → 스마트폰중독, 학업
스트레스 → 스마트폰중독, d2 ↔ d1이다. 인과관계의 경우에는 가설에 해당하기 때문에
신중히 고려해야 한다.

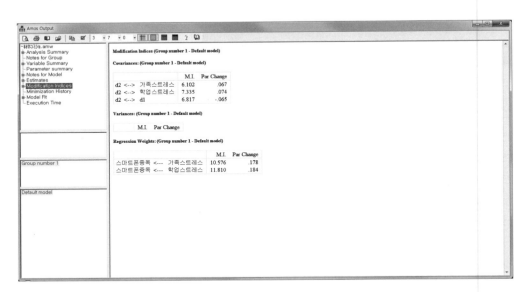

d2 ↔ d1을 설정하여 분석한 후 모형적합도를 확인해보자.

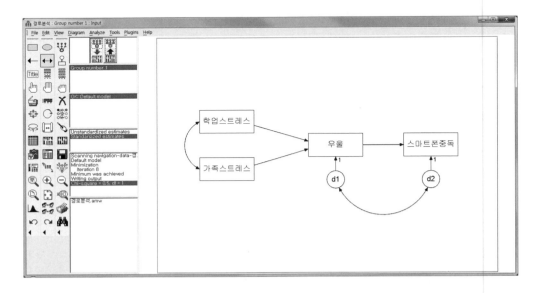

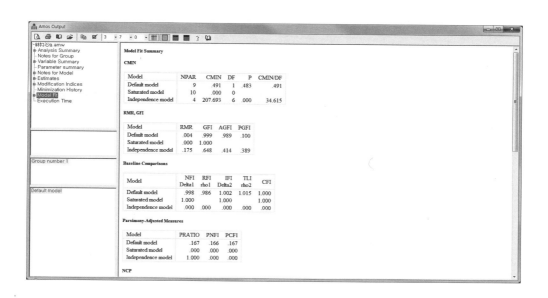

❶ 다음 표의 초기 연구모형은 원래의 모형적합도이고, 수정모형은 d2 ↔ d1을 설정한 모형의 적합도이다. 수정모형의 적합도가 완벽에 가까운 것을 확인할 수 있는데, 이는 모형이 단순하고 대부분의 관계가 설정되어 있기 때문이다.

적합지수	기준값	초기 연구모형		수정모형 ❶	
		분석 결과	적합성 판단	분석 결과	적합성 판단
CMIN(p)	.05 이상	.000	X	.483	O
RMR	.05 이하	.042	O	.004	O
GFI	.9 이상	.949	O	.999	O
AGFI	.9 이상	.746	X	.989	O
NFI	.9 이상	.874	X	.998	O
RFI	.9 이상	.622	X	.986	O
IFI	.9 이상	.883	X	1.002	O
TLI	.9 이상	.641	X	1.015	O
CFI	.9 이상	.880	X	1.000	O
RMSEA	.1 이하 : 보통 .08 이하 : 양호 .05 이하 : 좋음	.229	X	.000	O

수정모형을 이용하여 결과를 살펴보자. [Estimates]를 선택하면 주요 분석 결과가 나타난다. 연구모형 분석은 가설의 검정이므로 가설의 유의성과 영향력만 확인하자.

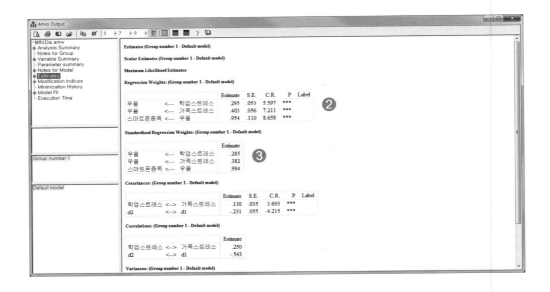

② 가설검정

[Regression Weights]에는 비표준화계수(Estimate)와 표준오차(S.E.), 검정통계량(C.R.), 유의확률(p)이 나타나 있다.

결과를 보면, 학업스트레스와 우울, 가족스트레스와 우울, 우울과 스마트폰중독의 관계는 모두 ***(p=.000)으로 표시되어 있다. 즉 α=.001 유의수준에서 유의하다(p<.001).

구체적으로 보면, 학업스트레스는 우울에 유의한 영향을 미치며(t=5.597, p<.001), 가족스트레스 역시 우울에 유의한 영향을 주었다(t=7.211, p<.001). 또한 우울은 스마트폰중독에 유의한 영향(t=8.658, p<.001)을 미치는 것으로 나타나 가설 1, 2, 3은 지지되었다.

③ 영향력

[Standardized Regression Weights]의 표준화계수(Estimate)는 경로계수를 의미한다. 학업스트레스가 우울에 미치는 영향력은 .285이고, 가족스트레스가 우울에 미치는 영향력은 .382, 우울이 스마트폰중독에 미치는 영향력은 .994로 분석되었다. 결과를 통해 우울이 스마트폰중독에 미치는 영향이 가장 크고, 학업스트레스보다는 가족스트레스가 우울에

더 큰 영향을 준다는 점을 알 수 있다.

논문 제시 방법

중학생의 학업스트레스와 가족스트레스, 우울, 스마트폰중독의 관계를 검증하기 위해 경로분석을 실시하였다. 가설검정에 앞서 연구모형의 적합도를 살펴본 결과 χ^2=491(p>.05), RMR=.004, GFI=.999, AGFI=.989, CFI=1.000, RMSEA=.000으로 양호하게 나타났다.

분석 결과는 다음과 같다. 첫째, 학업스트레스가 우울에 미치는 영향(경로계수=.285, p<.001)은 통계적으로 유의하게 나타나 학업스트레스가 높아질수록 우울 수준이 높아지는 것으로 확인되었다.

둘째, 가족스트레스는 우울에 유의한 영향(경로계수=.382, p<.001)을 미치는 것으로 분석되어 가족스트레스가 높아질수록 우울 수준도 높아진다고 할 수 있다.

셋째, 우울이 스마트폰중독에 미치는 영향(경로계수=.994, p<.001)의 유의성 역시 입증되었다. 즉 우울한 중학생들은 스마트폰중독 수준도 높아진다고 해석할 수 있다.

가설검정 결과, 학업스트레스와 가족스트레스는 우울에 정(+)의 영향을 미치고, 특히 가족으로 인한 스트레스가 심할 때 우울 정도가 상대적으로 높다. 또한 우울 정도가 높을수록 스마트폰중독 수준이 높아짐을 알 수 있다.

〈표 1〉 가설검정 결과

경로			표준화 계수	비표준화 계수	표준 오차	$t(Sig.)$
학업스트레스	→	우울	.285	.295	.053	5.597***
가족스트레스	→	우울	.382	.403	.056	7.211***
우울	→	스마트폰중독	.994	.954	.110	8.658***
CMIN/DF=.491/1(p>.05), RMR=.004, GFI=.999, AGFI=.989, CFI=1.000, RMSEA=.000						

***p<.001

아래 모형에서 가족스트레스와 스마트폰중독의 관계를 살펴보자. 먼저, 가족스트레스는 스마트폰중독에 직접적으로 영향을 미치고(가족스트레스 → 스마트폰중독), 우울을 통해서 간접적으로도 영향을 미치는 구조이다(가족스트레스 → 우울 → 스마트폰중독). 이때 독립변수는 가족스트레스, 매개변수는 우울, 종속변수는 스마트폰중독이 된다. 매개효과는 매개변수인 우울의 효과를 분석하는 것으로, 우울이 개입될 때 가족스트레스가 스마트폰중독에 미치는 영향이 변화하는지를 파악하는 데 초점을 둔다.

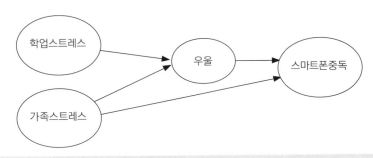

H1: 우울은 가족스트레스와 스마트폰중독의 관계를 매개할 것이다.

위와 같은 가설을 설정하기 위해서는 학업스트레스와 스마트폰중독의 관계, 학업스트레스와 우울의 관계, 우울과 스마트폰중독의 관계가 이론적으로 성립해야 한다. 논리적 근거가 있는 상태에서 매개효과의 검증은 다음과 같은 과정을 통해 이루어진다.

1) 매개효과

1단계: 변수 간 관계의 유의성

매개효과를 검증하기 위한 조건은 독립변수와 종속변수의 관계($X{\rightarrow}Y$), 독립변수와 매개변수의 관계($X{\rightarrow}M$), 매개변수와 종속변수의 관계($M{\rightarrow}Y$)가 각각 통계적으로 유의해야 한다. 다음 그림을 보면, 변수 간 분석 결과가 나타나 있다. 가족스트레스가 스마트폰중독에 미치는 영향(β=.51, p<.001), 가족스트레스가 우울에 미치는 영향(β=.48, p<.001), 우울이 스마트폰중독에 미치는 영향(β=.67, p<.001)은 통계적으로 유의하다.

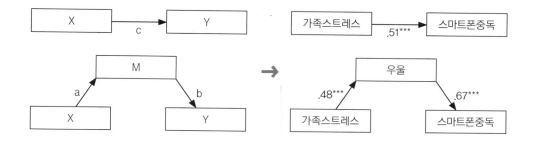

2단계: 매개효과 검증

매개효과는 $X \rightarrow Y$ 영향력 변화에 따라 완전매개(full mediation)와 부분매개(partial mediation)로 구분된다. 다음 그림의 완전매개 모형을 보면, 매개변수(M)가 투입된 상태에서 독립변수(X)가 종속변수(Y)에 유의한 영향을 미치지 않고 있다. 이때 매개변수(M)는 독립변수(X)와 종속변수(Y)를 완전매개한다고 볼 수 있다. 즉 가족스트레스와 스마트폰중독의 관계는 1단계에서는 유의했으나, 우울이 투입되면서 유의하지 않은 것으로 나타난다. 우울이 완전매개 역할을 하는 것이다.

반면, 매개변수(M)가 투입된 상태에서 독립변수(X)가 종속변수(Y)에 유의한 영향을 미치지만 1단계의 영향력보다 약할 때에는, 매개변수(M)가 독립변수(X)와 종속변수(Y)를 부분매개한다고 본다. 아래 그림에서 부분매개 모형을 보면, $X \rightarrow Y(\beta=.23, p<.01)$는 유의하지만 1단계의 영향력($\beta=.51$)보다는 낮다는 것을 알 수 있다.

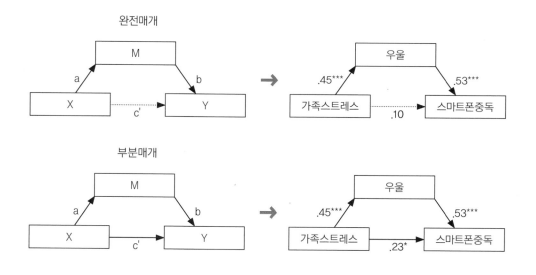

2) 총효과

매개변수가 투입된 모형에서는 $X{\rightarrow}Y$의 직접효과와 $X{\rightarrow}M{\rightarrow}Y$의 매개효과, 그리고 직접효과와 매개효과를 곱해서 산출하는 총효과를 나타낼 수 있다.

가족스트레스(X)와 스마트폰중독(Y)의 관계에서 우울(M)이 매개하는 모형에서 직접효과와 매개효과, 그리고 총효과는 다음과 같이 계산할 수 있다.

직접효과 = .23
매개효과 = .45 ×.53 =.24
총효과 = .23 +.24 =.47

■ 분석 실행

아래의 그림은 앞서 '구조방정식모형'에서 만든 연구모형이다. 이 모형을 이용하여 매개효과에 필요한 설정과 분석을 실행해보자.

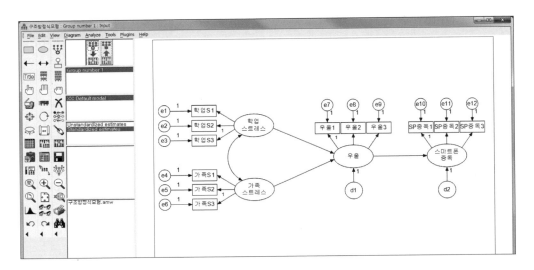

←를 선택해서 가족스트레스를 누른 상태에서 스마트폰중독으로 드래그한 후 마우스를 떼면 잠재변수 간 일방향이 설정된다.

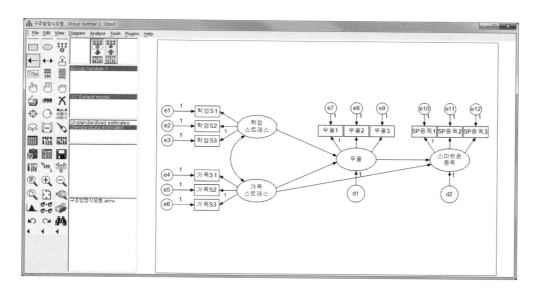

분석에 필요한 설정을 위해 ▦를 선택한다. 생성된 창에서 [Output]을 클릭하고 다음과 같이 체크한다. 오른쪽의 ☑Indirect, direct & total effects는 직접효과와 간접효과, 총효과를 제공한다.

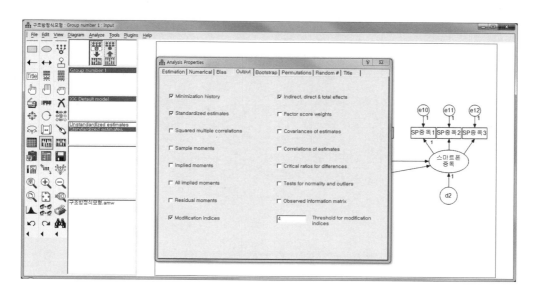

[Bootstrap]을 클릭하여 다음과 같이 체크하고 창을 닫는다. Bootstrap은 매개효과의 유의성을 분석하는 기능이다.

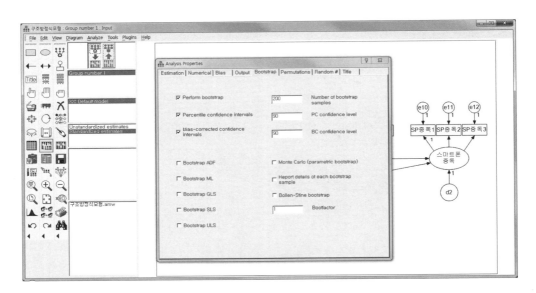

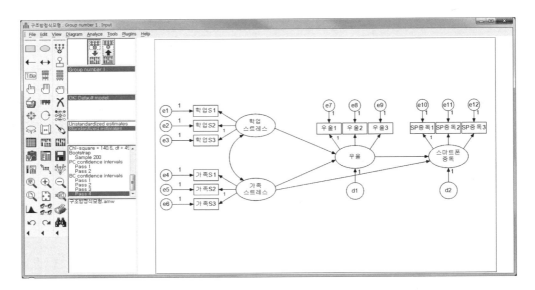 를 선택하면 분석이 실시된다. 분석이 정상적으로 실행되면 상향 화살표가 빨간색으로 표시되고, 중간 박스에 분석 상황이 나타난다.

상향 화살표를 누르고 [Standardized estimates]를 선택하면 다음과 같이 분석 결과가 모형에 나타난다. ▦를 선택하면 분석 결과창이 생성된다.

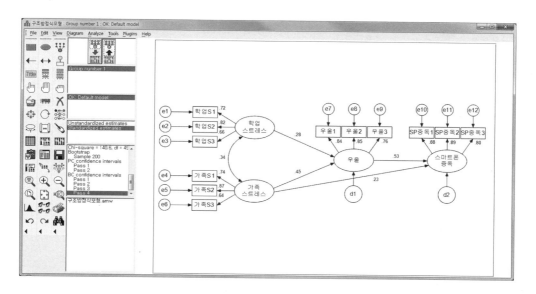

■ 분석 결과

분석 결과창 왼쪽 상단 메뉴에서 [Estimates] → [Matrices]를 열면 총효과, 직접효과, 간접효과의 크기를 알 수 있다. 효과 크기는 표준화계수로 확인한다.

[Standardized Direct Effects]를 클릭하면 직접효과를 알 수 있다. 가족스트레스와 스마트폰중독의 직접효과는 .225이다.

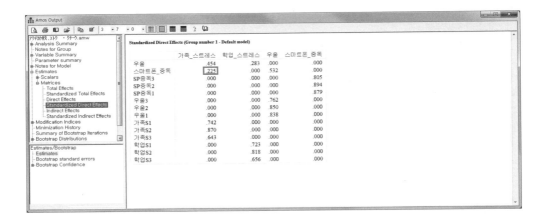

[Standardized Indirect Effects]를 클릭하면 가족스트레스와 스마트폰중독의 간접효과는 .242로 나타난다.

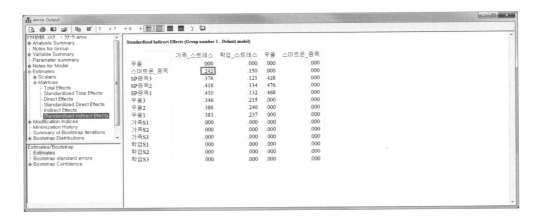

[Standardized Total Effects]를 클릭하면 총효과를 알 수 있다. 가족스트레스와 스마트폰중독의 총효과는 .467이다.

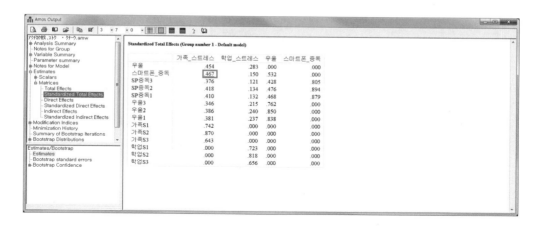

직접효과, 간접효과, 총효과를 파악했으면 이러한 효과가 통계적으로 유의한지를 확인해보자. 왼쪽 하단 메뉴에서 [Bootstrap Confidence] → [Bias-corrected percentile method] → [Two Talied Significance(BC)]를 순서대로 클릭하면 유의확률이 나타난다.

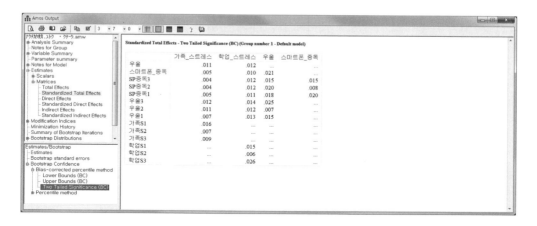

왼쪽 상단의 [Standardized Direct Effects]를 클릭하여 직접효과의 유의확률이 *p*=.030 임을 확인할 수 있다.

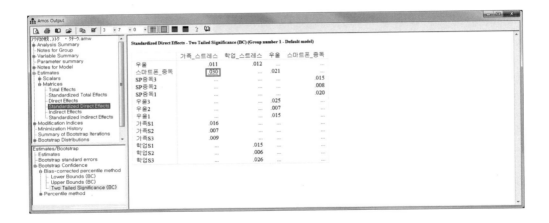

[Standardized Indirect Effects]를 클릭하여 간접효과의 유의확률 *p*=.011을 확인할 수 있다. 따라서 매개효과는 유의하다고 할 수 있다.

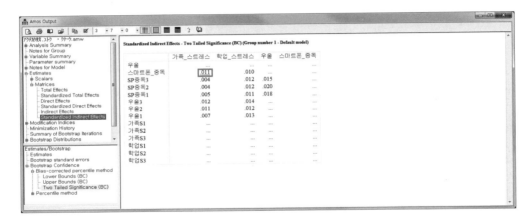

[Standardized Total Effects]를 클릭하여 총효과의 유의확률 *p*=.005를 확인할 수 있다.

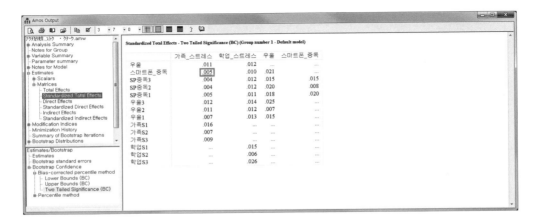

분석 결과를 정리해보자. 가족스트레스와 스마트폰중독의 직접효과는 .225이며, 유의확률은 $p=.030$으로 나타나 통계적으로 유의하다($p<.05$). 그리고 가족스트레스가 우울을 거쳐 스마트폰중독에 간접적으로 영향을 미치는 간접효과는 .242이고, 간접효과의 유의확률은 $p=.011$로 나타나 우울이 매개 역할을 하는 것으로 확인되었다($p<.05$). 직접효과와 간접효과의 합인 총효과는 .467이며, 유의확률은 $p=.005$로 분석되어 총효과는 $\alpha=.01$ 유의수준하에서 유의하다($p<.01$).

논문 제시 방법

※ 매개효과는 연구모형을 분석한 후에 검증하기 때문에 결과모형과 결과표를 제시한 후, 다음의 내용과 결과표를 논문에 이어서 제시하면 된다.

가족스트레스와 스마트폰중독의 관계에서 우울의 매개효과를 검증하기 위해 연구모형을 분석하였으며, 부트스트래핑(bootstrapping) 방법을 이용하여 매개효과의 유의성을 확인하였다.

〈표 1〉에 제시한 분석 결과를 보면, 가족스트레스는 우울을 매개로 스마트폰중독에 유의한 영향을 미치는 것으로 나타났다(경로계수=.242, $p<.05$). 그리고 가족스트레스와 스마트폰중독의 직접효과는 유의하게 나타났으나(경로계수=.225, $p<.05$) 영향력이 낮아졌다. 따라서 우울은 가족스트레스와 스마트폰중독을 부분매개하고 있음이 확인되었다.

〈표 1〉 매개효과 분석 결과

경로	직접효과	간접효과	총효과
가족스트레스 → 스마트폰중독	.225*	.242*	.467**

$^{***}p<.001$

아래의 모형은 앞에서 분석한 구조방정식모형으로, 분석 결과 학업스트레스와 가족스트 레스가 우울에 미치는 영향과 우울이 스마트폰중독에 미치는 영향은 모두 유의한 것으로 확인되었다.

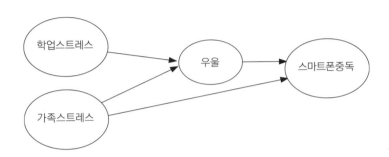

　하지만 연구자는 이러한 결과에 만족하는 것이 아니라 또다른 의문을 가질 수 있다. '성 별에 따라 결과가 달라질까? 스트레스와 우울, 우울과 스마트폰중독의 관계는 남학생과 여학생 중 누가 더 클까?'라는 의문이 들 수도 있다. 좀 더 심도 있게 탐색해보면 자기통제 력이 높은 학생일수록 스트레스가 우울에 미치는 영향은 낮을 것이라고 가정할 수도 있 다. 이 경우 성별이나 자기통제력은 조절변수(moderating variable)가 된다.

　조절변수는 척도 유형에 따라 비메트릭 변수(nonmetric variable)와 메트릭 변수(metric variable)로 구분하며 각각 분석방법이 다르다. 성별과 같이 범주형으로 측정된 변수는 비 메트릭 변수이고, 양적척도(등간/비율척도)는 메트릭 변수에 해당한다.

1) 비메트릭 변수(집단분석)

비메트릭 변수는 조절변수가 범주형인 것으로 성별이 대표적이며, 결혼 여부(미혼/기혼), 국 가(한국/중국) 등이 많이 사용된다. 성별의 조절효과를 분석하기 위한 연구모형과 가설은 다음과 같다.

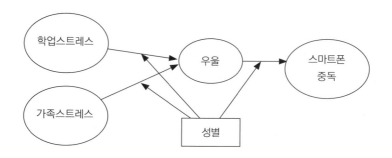

H1: 학업스트레스가 우울에 미치는 영향은 성별에 따라 차이가 있을 것이다.
H2: 가족스트레스가 우울에 미치는 영향은 성별에 따라 차이가 있을 것이다.
H3: 우울이 스마트폰중독에 미치는 영향은 성별에 따라 차이가 있을 것이다.

　　예제는 연구모형 전체에 대해 성별의 조절효과를 분석하는 것으로, 일반적으로 사용하는 방법이다. 특정 변수 간의 관계에 대해서만 조절효과를 분석하고자 할 때는 원하는 변수 간 경로에만 성별의 화살표를 연결하면 된다.

　　모형은 간단해보이지만, 분석 과정은 남자집단과 여자집단을 나누어 각각 분석한 후 동일한 경로에 대해 차이를 검증해야 하므로 다소 복잡하다. 차근차근 따라하면서 모형을 그리고, 분석을 통해 조절효과를 확인해보자.

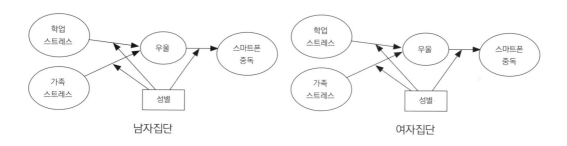

■ 분석 실행 1: 집단파일 만들기

범주형변수를 이용해 조절효과를 분석하는 방법에는 파일 분할과 전체 파일을 적용하는 것이 있다. 파일 분할은 전체 파일에서 남자집단과 여자집단 파일을 각각 만들어 모형에 투입하는 것으로, 일반적으로 많이 사용한다. 전체 파일 적용은 전체 파일을 먼저 투입한 후에 성별에서 남자와 여자를 선택하는 방법이다. 두 방법 모두 분석에서 실습할 것이다.

전체 파일 적용은 파일 그대로 사용해도 되지만, 파일 분할 방법은 집단별로 파일을 만들어야 하므로 우선 파일을 분할하자.

파일(navigation-data-구조방정식모형)을 열고 [데이터] → [데이터 파일 복사]를 선택한다.

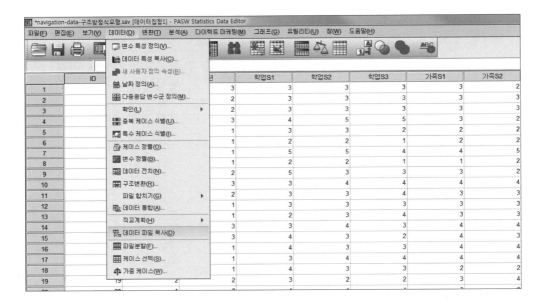

다음과 같이 '제목없음2 [데이터집합2]'의 복사 파일이 생성되면 이 파일을 남자집단 파일로 만들면 된다. [데이터] → [케이스 선택]을 선택한다.

	ID		학업S1	학업S2	학업S3	가족S1
1		3	3	3	3	3
2		2	3	3	3	3
3		2	3	3	3	3
4		3	4	5	5	3
5		1	3	3	2	2
6		1	2	2	1	2
7		1	5	5	4	4
8		1	2	2	1	1
9		2	5	3	3	3
10		3	3	4	4	4
11		2	3	3	4	3
12		1	3	3	3	3
13		1	2	3	4	3
14		3	3	4	3	4
15		3	4	3	2	4
16		1	4	3	3	4
17		1	3	4	4	4
18		1	4	3	3	2

왼쪽의 변수 목록에서 '성별'을 선택한다. 오른쪽의 ⊙조건을 만족하는 케이스를 체크하고 [조건] 버튼을 클릭한다.

변수 목록에서 '성별'을 오른쪽으로 이동시키고 '='와 '1'을 순서대로 입력한다. 남자는 1, 여자는 2로 입력되어 있기 때문에 남자집단 파일을 만들기 위해 '성별=1'을 선택하는 것이다. 입력창에 다음과 같이 나타나면 [계속]을 클릭한다.

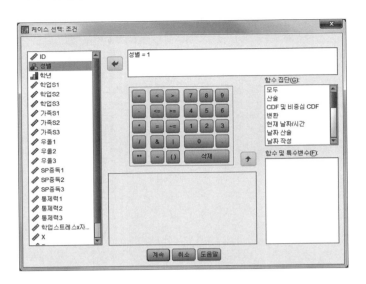

[출력결과]의 ⊙선택하지 않은 케이스 삭제를 체크하고 [확인]을 클릭한다. 남자가 아니면 삭제하는 것이다.

다음과 같이 성별이 1(남자)인 케이스만 선택되고, 그 외에는 모두 삭제된 결과가 나타난다. 이 파일을 남자집단 파일로 저장한다.

[파일] → [저장] 또는 [파일] → [다른 이름으로 저장]을 선택해서 파일명을 '남자집단'으로 입력하고 [저장]을 클릭한다.

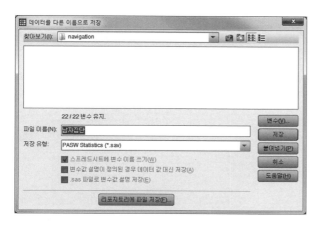

남자집단 파일이 만들어진 모습이다.

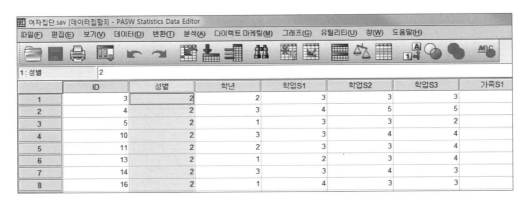

같은 방법으로 원본파일을 이용하여 여자집단(성별=2)도 다음과 같이 만든다.

■ 분석 실행 2: 조절효과 분석

앞서 구조방정식모형에서 만든 연구모형을 이용하여 조절효과에 필요한 설정과 분석을
실행해보자. 먼저 집단을 설정하기 위해 [Group number 1]을 더블클릭한다.

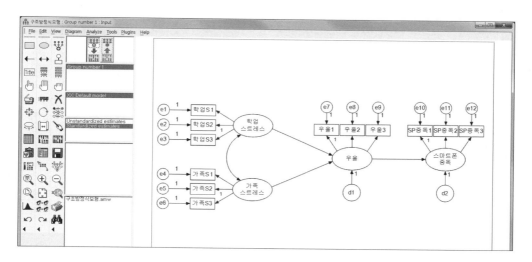

생성된 창에 Group Name을 '남자집단'이라고 입력한다.

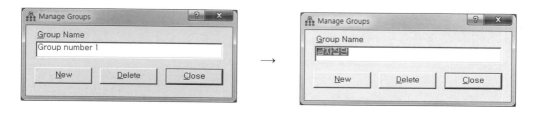

[New] 버튼을 클릭해서 Group Name을 '여자집단'이라고 입력한 후 [Close]를 클릭한
다.

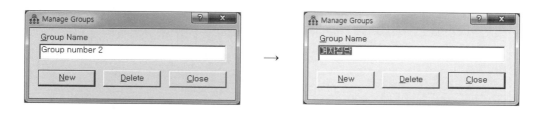

다음과 같이 남자집단과 여자집단이 만들어졌으면 이제 집단 파일을 불러오자.

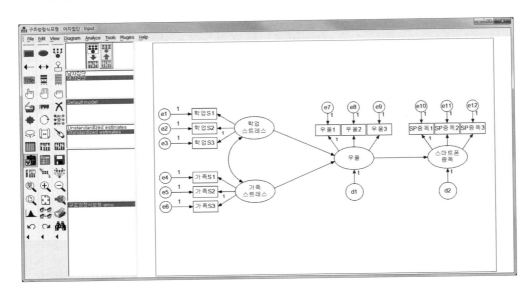

■를 선택하면 데이터 창이 생성된다. 남자집단이 지정된 상태에서 [File Name]을 누르고 해당 파일(남자집단)을 선택한다. 파일이 제대로 적용되면 다음과 같이 파일명과 사례수가 나타난다. 남자집단 모형에는 남자집단 파일이 투입되었고, 사례수는 102임을 알 수 있다.

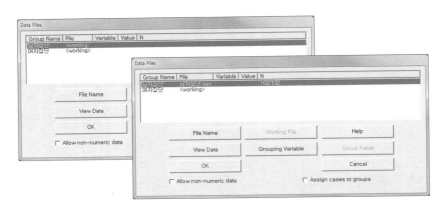

여자집단도 같은 방법으로 파일을 불러온다. [OK]를 누르면 데이터가 모형에 적용된다.

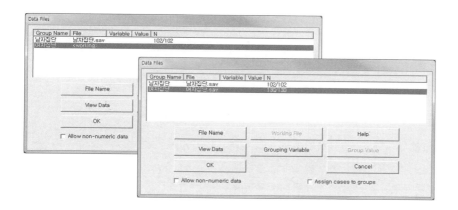

전체 파일을 이용하는 방법

남자집단 파일과 여자집단 파일을 분할하지 않고 전체 파일을 그대로 적용하는 방법을 알아보자. p. 345와 같이 집단을 먼저 설정한다. 이후, ▦를 선택하면 데이터 창이 생성된다. 남자집단을 지정하고 [File Name]을 클릭하여 전체 파일(navigation-data-구조방정식모형)을 선택한다. 파일이 제대로 적용되면 다음과 같이 파일명과 사례수가 나타난다. navigation-data-구조방정식모형 파일이 투입되었고, 사례수는 232임을 알 수 있다.

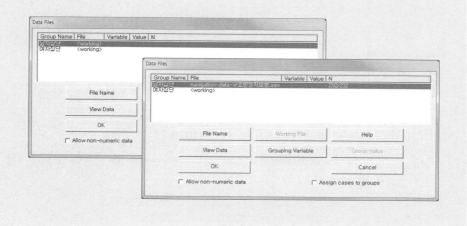

[Grouping Variable]을 클릭한 후, 생성된 창에서 '성별'을 선택하고 [OK]를 누른다.

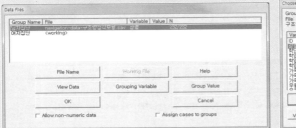

[Group Value]를 클릭한 후, 생성된 창에서 '1'을 선택하고 [OK]를 누른다.

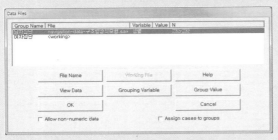

제대로 적용되었다면 다음과 같이 나타날 것이다. 남자집단에는 전체 파일(navigation-data-구조방정식모형)이 투입되었고, 전체 232명 가운데 남자(1)는 102명이다.

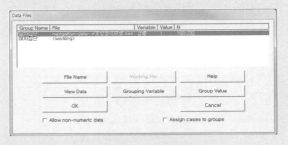

여자집단도 동일한 방법으로 적용한다. 여자는 '2'로 되어 있으므로 [Group Value]에서 '2'를 선택하면 된다. 파일 적용이 완료된 상태는 다음과 같다.

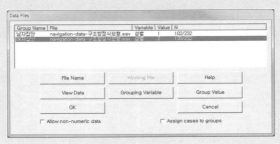

분석에 필요한 설정을 위해 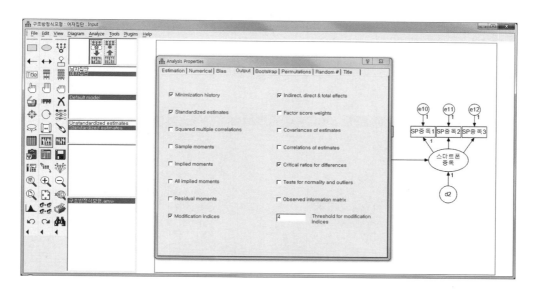를 선택한다. 생성된 창에서 [Output]을 클릭하고 다음과 같이 체크한다. 오른쪽의 ☑Critical ratios for differences는 집단별 경로계수에 대한 차이의 유의성을 제공한다.

▒▒를 선택한 후 생성된 창에서 [확인]을 클릭하면 아래와 같이 필요한 모형들이 체크된다. [OK]를 클릭한다.

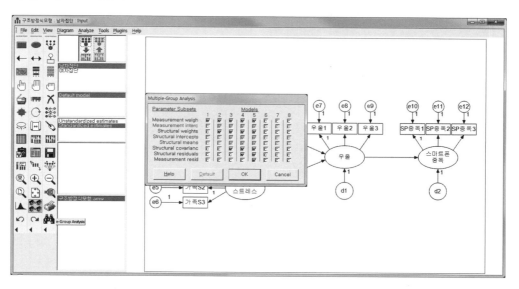

다음과 같이 제약된 모형이 나타날 것이다. 남자집단은 _1, 여자집단은 _2로 구분된다.

학업스트레스와 우울의 경로제약: 남자=b1_1, 여자=b1_2

가족스트레스와 우울의 경로제약: 남자=b2_1, 여자=b2_2

우울과 스마트폰중독의 경로제약: 남자=b3_1, 여자=b3_2

남자집단

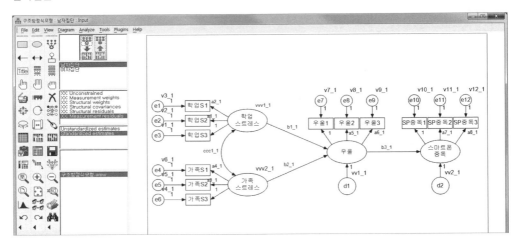

여자집단

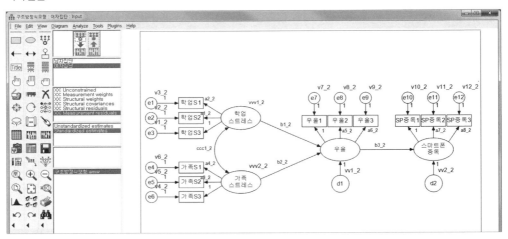

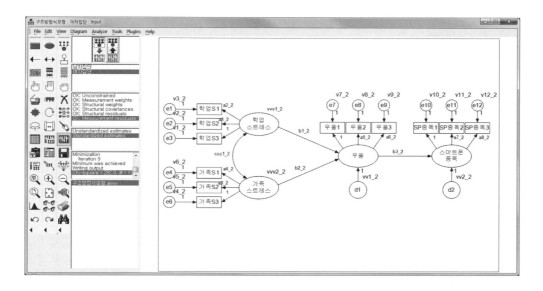를 선택하면 분석이 실시된다. 분석이 정상적으로 실행되면 상향 화살표가 빨간색으로 나타나고, 중간 박스에 분석 상황이 나타난다.

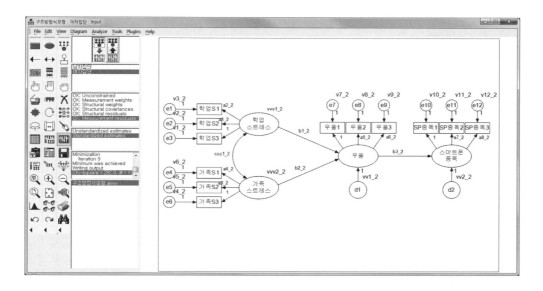

관리창 순서대로 지정해보자. 먼저 상향 화살표를 누르고, 집단창에서 남자집단 선택, 모형창에서 자유모형인 [OK: Unconstrained] 선택, 계수창에서 [Standardized estimates]를 선택하면 다음과 같이 분석 결과가 모형에 나타난다.

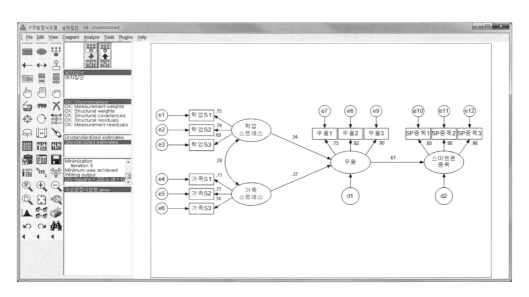

집단창에서 여자집단을 선택하면 다음과 같이 나타난다.

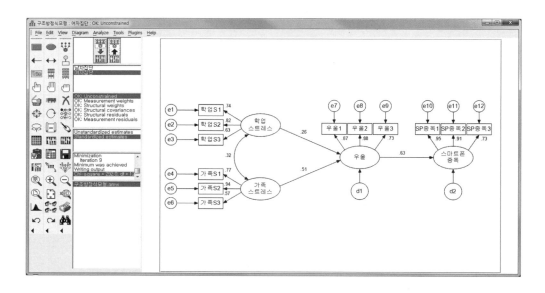

　　두 집단의 분석 결과를 비교해보자. [OK: Unconstrained]는 아무것도 제약하지 않은 자유모형으로 두 집단을 각각 분석한 결과와 동일하다. 학업스트레스가 우울에 미치는 영향력을 보면, 남자는 .34이고, 여자는 .26으로 두 집단 간에는 차이가 있으며 남자집단의 경로계수가 여자집단보다 크다. 가족스트레스와 우울의 경로계수는 남자=.37, 여자 =.51로 차이가 있다. 우울과 스마트폰중독 또한 남자=.67, 여자=.63으로 차이가 있는 것으로 나타났다.

　　이러한 결과만을 적용한다면 남녀집단 간 비교 분석이 가능하다. 이처럼 두 집단 간 경로계수의 차이가 통계적으로 유의한지를 검증하는 것이 조절효과 분석이다. 분석 결과창을 통해 조절효과를 확인해보자.

　　▥를 선택하면 분석 결과창이 생성된다. ❶조절효과는 자유모형과 제약모형의 χ^2 차이의 유의성, ❷두 경로계수 차이의 임계치로 검증할 수 있다. ❶의 방법은 경로계수마다 직접 제약을 해서 하나씩 분석해야 하기 때문에 번거로움이 많아 대부분 ❷의 방법을 이용한다.

❶ 자유 모형과 제약모형의 χ^2 차이의 유의성으로 확인

왼쪽 상단 메뉴에서 [Model Fit]을 선택한다. [CMIN]의 [Model]에서 Unconstrained는
아무것도 제약하지 않은 자유모형이며, Structural weights는 제약모형을 나타낸다. 자유
모형의 χ^2(CMIN)은 230.322이고, 제약모형의 χ^2(CMIN)은 243.470으로 나타나지만, 이 수
치는 모든 경로가 제약된 것이다. 분석 설정에서 경로별로 직접 제약을 하지 않고 ▦▦를 이
용하여 모형들이 체크되었기 때문이다. 따라서 어느 경로에서 유의한 차이가 있는지 알
수 없다.

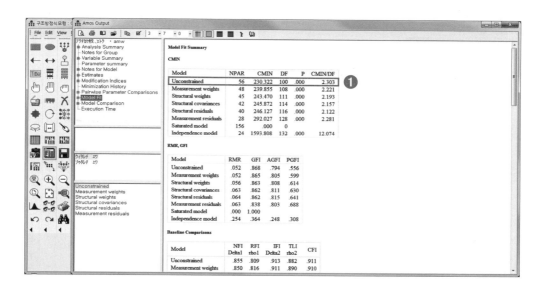

❷ 두 경로계수 차이의 임계치로 확인

왼쪽 상단 메뉴에서 [Pairwise Parameter Comparisons]를 선택한다. 매우 복잡한 결과
가 나타나는데, 이 수치들은 경로 간 차이의 임계치를 보여준다. 임계치가 ±1.965보다 극
단적이면 α=.05 유의수준하에서 경로 간에 유의한 차이가 있는 것이다(p<.05).

분석 과정에서 제약된 내용을 보면 다음과 같다.

학업스트레스와 우울의 경로제약: 남자=b1_1, 여자=b1_2

가족스트레스와 우울의 경로제약: 남자=b2_1, 여자=b2_2

우울과 스마트폰중독의 경로제약: 남자=b3_1, 여자=b3_2

결과표에서 b1_1과 b1_2는 .271, b2_1과 b2_2는 2.104, b3_1과 b3_2는 −1.164로 분석되어 가족스트레스와 우울은 통계적으로 유의하고, 학업스트레스와 우울, 그리고 우울과 스마트폰중독은 유의하지 않은 것으로 나타났다. 즉, 가족스트레스와 우울의 관계에서 성별은 조절효과가 있다고 해석할 수 있다.

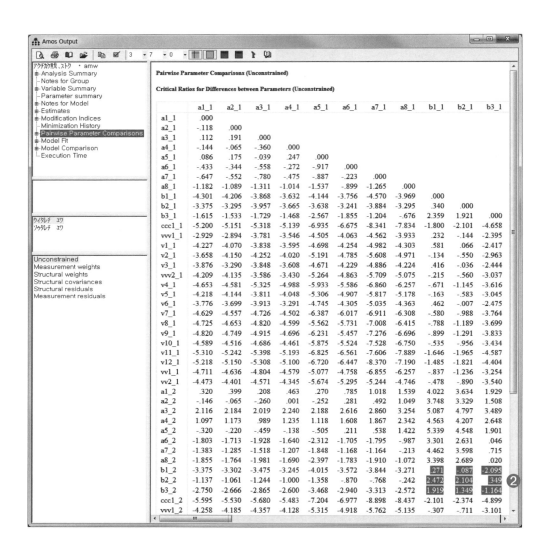

마지막으로 조절효과가 검증된 가족스트레스가 우울에 미치는 영향은 어느 집단이 더 큰지 확인해보자. 왼쪽 상단 메뉴에서 [Estimates]를 선택한다. 왼쪽 중앙 메뉴의 윗줄은 남자집단, 아랫줄은 여자집단이다.

남자집단

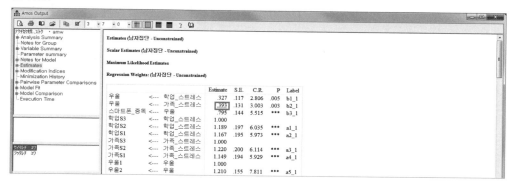

여자집단

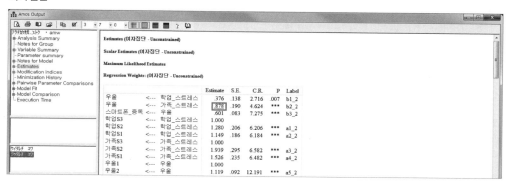

가족스트레스로부터 우울에 대한 회귀계수(경로계수)는 남자집단은 .393, 여자집단은 .878로 나타나 여자집단이 더 큰 것으로 확인되었다.

분석 결과를 정리해보자. 학업스트레스와 우울, 가족스트레스와 우울, 우울과 스마트폰중독의 관계에서 성별이 조절변수로서 효과가 있는지를 분석해보니 가족스트레스와 우울의 관계에서만 조절효과가 있는 것으로 검증되었다. 가족스트레스가 우울에 미치는 영향은 남자집단보다 여자집단이 더 크다고 할 수 있다.

학업스트레스와 가족스트레스, 우울, 스마트폰중독의 관계가 성별에 따라 차이가 있는지를
알아보기 위해 구조방정식모형을 구현하여 성별의 조절효과를 분석하였다.

　분석 결과, 학업스트레스와 우울, 학업스트레스와 스마트폰중독의 관계에서 성별은 조절
효과가 없는 것으로 나타나 학업스트레스와 성별 간에는 상호작용이 없는 것으로 확인되었
다.

　가족스트레스와 우울의 관계에서는 조절변수로서 성별의 효과가 유의하게 나타났다
($p<.05$). 집단별로 살펴보면, 가족스트레스가 우울에 미치는 영향은 남학생의 경우 경로계
수$=.372$($p<.01$)이고, 여학생은 경로계수$=.514$($p<.001$)이다. 따라서 가족스트레스에 의한 우
울은 여학생이 남학생보다 더 높다고 할 수 있다.

〈표 1〉 조절효과 분석 결과

경로			남자집단		여자집단		경로계수 유의성
			표준화 계수	$t(Sig.)$	표준화 계수	$t(Sig.)$	
학업스트레스	→	우울	.345	2.806**	.265	2.716**	$p>.05$
가족스트레스	→	우울	.372	3.003**	.514	4.624***	$p<.05$
우울	→	스마트폰중독	.665	5.515***	.625	7.275***	$p>.05$

$^*p<.05$, $^{**}p<.00$, $^{***}p<.001$

2) 메트릭 변수(상호작용)

메트릭 변수는 조절변수가 양적척도(등간/비율척도)인 경우이다. 본 교재의 **Ch 6**의 조절회
귀분석(p. 225)에서 조절변수로 사용된 자기통제력은 3개 항목(Likert 5점)으로 구성되어
메트릭 변수에 해당된다. 메트릭 변수의 조절효과는 2가지 방법으로 분석할 수 있다. 자기
통제력을 예로 들면, 첫번째는 자기통제력의 평균값을 기준으로 평균보다 높은 케이스는
자기통제력이 높은 집단, 평균보다 낮은 케이스는 자기통제력이 낮은 집단으로 구분하여
비메트릭 변수의 조절효과 분석방법으로 검증하는 것이다.

　다른 방법으로는 독립변수와 조절변수의 상호작용을 분석하는 것이다. 상호작용효과

는 구조방정식모형보다는 경로분석을 많이 이용한다. 그 이유는 아래의 모형을 보면 알 수 있다. 왼쪽 그림은 학업스트레스와 스마트폰중독의 관계에서 자기통제력이 조절변수로 설정된 구조방정식모형으로, 단순하게 표현된다. 그러나 분석을 위해서는 오른쪽 모형을 이용해야 하기 때문에 분석이 복잡하고 어렵다. 또한 다수의 독립변수에 대해 조절변수의 상호작용효과를 분석할 경우에는 더욱 복잡해진다.

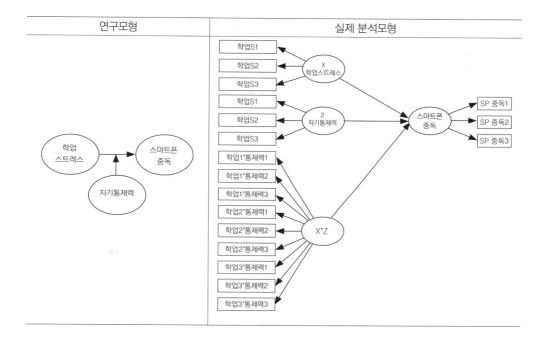

위의 모형을 경로분석 형태로 전환하면 다음과 같이 간결해진다. 경로분석은 관측변수 간 관계가 경로가 되기 때문에 모형이 복잡하지 않아 분석이 용이한 편이다.

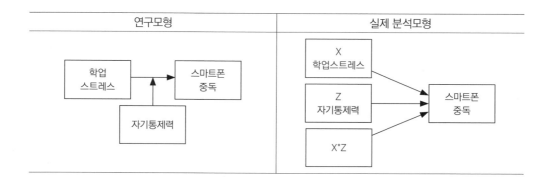

앞의 연구모형을 경로분석으로 검증해보자. 가설은 다음과 같다.

H1: 학업스트레스와 스마트폰중독의 관계에서 자기통제력이 조절역할을 할 것이다.

조절효과의 상호작용에 대한 설명과 변수의 평균중심화 등은 조절회귀분석(p. 225)과 동일하다. 여기에서는 조절회귀분석에서 사용한 변수를 이용하여 분석한다(예제모형: 경로 분석-매개).

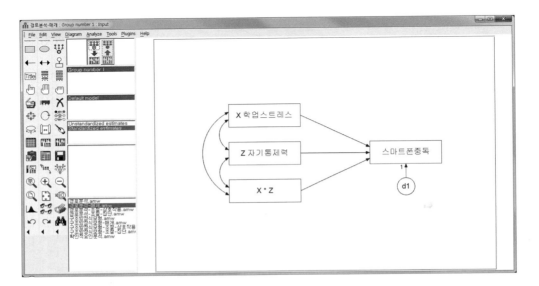

분석에 필요한 설정을 위해 ▦를 선택한다. 생성된 창에서 상단의 [Output]을 클릭하고 다음과 같이 체크한 후 창을 닫는다.

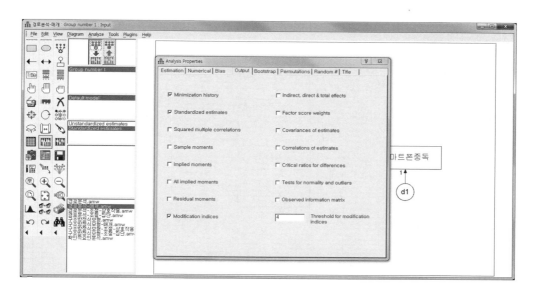

▦를 선택하면 분석이 진행된다. 분석이 정상적으로 실시되면 상향 화살표가 빨간색으로 표시되고, 중간 박스에 분석 상황이 나타난다.

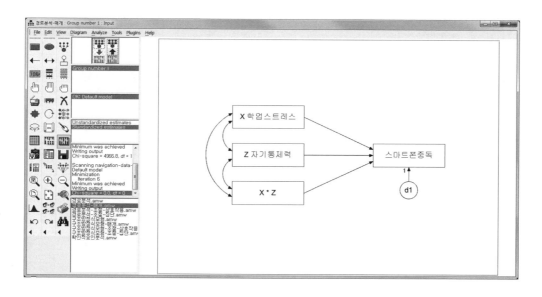

상향 화살표를 누르고 [Standardized estimates]를 선택하면 다음과 같이 분석 결과가 모형에 나타난다.

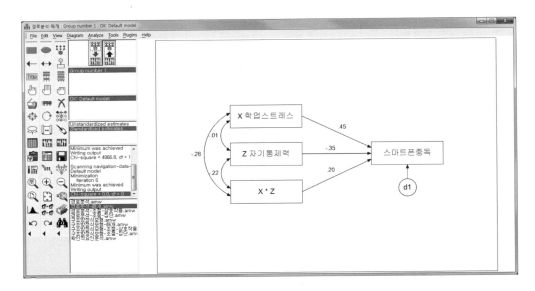

■ 분석 결과

▦를 선택하면 분석 결과창이 나타나고, [Estimates]를 선택하면 상호작용효과 결과를 확인할 수 있다.

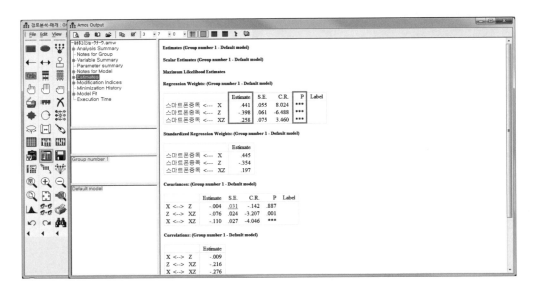

결과를 보면, 학업스트레스(X)가 스마트폰중독에 미치는 영향은 통계적으로 유의(B=.441, p<.001)하게 나타나 학업스트레스가 높을수록 스마트폰중독 수준은 높아지는 것으로 분석되었다. 자기통제력(Z)이 스마트폰중독에 미치는 영향은 통계적 유의성이 입증되어(B=−.398, p<.001) 자기통제력이 높을수록 스마트폰중독 수준은 낮아진다고 할 수 있다. 학업스트레스와 자기통제력의 상호작용항(XZ)이 스마트폰중독에 미치는 영향은 유의(B=.258, p<.001)한 것으로 분석되었다. 이 결과는 자기통제력이 학업스트레스와 스마트폰중독을 조절하고 있음을 의미한다.

논문 제시 방법

중학생의 학업스트레스가 스마트폰중독에 미치는 영향과 자기통제력의 조절효과를 알아보기 위해 학업스트레스와 자기통제력의 상호작용항을 이용하여 경로분석을 실시하였다.

분석 결과, 학업스트레스가 스마트폰중독에 유의(경로계수=.445, p<.001)한 영향을 미치는 것으로 파악되었으며, 학업스트레스가 높을수록 스마트폰중독 수준은 높아지는 것으로 확인되었다. 조절변수인 자기통제력이 스마트폰중독에 미치는 영향은 유의하고(경로계수=−.354, p<.001), 부(−)의 관계로 나타나 자기통제력이 높을수록 스마트폰중독 수준이 낮아지는 것으로 분석되었다. 자기통제력과 가족트스레스의 상호작용항이 스마트폰중독에 미치는 영향은 유의하게 나타났다(경로계수=.197, p<.001). 상호작용항의 유의성이 입증됨에 따라 학업스트레스와 스마트폰중독 관계에서 자기통제력은 조절효과가 있음을 알 수 있다.

〈표 1〉 조절효과 검증 결과

경로		표준화 계수	비표준화 계수	표준 오차	t(Sig.)
학업스트레스 →		.445	.441	.055	8.024***
자기통제력 →	스마트폰중독	−.354	−.398	.061	−6.488***
학업스트레스*자기통제력 →		.197	.258	.075	3.460***

***p<.001

부록

1. 표준정규분포표

$$P\{Z \geq z\} = \int_{z}^{\infty} \frac{1}{\sqrt{2\pi}} e^{-\frac{1}{2}x^2} dx$$

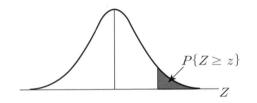

z	0.00	0.01	0.02	0.03	0.04	0.05	0.06	0.07	0.08	0.09
0.0	0.5000	0.4960	0.4920	0.4880	0.4840	0.4801	0.4761	0.4721	0.4681	0.4641
0.1	0.4602	0.4562	0.4522	0.4483	0.4443	0.4404	0.4364	0.4325	0.4286	0.4247
0.2	0.4207	0.4168	0.4129	0.4090	0.4052	0.4013	0.3974	0.3936	0.3897	0.3859
0.3	0.3821	0.3783	0.3745	0.3707	0.3669	0.3632	0.3594	0.3557	0.3520	0.3483
0.4	0.3446	0.3409	0.3372	0.3336	0.3300	0.3264	0.3228	0.3192	0.3156	0.3121
0.5	0.3085	0.3050	0.3015	0.2981	0.2946	0.2912	0.2877	0.2843	0.2810	0.2776
0.6	0.2743	0.2709	0.2676	0.2643	0.2611	0.2578	0.2546	0.2514	0.2483	0.2451
0.7	0.2420	0.2389	0.2358	0.2327	0.2296	0.2266	0.2236	0.2206	0.2177	0.2148
0.8	0.2119	0.2090	0.2061	0.2033	0.2005	0.1977	0.1949	0.1922	0.1894	0.1867
0.9	0.1841	0.1814	0.1788	0.1762	0.1736	0.1711	0.1685	0.1660	0.1635	0.1611
1.0	0.1587	0.1562	0.1539	0.1515	0.1492	0.1469	0.1446	0.1423	0.1401	0.1379
1.1	0.1357	0.1335	0.1314	0.1292	0.1271	0.1251	0.1230	0.1210	0.1190	0.1170
1.2	0.1151	0.1131	0.1112	0.1093	0.1075	0.1056	0.1038	0.1020	0.1003	0.0985
1.3	0.0986	0.0951	0.0934	0.0918	0.0901	0.0885	0.0869	0.0853	0.0838	0.0823
1.4	0.0808	0.0793	0.0778	0.0764	0.0749	0.0735	0.0721	0.0708	0.0694	0.0681
1.5	0.0668	0.0655	0.0643	0.0630	0.0618	0.0606	0.0594	0.0582	0.0571	0.0559
1.6	0.0548	0.0537	0.0526	0.0516	0.0505	0.0495	0.0485	0.0475	0.0465	0.0455
1.7	0.0446	0.0436	0.0427	0.0418	0.0409	0.0401	0.0392	0.0384	0.0375	0.0367
1.8	0.0359	0.0351	0.0344	0.0336	0.0329	0.0322	0.0314	0.0307	0.0301	0.0294
1.9	0.0287	0.0281	0.0274	0.0268	0.0262	0.0256	0.0250	0.0244	0.0239	0.0233
2.0	0.0228	0.0222	0.0217	0.0212	0.0207	0.0202	0.0197	0.0192	0.0188	0.0183
2.1	0.0179	0.0174	0.0170	0.0166	0.0162	0.0158	0.0154	0.0150	0.0146	0.0143
2.2	0.0139	0.0136	0.0132	0.0129	0.0125	0.0122	0.0119	0.0116	0.0113	0.0110
2.3	0.0107	0.0104	0.0102	0.0099	0.0096	0.0094	0.0091	0.0089	0.0087	0.0084
2.4	0.0082	0.0080	0.0078	0.0075	0.0073	0.0071	0.0069	0.0068	0.0066	0.0064
2.5	0.0062	0.0060	0.0059	0.0057	0.0055	0.0054	0.0052	0.0051	0.0049	0.0048
2.6	0.0047	0.0045	0.0044	0.0043	0.0041	0.0040	0.0039	0.0038	0.0037	0.0036
2.7	0.0035	0.0034	0.0033	0.0032	0.0031	0.0030	0.0029	0.0028	0.0027	0.0026
2.8	0.0026	0.0025	0.0024	0.0023	0.0023	0.0022	0.0021	0.0021	0.0020	0.0019
2.9	0.0019	0.0018	0.0018	0.0017	0.0016	0.0016	0.0015	0.0015	0.0014	0.0014
3.0	0.0013	0.0013	0.0013	0.0012	0.0012	0.0011	0.0011	0.0011	0.0010	0.0010
3.1	0.0010	0.0009	0.0009	0.0009	0.0008	0.0008	0.0008	0.0008	0.0007	0.0007
3.2	0.0007	0.0007	0.0006	0.0006	0.0006	0.0006	0.0006	0.0005	0.0005	0.0005
3.3	0.0005	0.0005	0.0005	0.0004	0.0004	0.0004	0.0004	0.0004	0.0004	0.0003
3.4	0.0003	0.0003	0.0003	0.0003	0.0003	0.0003	0.0003	0.0003	0.0003	0.0002
3.5	0.0002	0.0002	0.0002	0.0002	0.0002	0.0002	0.0002	0.0002	0.0002	0.0002
3.6	0.0002	0.0002	0.0001	0.0001	0.0001	0.0001	0.0001	0.0001	0.0001	0.0001
3.7	0.0001	0.0001	0.0001	0.0001	0.0001	0.0001	0.0001	0.0001	0.0001	0.0001
3.8	0.0001	0.0001	0.0001	0.0001	0.0001	0.0001	0.0001	0.0001	0.0001	0.0001
3.9	0.0000	0.0000	0.0000	0.0000	0.0000	0.0000	0.0000	0.0000	0.0000	0.0000

2. t-분포표

$$P\{T \geq t_{(q;\,\nu)}\} = q$$

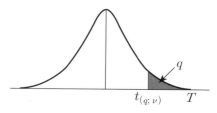

자유도	꼬리확률 q									
ν	0.4	0.25	0.1	0.05	0.025	0.01	0.005	0.0025	0.001	0.0005
1	0.325	1.000	3.078	6.314	12.706	31.821	63.657	127.32	318.31	636.62
2	0.289	0.816	1.886	2.920	4.303	6.965	9.925	14.089	23.326	31.598
3	0.277	0.765	1.638	2.353	3.182	4.541	5.841	7.453	10.213	12.924
4	0.271	0.741	1.533	2.132	2.776	3.747	4.604	5.598	7.173	8.610
5	0.267	0.727	1.476	2.015	2.571	3.365	4.032	4.773	5.893	6.869
6	0.265	0.718	1.440	1.943	2.447	3.143	3.707	4.317	5.208	5.959
7	0.263	0.711	1.415	1.895	2.365	2.998	3.499	4.029	4.785	5.408
8	0.262	0.706	1.397	1.860	2.306	2.896	3.355	3.833	4.501	5.041
9	0.261	0.703	1.383	1.833	2.262	2.821	3.250	3.690	4.297	4.781
10	0.260	0.700	1.372	1.812	2.228	2.764	3.169	3.581	4.144	4.587
11	0.260	0.697	1.363	1.796	2.201	2.718	3.106	3.497	4.025	4.437
12	0.259	0.695	1.356	1.782	2.179	2.681	3.055	3.428	3.930	4.318
13	0.259	0.694	1.350	1.771	2.160	2.650	3.012	3.372	3.852	4.221
14	0.258	0.692	1.345	1.761	2.145	2.624	2.977	3.326	3.787	4.140
15	0.258	0.691	1.341	1.753	2.131	2.602	2.947	3.286	3.733	4.073
16	0.258	0.690	1.337	1.746	2.120	2.583	2.921	3.252	3.686	4.015
17	0.257	0.689	1.333	1.740	2.110	2.567	2.898	3.222	3.646	3.965
18	0.257	0.688	1.330	1.734	2.101	2.552	2.878	3.197	3.610	3.922
19	0.257	0.688	1.328	1.729	2.093	2.539	2.861	3.174	3.579	3.883
20	0.257	0.687	1.325	1.725	2.086	2.528	2.845	3.153	3.552	3.850
21	0.257	0.686	1.323	1.721	2.080	2.518	2.831	3.135	3.527	3.819
22	0.256	0.686	1.321	1.717	2.074	2.508	2.819	3.119	3.505	3.792
23	0.256	0.685	1.319	1.714	2.069	2.500	2.807	3.104	3.485	3.767
24	0.256	0.685	1.318	1.711	2.064	2.492	2.792	3.091	3.467	3.745
25	0.256	0.684	1.316	1.708	2.060	2.485	2.787	3.078	3.450	3.725
26	0.256	0.684	1.315	1.706	2.056	2.479	2.779	3.067	3.435	3.707
27	0.256	0.684	1.314	1.703	2.052	2.473	2.771	3.057	3.421	3.690
28	0.256	0.683	1.313	1.701	2.048	2.467	2.763	3.047	3.408	3.674
29	0.256	0.683	1.311	1.699	2.045	2.462	2.756	3.038	3.396	3.659
30	0.256	0.683	1.310	1.697	2.042	2.457	2.750	3.030	3.385	3.646
40	0.255	0.681	1.303	1.684	2.021	2.423	2.704	2.971	3.307	3.551
60	0.254	0.679	1.296	1.671	2.000	2.390	2.660	2.915	3.232	3.460
120	0.254	0.677	1.289	1.658	1.980	2.358	2.617	2.860	3.160	3.373
∞	0.253	0.674	1.282	1.645	1.960	2.326	2.576	2.807	3.090	3.291

3. χ^2-분포표

$$P\left\{\chi^2 \geq \chi^2_{(q;\,\nu)}\right\} = q$$

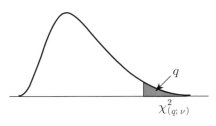

자유도	꼬리확률 q							
ν	0.995	0.99	0.975	0.95	0.05	0.025	0.01	0.005
1	0.04393	0.03157	0.03982	0.02393	3.841	5.024	6.635	7.879
2	0.0100	0.0201	0.0506	0.103	5.991	7.378	9.210	10.597
3	0.0717	0.115	0.216	0.352	7.815	9.348	11.345	12.838
4	0.207	0.297	0.484	0.711	9.488	11.143	13.277	14.860
5	0.412	0.554	0.831	1.145	11.070	12.832	15.086	16.750
6	0.676	0.872	1.237	1.635	12.592	14.449	16.812	18.548
7	0.969	1.239	1.690	2.167	14.067	16.013	18.475	20.278
8	1.344	1.646	2.180	2.733	15.507	17.535	20.090	21.955
9	1.735	2.088	2.700	3.325	16.919	19.023	21.666	23.589
10	2.156	2.558	3.247	3.940	18.307	20.483	23.209	25.188
11	2.603	3.053	3.816	4.575	19.675	21.920	24.725	26.757
12	3.074	3.571	4.404	5.226	21.026	23.337	26.217	28.300
13	3.565	4.107	5.009	5.892	22.362	24.736	27.688	29.819
14	4.075	4.660	5.629	6.571	23.685	26.119	29.141	31.319
15	4.601	5.229	6.262	7.261	24.996	27.448	30.578	32.801
16	5.142	5.812	6.908	7.962	26.296	28.845	32.000	34.267
17	5.697	6.408	7.564	8.672	27.587	30.191	33.409	35.718
18	6.265	7.015	8.231	9.390	28.869	31.526	34.805	37.156
19	6.844	7.633	8.907	10.117	30.144	32.852	36.191	38.582
20	7.434	8.260	9.591	10.851	31.410	34.170	37.566	39.997
21	8.034	8.897	10.283	11.591	32.671	35.479	38.932	41.401
22	8.643	9.542	10.982	12.338	33.924	36.781	40.289	42.796
23	9.260	10.196	11.689	13.091	35.172	38.076	41.638	44.181
24	9.886	10.856	12.401	13.848	36.415	39.364	42.980	45.558
25	10.520	11.524	13.120	14.611	37.652	40.646	44.314	46.928
26	11.160	12.198	13.844	15.379	38.885	41.923	45.642	48.290
27	11.808	12.879	14.573	16.151	40.113	43.194	46.963	49.645
28	12.461	13.565	15.308	16.928	41.337	44.461	48.278	50.993
29	13.121	14.256	16.047	17.708	42.557	45.722	49.588	52.336
30	13.787	14.953	16.791	18.493	43.773	46.979	50.892	53.672
40	20.707	22.165	24.433	26.509	55.758	59.342	63.691	66.766
50	27.991	29.707	32.357	34.764	67.505	71.420	76.154	79.490
100	67.328	70.065	74.222	77.929	124.342	129.561	135.807	140.169

4. F-분포표

$$P\left\{F \geq F_{(q;\nu_1;\nu_2)}\right\} = q$$

$$F_{(1-q;\nu_1;\nu_2)} = \frac{1}{F_{(q;\nu_2;\nu_1)}}$$

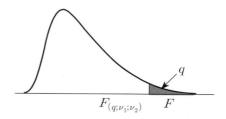

ν_2	q	분자자유도 ν_1								
		1	2	3	4	5	6	7	8	9
1	0.10	39.9	49.5	53.6	55.8	57.2	58.2	58.9	4	59.9
	0.05	161	200	216	225	230	234	237	239	241
	0.025	648	800	864	900	922	937	948	957	963
	0.01	4,052	5,000	5,403	5,625	5,764	5,859	5,928	5,981	6,022
2	0.10	8.53	9.00	9.16	9.24	9.29	9.33	9.35	9.37	9.38
	0.05	18.5	19.0	19.2	19.2	19.3	19.3	19.4	19.4	19.4
	0.025	38.5	39.0	39.2	39.3	39.3	39.3	39.4	39.4	39.4
	0.01	98.5	99.0	99.2	99.2	99.3	99.3	99.4	99.4	99.4
3	0.10	5.54	5.46	5.39	5.34	5.31	5.28	5.27	5.25	5.24
	0.05	10.1	9.55	9.28	9.12	9.01	8.94	8.89	8.85	8.81
	0.025	17.4	16.0	15.4	15.1	14.9	14.7	14.6	14.5	14.5
	0.01	34.1	30.8	29.5	28.7	28.2	27.9	27.7	27.5	27.3
4	0.10	4.54	4.32	4.19	4.11	4.05	4.01	3.98	3.95	3.94
	0.05	7.71	6.94	6.59	6.39	6.26	6.16	6.09	6.04	6.00
	0.025	12.2	10.7	9.98	9.60	9.36	9.20	9.07	8.98	8.90
	0.01	21.2	18.0	16.7	16.0	15.5	15.2	15.0	14.8	14.7
5	0.10	4.06	3.78	3.62	3.52	3.45	3.40	3.37	3.34	3.32
	0.05	6.61	5.79	5.41	5.19	5.05	4.95	4.88	4.82	4.77
	0.025	10.0	8.43	7.76	7.39	7.15	6.98	6.85	6.76	6.68
	0.01	16.3	13.3	12.1	11.4	11.0	10.7	10.5	10.3	10.2
6	0.10	3.78	3.46	3.29	3.18	3.11	3.05	3.01	2.98	2.96
	0.05	5.99	5.14	4.76	4.53	4.39	4.28	4.21	4.15	4.10
	0.025	8.81	7.26	6.60	6.23	5.99	5.82	5.70	5.60	5.52
	0.01	13.7	10.9	9.78	9.15	8.75	8.47	8.26	8.10	7.98
7	0.10	3.59	3.26	3.07	2.96	2.88	2.83	2.78	2.75	2.72
	0.05	5.59	4.74	4.35	4.12	3.97	3.87	3.79	3.73	3.68
	025	8.07	6.54	5.89	5.52	5.29	5.12	4.99	4.90	4.82
	0.01	12.2	9.55	8.45	7.85	7.46	7.19	6.99	6.84	6.72
8	0.10	3.46	3.11	2.92	2.81	2.73	2.67	2.62	2.59	2.56
	0.05	5.32	4.46	4.07	3.84	3.69	3.58	3.50	3.44	3.39
	0.025	7.57	6.06	5.42	5.05	4.82	4.65	4.53	4.43	4.36
	0.01	11.3	8.65	7.59	7.01	6.63	6.37	6.18	6.03	5.91
9	0.10	3.36	3.01	2.81	2.69	2.61	2.55	2.51	2.47	2.44
	0.05	5.12	4.26	3.86	3.63	3.48	3.37	3.29	3.23	3.18
	0.025	7.21	5.71	5.08	4.72	4.48	4.32	4.20	4.10	4.03
	0.01	10.6	8.02	6.99	6.42	6.06	5.80	5.61	5.47	5.35
10	0.10	3.29	2.92	2.73	2.61	2.52	2.46	2.41	2.38	2.35
	0.05	4.96	4.10	3.71	3.48	3.33	3.22	3.14	3.07	3.02
	0.025	6.94	5.46	4.83	4.47	4.24	4.07	3.95	3.85	3.78
	0.01	10.0	7.56	6.55	5.99	5.64	5.39	5.20	5.06	4.94
11	0.10	3.23	2.86	2.66	2.54	2.45	2.39	2.34	2.30	2.27
	0.05	4.84	3.98	3.59	3.36	3.20	3.09	3.01	2.95	2.90
	0.025	6.72	5.26	4.63	4.28	4.04	3.88	3.76	3.66	3.59
	0.01	9.65	7.21	6.22	5.67	5.32	5.07	4.89	4.74	4.63
12	0.10	3.18	2.81	2.61	2.48	2.39	2.33	2.28	2.24	2.21
	0.05	4.75	3.89	3.49	3.26	3.11	3.00	2.91	2.85	2.80
	0.025	6.55	5.10	4.47	4.12	3.89	3.73	3.61	3.51	3.44
	0.01	9.33	6.93	5.95	5.41	5.06	4.82	4.64	4.50	4.39

v_2	q	분자자유도 v_1									
		10	11	12	15	20	24	30	60	120	∞
1	0.10	60.2	60.5	60.7	61.2	61.7	62.0	62.3	62.8	63.1	63.3
	0.05	242	243	244	246	248	249	250	252	253	254
	0.025	969	973	977	985	993	997	1001	1010	1014	1018
	0.01	6,056	6,082	6,106	6,157	6,209	6,235	6,261	6,313	6,339	6,366
2	0.10	9.39	9.40	9.41	9.42	9.44	9.45	9.46	9.47	9.48	9.49
	0.05	19.4	19.4	19.4	19.4	19.4	19.5	19.5	19.5	19.5	19.5
	0.025	39.4	39.4	39.4	39.4	39.5	39.5	39.5	39.5	39.5	39.5
	0.01	99.4	99.4	99.4	99.4	99.4	99.5	99.5	99.5	99.5	99.5
3	0.10	5.23	5.22	5.22	5.20	5.18	5.18	5.17	5.15	5.14	5.13
	0.05	8.79	8.76	8.74	8.70	8.66	8.64	8.62	8.57	8.55	8.53
	0.025	14.4	14.4	14.3	14.3	14.2	14.1	14.1	14.0	14.0	13.9
	0.01	27.2	27.1	27.1	26.9	26.7	26.6	26.5	26.3	26.2	26.1
4	0.10	3.92	3.91	3.90	3.87	3.84	3.83	3.82	3.79	3.78	3.76
	0.05	5.96	5.94	5.91	5.85	5.80	5.77	5.75	5.69	5.66	5.63
	0.025	8.84	8.80	8.75	8.66	8.56	8.51	8.46	8.36	8.31	8.26
	0.01	14.5	14.4	14.4	14.2	14.0	13.9	13.8	13.7	13.6	13.5
5	0.10	3.30	3.28	3.27	3.24	3.21	3.19	3.17	3.14	3.12	3.11
	0.05	4.74	4.71	4.68	4.62	4.56	4.53	4.50	4.43	4.40	4.37
	0.025	6.62	6.57	6.52	6.43	5.33	6.28	6.23	6.12	6.07	6.02
	0.01	10.1	9.96	9.89	9.72	9.55	9.47	9.38	9.20	9.11	9.02
6	0.10	2.94	2.92	2.90	2.87	2.84	2.82	2.80	2.76	2.74	2.72
	0.05	4.06	4.03	4.00	3.94	3.87	3.84	3.81	3.74	3.70	3.67
	0.025	5.46	5.41	5.27	5.27	5.17	5.12	5.07	4.96	4.90	4.85
	0.01	7.87	7.79	7.72	7.56	7.40	7.31	7.23	7.06	6.97	6.88
7	0.10	2.70	2.68	2.67	2.63	2.59	2.58	2.56	2.51	2.49	2.47
	0.05	3.64	3.60	3.57	3.51	3.44	3.41	3.38	3.30	3.27	3.23
	025	4.76	4.71	4.67	4.57	4.47	4.42	4.36	4.25	4.20	4.14
	0.01	6.62	6.54	6.47	6.31	6.16	6.07	5.99	5.82	5.74	5.65
8	0.10	2.54	2.52	2.50	2.46	2.42	2.40	2.38	2.34	2.32	2.29
	0.05	3.35	3.31	3.28	3.22	3.15	3.12	3.08	3.01	2.97	2.93
	0.025	4.30	4.25	4.20	4.10	4.00	3.95	3.89	3.78	3.73	3.67
	0.01	5.81	5.73	5.67	5.52	5.36	5.28	5.20	5.03	4.95	4.89
9	0.10	2.42	2.40	2.38	2.34	2.30	2.28	2.25	2.21	2.18	2.16
	0.05	3.14	3.10	3.07	3.01	2.94	2.90	2.86	2.79	2.75	2.71
	0.025	3.96	3.91	3.87	3.77	3.67	3.61	3.56	3.45	3.39	3.33
	0.01	5.26	5.18	5.11	4.96	4.81	4.73	4.65	4.48	4.40	4.31
10	0.10	2.32	2.30	2.28	2.24	2.20	2.18	2.16	2.11	2.08	2.06
	0.05	2.98	2.94	2.91	2.84	2.77	2.74	2.70	2.62	2.58	2.54
	0.025	3.72	3.67	3.62	3.52	3.42	3.37	3.31	3.20	3.14	3.08
	0.01	4.85	4.77	4.71	4.56	4.41	4.33	4.25	4.08	4.00	3.91
11	0.10	2.25	2.23	2.21	2.17	2.12	2.10	2.08	2.03	1.99	1.97
	0.05	2.85	2.82	2.79	2.72	2.65	2.61	2.57	2.49	2.43	2.40
	0.025	3.52	3.48	3.43	3.33	3.23	3.17	3.12	3.00	2.94	2.88
	0.01	4.54	4.46	4.40	4.25	4.10	4.02	3.94	3.78	3.66	3.60
12	0.10	2.19	2.17	2.15	2.10	2.06	2.04	2.01	1.96	1.93	1.90
	0.05	2.75	2.72	2.69	2.62	2.54	2.51	2.47	2.38	2.34	2.30
	0.025	3.37	3.32	3.28	3.18	3.07	3.02	2.96	2.85	2.79	2.72
	0.01	4.30	4.22	4.16	4.01	3.86	3.78	3.70	3.54	3.45	3.36

v_2	q	1	2	3	4	5	6	7	8	9
						분자자유도 v_1				
13	0.10	3.14	2.76	2.56	2.43	2.35	2.28	2.23	2.20	2.16
	0.05	4.67	3.81	3.41	3.18	3.03	2.92	2.83	2.77	2.71
	0.025	6.41	4.97	4.35	4.00	3.77	3.60	3.48	3.39	3.31
	0.01	9.07	6.70	5.73	5.21	4.86	4.62	4.44	4.30	4.19
14	0.10	3.10	2.73	2.52	2.39	2.31	2.24	2.19	2.15	2.12
	0.05	4.60	3.74	3.34	3.11	2.96	2.85	2.76	2.70	2.65
	0.025	6.39	4.86	4.24	3.80	3.66	3.50	3.36	3.29	3.26
	0.01	8.86	6.51	5.56	5.04	4.69	4.46	4.28	4.14	4.03
15	0.10	3.07	2.70	2.49	2.36	2.27	2.21	2.16	2.12	2.09
	0.05	4.54	3.68	3.29	3.06	2.90	2.79	2.71	2.64	2.59
	0.025	6.20	4.77	4.15	3.80	3.58	3.41	3.29	3.20	3.12
	0.01	8.68	6.36	5.42	4.89	4.56	4.32	4.14	4.00	3.89
16	0.10	3.05	2.67	2.46	2.33	2.24	2.18	2.13	2.09	2.06
	0.05	4.49	3.63	3.24	3.01	2.85	2.74	2.66	2.59	2.54
	0.025	6.12	4.69	4.08	3.73	3.50	3.34	3.22	3.12	3.05
	0.01	8.53	6.23	5.29	4.77	4.44	4.20	4.03	3.89	3.78
17	0.10	3.03	2.64	2.44	2.31	2.22	2.15	2.10	2.06	2.03
	0.05	4.45	3.59	3.20	2.96	2.81	2.70	2.61	2.55	2.49
	0.025	6.04	4.62	4.01	3.66	3.44	3.28	3.16	3.06	2.98
	0.01	8.40	6.11	5.18	4.67	4.34	4.10	3.93	3.79	3.68
18	0.10	3.01	2.62	2.42	2.29	2.20	2.13	2.08	2.04	2.00
	0.05	4.41	3.55	3.16	2.93	2.77	2.66	2.58	2.51	2.46
	0.025	5.98	4.56	3.95	3.61	3.38	3.22	3.10	3.01	2.93
	0.01	8.29	6.01	5.09	4.58	4.25	4.01	3.84	3.71	3.60
19	0.10	2.99	2.61	2.40	2.27	2.18	2.11	2.06	2.02	1.98
	0.05	4.38	3.52	3.13	2.90	2.74	2.63	2.54	2.48	2.42
	025	5.92	4.51	3.90	3.56	3.33	3.17	3.05	2.96	2.88
	0.01	8.18	5.93	5.01	4.50	4.17	3.94	3.77	3.63	3.52
20	0.10	2.97	2.59	2.38	2.25	2.16	2.09	2.04	2.00	1.96
	0.05	4.35	3.49	3.10	2.87	2.71	2.60	2.51	2.45	2.39
	0.025	5.87	4.46	3.86	3.51	3.29	3.13	3.01	2.91	2.84
	0.01	8.10	5.85	4.94	4.43	4.10	3.87	3.70	3.56	3.46
24	0.10	2.93	2.54	2.33	2.19	2.10	2.04	1.98	1.94	1.91
	0.05	4.26	3.40	3.01	2.78	2.62	2.51	2.42	2.36	2.30
	0.025	5.72	4.32	3.72	3.38	3.15	2.99	2.87	2.78	2.70
	0.01	7.82	5.61	4.72	4.22	3.90	3.67	3.50	3.36	3.26
30	0.10	2.88	2.49	2.28	2.14	2.05	1.98	1.93	1.88	1.85
	0.05	4.17	3.32	2.92	2.69	2.53	2.42	2.33	2.27	2.21
	0.025	5.57	4.18	3.59	3.25	3.03	2.87	2.75	2.65	2.57
	0.01	7.56	5.39	4.51	4.02	3.70	3.47	3.30	3.17	3.07
60	0.10	2.79	2.39	2.18	2.04	1.95	1.87	1.82	1.77	1.74
	0.05	4.00	3.15	2.76	2.53	2.37	2.25	2.17	2.10	2.04
	0.025	5.29	3.93	3.34	3.01	2.79	2.63	2.51	2.41	2.33
	0.01	7.08	4.98	4.13	3.65	3.34	3.12	2.95	2.82	2.72
120	0.10	2.75	2.36	2.13	1.99	1.90	1.82	1.77	1.72	1.68
	0.05	3.92	3.07	2.68	2.45	2.29	2.18	2.09	2.02	1.96
	0.025	5.15	3.80	3.23	2.89	2.67	2.52	2.39	2.30	2.22
	0.01	7.08	4.98	4.13	3.65	3.34	3.12	2.95	2.82	2.72
∞	0.10	2.71	2.30	2.08	1.94	1.85	1.77	1.72	1.67	1.63
	0.05	3.84	3.00	2.60	2.37	2.21	2.10	2.01	1.94	1.88
	0.025	5.02	3.69	3.12	2.79	2.57	2.41	2.29	2.19	2.11
	0.01	6.63	4.61	3.78	3.32	3.02	2.80	2.64	2.51	2.41

v_2	q	분자자유도 v_1									
		10	11	12	15	20	24	30	60	120	∞
13	0.10	2.14	2.12	2.10	2.05	2.01	1.98	1.96	1.90	1.86	1.85
	0.05	2.67	2.63	2.60	2.53	2.46	2.42	2.38	2.30	2.23	2.21
	0.025	3.25	3.20	3.15	3.05	2.95	2.89	2.84	2.72	2.66	2.60
	0.01	4.10	4.02	3.96	3.82	3.66	3.59	3.51	3.34	3.22	3.17
14	0.10	2.10	2.08	2.05	2.01	1.96	1.94	1.91	1.86	1.83	1.80
	0.05	2.60	2.57	2.53	2.46	2.39	2.35	2.31	2.22	2.18	2.13
	0.025	3.15	3.10	3.05	2.95	2.84	2.79	2.73	2.61	2.55	2.49
	0.01	3.94	3.86	3.38	3.66	3.51	3.43	3.35	3.18	3.09	3.00
15	0.10	2.06	2.04	2.02	1.97	1.92	1.90	1.87	1.82	1.79	1.76
	0.05	2.54	2.51	2.48	2.40	2.33	2.29	2.25	2.16	2.11	2.07
	0.025	3.06	3.01	2.96	2.86	2.76	2.70	2.64	2.52	2.46	2.40
	0.01	3.80	3.73	3.67	3.52	3.37	3.29	3.21	3.05	2.96	2.87
16	0.10	2.03	2.01	1.99	1.94	1.89	1.87	1.84	1.78	1.75	1.72
	0.05	2.49	2.46	2.42	2.35	2.28	2.24	2.19	2.11	2.06	2.01
	0.025	2.99	2.94	2.89	2.79	2.68	2.63	2.57	2.45	2.38	2.32
	0.01	3.69	3.62	3.55	3.41	3.26	3.18	3.10	2.93	2.84	2.75
17	0.10	2.00	1.98	1.96	1.91	1.86	1.84	1.81	1.75	1.72	1.69
	0.05	2.45	2.41	2.38	2.32	2.23	2.19	2.15	2.06	2.01	1.96
	0.025	2.92	2.87	2.82	2.72	2.62	2.56	2.50	2.38	2.32	2.25
	0.01	3.59	3.52	3.46	3.31	3.16	3.08	3.00	2.83	2.75	2.65
18	0.10	1.98	1.96	1.93	1.89	1.84	1.81	1.78	1.72	1.69	1.66
	0.05	2.41	2.37	2.34	2.27	2.19	2.15	2.11	2.02	1.97	1.92
	0.025	2.87	2.82	2.77	2.67	2.56	2.50	2.44	2.32	2.26	2.19
	0.01	3.51	3.43	3.37	3.23	3.08	3.00	2.92	2.75	2.66	2.57
19	0.10	1.96	1.94	1.91	1.86	1.81	1.79	1.76	1.70	1.67	1.63
	0.05	2.38	2.34	2.31	2.23	2.16	2.11	2.07	1.98	1.93	1.88
	0.025	2.82	2.77	2.72	2.62	2.51	2.45	2.39	2.27	2.20	2.13
	0.01	3.43	3.36	3.30	3.15	3.00	2.92	2.84	2.67	2.58	2.49
20	0.10	1.94	1.92	1.89	1.84	1.79	1.77	1.74	1.68	1.64	1.61
	0.05	2.35	2.31	2.28	2.20	2.12	2.08	2.04	1.95	1.90	1.84
	025	2.77	2.72	2.68	2.57	2.46	2.41	2.35	2.22	2.16	2.09
	0.01	3.37	3.29	3.23	3.09	2.94	2.86	2.78	2.61	2.52	2.42
24	0.10	1.88	1.85	1.83	1.78	1.73	1.70	1.67	1.61	1.57	1.53
	0.05	2.25	2.21	2.18	2.11	2.03	1.98	1.94	1.84	1.79	1.73
	0.025	2.64	2.59	2.54	2.44	2.33	2.27	2.21	2.08	2.01	1.94
	0.01	3.17	3.09	3.03	2.89	2.74	2.66	2.58	2.40	2.31	2.21
30	0.10	1.82	1.79	1.77	1.72	1.67	1.64	1.61	1.54	1.50	1.46
	0.05	2.16	2.13	2.09	2.01	1.93	1.89	1.84	1.74	1.68	1.62
	0.025	2.51	2.46	2.41	2.31	2.20	2.14	2.07	1.94	1.87	1.79
	0.01	2.98	2.91	2.84	2.70	2.55	2.47	2.39	2.21	2.11	2.01
60	0.10	1.71	1.68	1.66	1.60	1.54	1.51	1.48	1.40	1.35	1.29
	0.05	1.99	1.95	1.92	1.84	1.75	1.70	1.65	1.53	1.47	1.39
	0.025	2.27	2.22	2.17	2.06	1.94	1.88	1.82	1.67	1.58	1.48
	0.01	2.63	2.56	2.50	2.35	2.20	2.12	2.03	1.84	1.73	1.60
120	0.10	1.65	1.62	1.60	1.55	1.48	1.45	1.41	1.32	1.26	1.19
	0.05	1.91	1.87	1.83	1.75	1.66	1.61	1.55	1.43	1.35	1.25
	0.025	2.16	2.11	2.05	1.94	1.82	1.76	1.69	1.53	1.43	1.31
	0.01	2.47	2.40	2.34	2.19	2.03	1.95	1.86	1.66	1.53	1.38
∞	0.10	1.60	1.57	1.55	1.49	1.42	1.38	1.34	1.24	1.17	1.00
	0.05	1.83	1.79	1.75	1.67	1.57	1.52	1.46	1.32	1.22	1.00
	0.025	2.05	2.00	1.94	1.83	1.71	1.64	1.57	1.39	1.27	1.00
	0.01	2.32	2.25	2.18	2.04	1.88	1.79	1.70	1.47	1.32	1.00